천국에 못 간 예수

천국에 못 간 예수

초판 1쇄 인쇄 2011년 06월 30일
초판 1쇄 발행 2011년 07월 07일

지은이 | 이형주
펴낸이 | 손형국
펴낸곳 | (주)에세이퍼블리싱
출판등록 | 2004. 12. 1(제315-2008-022호)
주소 | 서울특별시 강서구 방화3동 316-3번지 한국계량계측협동조합회관 102호
홈페이지 | www.book.co.kr
전화번호 | (02)3159-9638~40
팩스 | (02)3159-9637

ISBN 978-89-6023-612-7 03200

천국에 못 간

예 수

이 형 주 지음

ESSAY

우주를 질서 있게 운행하는 능력이 어디에서 나오는지를 묻는다면 과학자들은 만유인력이라고 설명하고 신학자들은 하나님이라고 주장할 것이다. 설혹 과학자들이 틀린 이론으로 우주의 운행을 설명해도 우주가 그들의 이론대로 움직이는 것이 아니라 오직 진리에 의해서 움직이므로 과학의 오류를 크게 염려할 필요는 없다. 그러나 신학자들이 잘못된 주장을 하고 있다면 그것이 인류생활에 미치는 영향은 매우 심각하므로 신학의 모순은 속히 시정돼야한다.

우주의 기운이 변하면 땅이 흩어져서 하늘이 되고 하늘은 뭉쳐서 땅으로 바뀐다. 지금은 공인되어 있는 종교들도 처음 시작할 때는 이단이라고 박해를 받았다. 생명의 탄생과 죽음뿐만 아니라 별의 생성과 소멸을 포함하여 우주의 모든 양태는 개체가 갖고 있는 에너지의 상태에 따라 변화된 겉모습에 불과하다. 그러므로 인간에게 인식된 것은 본질이 아니라 현상이며 따라서 하늘이 높고 땅은 낮다거나 정통이 옳고 이단은 그르다는 판단은 편견일 뿐이다.

과학은 물질의 상태와 작용을 설명하고 신학은 영혼의 존재와 가치를 주장한다. 과학은 인식되는 것만 믿지만 신학은 인식되지 않는 것도 믿는다. 과학과 신학이 자신들의 주장들처럼 모두 진리라면 그들은 둘이 아니라 하나가 돼야 마땅하다. 그래서 이 책은 과학적인 탐구와 종교적인 수행의 결과를 하나로 융합하여 물질과 생명의 미시적 현상은 물론 자연과 사회를 비롯한 천체의 거시적 현상까지 일관되게 설명할 수 있는 우주 통일 원리를 제시한다.

| 차례 |

① 1편 진리(과학과 종교의 융합)

② 2편 해탈(진리와 자유의 동거)

부록

1편

진리

과학과 종교의 융합

탐구와 수행

독자들의 이해를 돕기 위해서 나의 수행과 탐구 과정을 간략히 소개하고 아울러 이 글을 쓰는 목적을 밝히고자 한다.

학업과 군복무 그리고 이어서 직장이라는 세상의 강물에 정신없이 떠내려가다가 어느 날 강 밖으로 나와서 지나온 길들을 되돌아보는 계기를 갖게 되었다. 휴양도 하면서 심신수련을 조금 해볼까 하고서 지리산으로 소위 도인이라는 사람들을 찾아가 함께 수행하면서 그들을 탐구하였다. 그런데 그들은 마치 신비한 도가 있는 것처럼 말하면서도 정확하게 '이것이 도'라고 제시하지는 못했다. 도는 본인이 체험해야 하는 것이며 밖으로 꺼내어 타인에게 보여주지 못한다는 것이 그들의 해명이었다.

그래서 나는 방법을 바꾸어 유명 인사들이 저술하여 수행에 도움이 될 만한 책들을 몇 권 읽어보았는데 내용이 대체로 '욕심을 버리라'는 것이었다. 그런 책들은 마음에 약간의 감동을 주기는 했지만 나의 궁금증을 풀어주지는 못했다. 그들은 욕심을 버려야 할 타당성 혹은 필요성에 대한 근거로 현세의 무상함과 내세의 가치를 제시하였는데 과연 내세에 대한 신뢰할만한 확실성이 없다면 그들의 말을 따르는 대중은 가상적인 미래에 대한 기대로 현실을 희생하게 되는 우를 범하게 된다. 시행착오를 거쳐서 인생을 원점에서 다시 시작하려면 너무 가혹한 대가를 치러야 하기 때문에 한 번뿐인 인생을 어떻게 살 것인가에 대한 결정은 매우 중요하다.

인간이 살아가는 원동력은 미래에 대한 꿈에서 나온다. 몇 년후 혹은 몇 십 년 후에도 지금과 상태가 같거나 더 비참해진다는 것을 미리 안다면 혹은 현세의 희생적인 삶에 대한 보상이 내세에서 아무것도 없다는 것이 분명하다면 현재의 삶의 방식에 변화를 주어야 한다. 사람들을 대하다 보면 부유한 집의 아이들이 대체로 성격이 밝으며 또 믿음이 강한 성직자들의 얼굴도 매우 편안해 보인다. 그것은 그들의 마음속에 물질적으로든 정신적으로든 나름대로 자신들을 지켜주는 힘에 대한 믿음이 있기 때문이다. 믿음은 참으로 중요하다. 그것이 진실에 기인하는 확신이든 혹은 오해로 빚어진 자기최면일지라도 믿음(긍정적 사고)은 우리 삶에 커다란 힘이 되어서 자신의 능력과 행복을 배가시키며 때로는 기적을 일으킨다. 꿈을 이룰 수 있다는 믿음 혹은 천당(극락)에 갈 수 있다는 믿음만큼 우리의 행동을 자신 있게 만들어주는 것은 없다. 그런데 믿음을 가진 사람들의 얼굴이 밝은 것을 한 단계 더 깊이 들여다보면, 남은 잘 안 되더라도 적어도 자기는 잘될 것이라는 생각 때문이고, 이것은 일종의 이기심에서 비롯된 것이다. 진정한 도인(성직자)이라면, 나의 꿈은 이루어지지만 다른 사람의 꿈이 이루어지지 않거나 혹은 나는 천당(극락)에 갈 수 있으나 다른 사람은 못 간다면 어찌 혼자만 얼굴이 밝을 수 있겠는가? 감히 말하건대, 이 세상이 이렇게 혼탁한데도 혼자만 얼굴이 밝은 성직자나 도인은 모두 가짜이다.

그렇게 생각하며 책을 읽던 중에 세계 3대 성인이라고 일컬어지는 석가나 공자 그리고 예수도 자신들이 도에 이르지 못했음을 의미하는 자백의 말을 했으며 유명한 선사들도 제자들에게 자신도 답을 모르는 문제를 공안이라며 숙제를 내준다는 것을 알았다('성인과 득도' 참조). 그래서 득도는 불가능한 것이라는 결론을 내리고 하산할 기회를 엿보며 허허로운 나날들을 보내고 있던 중에 어느 날 하늘을 보면서 똑같은 만유인력의 법칙에 따라 운행되는 별들 중에서 행성(지구)은 주변을 열심히 맴돌고 있는데도 불구하고 가운데 있는 항성(태양)은 왜 제 자리에 가만히 서 있는지 의문이 가기 시작했다.

만유인력은 상호간에 잡아당기는 힘이다. 그런데 공전을 하고 있는 지구는 만유인력에 저항하기 위하여 열심히 공전을 하는데 왜 똑같은 크기의 인력을 받고 있는 태양은 아무 반응도 하지 않고 가만히 서 있을 수 있는 것일까? 궤도의 중심에 있는 별이 아무리 큰 별이라고 해도 허공에 떠 있으므로 만유인력이 작용하면 가속도가 발생하여 움직일 수밖에 없다. 힘과 운동의 기본 물리학 공식은 f=ma이다. 이 공식에 따르면 태양에 작용하는 만유인력(f)과 태양의 질량(m)이 모두 0 이상이면 태양에는 당연히 가속도(a)가 발생하고 따라서 태양도 운동할 수밖에 없다. 그런데 과학자들이 태양계의 역학구조와 비슷하다고 설명하는 원자 궤도에서는 중심의 핵이 전자의 인력에 반응하여 함께 진동(사실은 반경이 작은 회전운동)한다는 것과 비교해보면 태양계는 분자운동과는 다른 원리로 움직인다는 것을 쉽게 짐작할 수 있다.

그래서 나는 기존의 과학이론에 오류가 있다는 것을 깨닫고 과학과 종교를 병합하여 우주의 원리를 탐구하려고 어느 교회에 거처를 정하고 새벽기도를 포함하여 일주일에 10회의 예배를 빠짐없이 참석하면서 그들의 행동과 현상들을 수년간 관찰하고 분석하였으며 그 결과를 토대로 이 글을 쓴다. 나의 새로운 이론과 주장들이 과학과 종교에 대한 잘못된 인식을 바로잡아서 건강한 사회를 이룩하는 데 도움이 되기를 바란다.

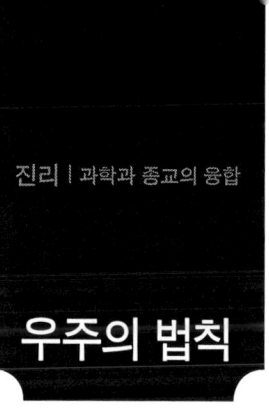

우주의 법칙

21세기의 어떤 사람이 예수와 석가 혹은 뉴턴과 아인슈타인을 모두 합해놓은 것보다 더 많이 깨달았다고 해도 그가 그들보다 더 훌륭한 사람이라고 단정할 수 없다. 왜냐하면 과거의 열악한 학문적 배경에서의 깨달음과 오늘날과 같은 좋은 환경에서의 깨달음을 단순히 양적으로 비교해서는 안 되기 때문이다. 그러므로 우리가 옛 성인들이나 위대한 과학자들을 인류의 위대한 스승으로서 인격적으로는 존경해야 하겠지만 그렇다고 학문의 진보가 무수히 이루어진 오늘날에도 아직 옛 사람들의 사상이나 지식을 맹종하는 우를 범해서는 안 된다.

신학자들은 스스로 우주의 작동원리를 연구해보지도 않았으면서 단순히 성경에 근거하여 여호와가 우주를 다스린다고 주장한다. 신학자들의 주장이 정당해지려면 들의 꽃이나 공중의 새들도 일일이 돌보신다는 하나님께서 자신이 사랑하는 성도들이 9.11테러로 떼죽음을 당할 때에는 왜 '악하고 게으른 종'처럼 자신의 달란트를 묻어두고 죽어가는 그들을 바라보고만 계셨는지에 대한 합리적인 설명이 가능해야 한다.

우주를 백사장이라고 하면 태양계는 그중의 모래알 하나보다도 더 작은 존재다. 기존의 과학과 종교가 그 작은 태양계에서 일어나는 미시적 현상에서 원리를 추출하여 그것으로 거대한 우주를 해석하려고 한 반면에 나는 우주의 거시적 현상에 부합하는 원리를 찾아서 그것으로 미시적이며 예외현상에 불과한 지구와 생명을 해석하려고 노력했다. 빛이 우주 공간에서 굴절이나 파장의 변화가 있다면 과학자가 빛을 통하여 관찰하는 우주현상과 그것을 분석하여 얻은 지식은 진실이 아닐 뿐만 아니라 근삿값에조차 미치지 못할 수 있다. 어떤 제한된 영역에서 성립되는 법칙이나 진리가 다른 영역에서 부조화나 불일치를 보인다면 그것은 완전한 법칙이나 진리가 아니다. 종교인들이 신의 존재를 믿듯이 과학자들은 만유인력의 존재를 믿는다. 그런데 우주 어디에도 그들이 실재한다는 증거는 없다. 이 책을 정독하면 전문지식이 없는 사람들도 왜 신과 만유인력의 존재에 대한 증거가 없는지를 이해하게 될 것이다.

기독교인들은 성경을 해석할 때 자신들에게 유리하면 직역(문자적으로 해석)하고 불리하면 의역(그들의 표현을 빌리자면 영적인 해석)하는 모순을 범한다. 그리고 일반인들이 성경의 모순을 이야기하면 사람의 지식으로 성경을 해석하면 안 된다고 말하면서 아예 들으려고 하지도 않는다. 그런데 그렇게 말하는 자신들은 신학을 빙자하여 사람의 지식으로 성경을 해석하기 때문에 그들의 교리는 교파마다 제각기 다르다. 그들의 주장처럼 성령의 감동으로 성경이 만들어지고 성령의 감화로 성경을 이해하면 신학자들과 성직자들은 모두 한 목소리를 내야 하는데 안 그런 것을 보면 신학자의 주장이나 목회자들의 설교는 하나님의 말씀이 아니라 자신들의 말에 불과한 것이 분명하다. 그래서 종교에서는 흔히 이단에 관한 시비가 일어난다. 그런데 이 세상의 모든 종교가 시작할 때에는 예외 없이 모두 이단으로 출발하였다는 것을 알아야 한다. 이단이란 용어는 기성 종교가 신흥 종교를 혹은 주류가 비주류를 적대시하여 부르는 표현에 불과하며 따라서 이단이라고 무조건 틀렸다고 단정해서는 안 된다. 2,000년 전에는 유대교가 천주교를 이단이라 불렀고 500년 전에는 천주교가 개신교를 이단이라고 비난하였는데 오늘날에는 반대로 세력이 커진 개신교가 천주교를 이단이라 부르며 천주교도 유대교를 이단이라고 생각한다. 100년 후에는 또 누가 누구를 이단이라고 부를지 모른다. 대다수가 좌측통행을 할 때에 우측통행하는 사람은 이단이 되지만 많은 사람이 우측통행을 따르면 그때는 좌측통행이 이단이 되는 것이다. 내가 관찰한 모든 기독교인들이 자신에게 맞는 자신의 하나님을 창조하는 것을 보았고 그래서 기독교인의 숫자만큼 다양한 하나님이 태어나고 수많은 종파도 생긴다.

'종교'란 단어를 글자대로 풀이해 보면 '근본이 되는 가르침'을 말하는데, 의학적으로 생각해보면 '죽음에 대한 불안증의 치료법'이고 철학적인 관점에서 보면 '참된 삶을 추구하는 방법'이라고 할 수 있다. 그러므로 어떤 종교가 이러한 목적들을 이룰 수 있는 합리적인 방법을 제시하고 있다면 그 종교를 함부로 비난해서는 안 된다. 모든 종교는 우주를 다스린다고 여겨지는 어떤 절대적인 존재를 서로 다른 방식으로 믿고 따르는 것이며, 우리 민족도 그 존재를 '하느님'이라고 부르며 믿고 따랐으나 우리는 산발적이며 개인적인 신앙으로 발전하였고 유대민족은 좀 더 조직적이며 민족적인 신앙으로 발전시켜서 다른 민족에 비해 진전된 신앙 체계를 보여주었다는 것에서 차이가 있을 뿐이다. 예수의 주장이 옳은 것이라면 우리도 그를 본받아야 하겠지만 그에 대한 기록이 진실인지 또 그의 뜻이 제대로 전해지고 있는지도 점검해봐야 할 뿐만 아니라 예수의 소원은 주기도문에 잘 나타나 있듯이 아버지의 나라가 임하고 그의 뜻이 땅에서도 이루어지는 것인데 예수가 왜 생전에 자신의 소원을 이루지 못했으며 또 2,000년이 지난 지금까지도 이루어지지 않고 있는지도 되새겨봐야 한다.

기독교가 유일신을 주장하며 자기들만이 참 진리라고 말한다. 만약 우주에 절대자가 존재한다면 당연히 유일신이어야 옳은 것이고 그렇기 때문에 기독교가 유일신을 주장하는 것은 이해하지만 자신들만이 그 유일신을 제대로 섬기고 있다는 주장에는 동의할 수 없다. 각각의 종교가 섬기는 신의 이름과 교리가 다른 이유는 그 종교의 발생지의 언어와 문화가 달라서 그런 것일 뿐이며 사실은 우주를 다스리고 있다고 여겨지는 하나의 절대자를 서로 다른 방식으로 섬기고 있는 것이다. 모시는 신의 이름이 다른 것은, 백두산을 중국에서는 장백산이라 부르고 우리는 백두산이라고 부르는 것과 같고, 교리가 다른 것은, 코끼리를 장님이 만져보고 한 사람은 기둥과 같다고 말하고 다른 사람은 벽과 같다고 말하는 것과 같으며, 결국은 전체를 바르게 파악하지 못해서 나타나는 현상일 뿐이다. 똑같은 절대자를 두고 민족마다 언어와 문화가 달라서 서로 다른 이름(여호와, 알라, 하느님, 옥황상제 등)이 붙은 것이고 각자의 경배 방식(교리)에서 차이가 나는 것일 뿐이며 결국은 같은 것을 놓고 서로 자기가 옳다고 싸우는 것이다. 그래서 절대자의 입장에서는 모든 종교가 나름대로 열심히 자신을 따르는데 어느 한쪽만을 편들어 줄 수 없어서 그들을 그냥 방치하고 있는 것이다. 부모의 입장에서 보면 여러 자식들이 조금씩 능력의 차이가 있을지라도 어찌 편애하거나 내칠 수가 있겠는가? 사람들을 교회로 인도하는 것이 우주를 다스리는 하나님의 뜻이라면 사람들을 사찰로 인도하는 것 역시 하나님의 뜻이다. 만약에 사찰로 인도하는 것이 하나님의 뜻이 아니라 사탄의 뜻이라면 하나님은 사탄의 뜻을 꺾지 못하거나 방치하는 것인데, 사람들이 지옥으로 가든지 말든지 하나님이 신경쓰지 않는 이유를 어느 목사에게 물었더니 그것은 하나님의 비밀이라고 설명하였다. 하나님과 사랑하는 자녀 사이에 도저히 이해할 수 없는 비밀이 있다면 그것은 진정으로 사랑하는 사이가 아니다.

기독교가 주장하는 대로 완전한 종교가 있다면 불완전한 종교는 모두 사라져야 하며 또 그렇게 할 능력이 있어야만 그 종교의 완전성이 증명되는 것이다. 기독교에서 주장하는 종말이 정말로 온다면 기독교의 완전성은 저절로 증명된다. 세상을 깨끗하게 정리하는 종말이 한 세대도 가기 전에 온다면서 회개하고 깨어서 등불을 들고 기다리라고 하였는데 왜 그런 좋은 일(종말)을 2,000년이나 미루고 있는 것일까? 성경에서 예수가 재림할 때에는 거짓 그리스도로 오인 받지 않기 위하여 구름을 타고 천사와 함께 그리고 번개처럼 온 천하가 알도록 공개적으로 온다고 되어 있는데, 과학적인 시각으로 보면 절대 불가능해 보이는 예수의 재림 방법이 오히려 기독교의 영속성을 유지하는 중요한 비결이 되었다. 그렇게 명시하지 않았으면 아마 지난 2,000년 동안에 재림예수라는 사람들이 헤아릴 수 없이 많이 나타났을 것이며 기독교는 혼란에 빠져서 스스로 자멸하였을 것이다. 사이비나 이단은 근시안적인 목표를 제시하므로 시간이 흐르면 소멸하지만 오래된 종교는 이루어질 수 없는 가치나 약속을 제시하여 그것을 탐내는 인간이 영원히 쳇바퀴를 돌게 하는 뛰어난 지혜를 품고 있기 때문에 장수하는 것이다. 유대교의 메시아가 나타나면 기독교는 가짜가 되는 것이고 역으로 재림예수가 나타나면 유대교는 엉터리가 되는 것이므로 적어도 둘 중 하나는 사이비가 분명하다. 그런데 수천 년을 아무 탈 없이 그들이 함께 존속하고 있는 것을 하나님이 용인하고 있는 이유가 하나님의 크신 사랑인지 아니면 다른 이유가 있는지를 깊이 성찰해봐야 한다.

뒤에서 자세히 논하겠지만 여러 가지 상황과 의학적인 증거로 분석해보면 예수는 십자가에서 허기진 상태로 포도주를 많이 마셔서 혼절하였다가 깨어났을 확률이 99.99% 이상인데 그를 신으로 믿는다는 것은 매우 위험한 도박이다. 예수가 실제로 하나님의 아들이라고 하더라도 그를 믿고 따르는 것은 안 된다. 왜냐하면 인간세계에서는 왕(현재 권력)과 왕자(미래 권력)에게 동시에 아첨하는 것은 적절한 처세술일 수 있으나 신의 세계에서는 한번 2인자는 영원한 2인자이므로 예수에게 잘 보일 필요가 없으며 오히려 예수를 믿으면 '나 외에 다른 신을 섬기지 마라'는 십계명의 1항에 위배되어 화를 입을 수 있기 때문이다. 그리고 기독교의 주장처럼 설혹 예수가 하나님 자체라고 할지라도 예수를 믿지 않고 하나님만 열심히 믿은 사람을 꾸중할 이유가 전혀 없다. 왜냐하면 임금이 평복으로 갈아입고 궁궐 밖으로 암행을 나섰는데 평상시에 열심히 나라에 충성한 백성이 임금을 몰라봤다고 그에게 벌을 줄 이유가 없듯이 하나님(임금)이 인간의 몸을 빌려서(평복을 입고) 세상(궁궐 밖)에 나타났는데 누가 그를 하나님(임금)이라고 생각할 것이며 또 그가 하나님(임금)인 것을 몰라 봤다고 어찌 책망할 수 있겠는가? 백성은 평복을 입은 길거리의 임금을 알 수도 없고 알 필요도 없으며 또 알아서도 안 된다. 백성은 오직 그 임금이 제정해놓은 국가의 법률을 잘 지키기만 하면 되듯이 인간도 하나님이 만들어놓은 우주의 법칙만 잘 지키면 된다.

성경 내용이 비논리적인 것이 대부분이지만 그래도 상당히 그럴듯한 문구가 하나 눈에 띄어서 인용해보겠다. 요한복음의 서두에 보면 "태초에 말씀이 계시니라……, 이 말씀은 곧 하나님이라……. 만물이 그(말씀)로 말미암아 지은바 되었으니"라는 표현이 있다. 이것을 의역하면, 절대자의 말씀은 곧 명령이고, 그 명령은 바로 법칙이 되는 것이며, 그 법칙이 우주의 모든 것을 생성하고 소멸하면서 변화하게 한다는 뜻이다. 그러므로 이 우주의 법칙 안에서 변화와 발전 혹은 진화해 나가는 것이 조물주의 뜻에 순종하는 것인데, 이기심으로 가득 찬 인간들이 지금 그러지 않고 있어서 많은 문제와 죄악이 발생하는 것이다. 자연은 자유의지가 없어서 절대자가 만든 우주법칙(자연법칙)을 철저히 잘 따르고 있는데 자유의지를 가진 인간만이 절대자의 법칙을 어기고 있다. 국민이 질서와 법을 잘 지키면 경찰이나 사법기관을 두려워할 필요가 없듯이, 인간도 절대자가 만들어놓은 우주(자연)의 법칙을 잘 지키기만 하면 지금의 종교단체들처럼 절대자를 지나치게 두려워하거나 절대자에게 잘 보이기 위하여 노예처럼 예속화되어서 섬길 필요가 없으며 따라서 성직자들이 신도들에게 내세를 위해서 현세를 금욕주의적으로 희생하라는 무리한 주문을 할 필요도 전혀 없다. 자동차 운전자가 교통법규만 잘 지키면 아무 탈 없이 충분히 목표(영생, 해탈, 구원)에 다다를 수 있으므로 숨어서 관찰하는 교통경찰의 유무를 의식할 필요가 없는 것과 같다.

그러면 인간이 지켜야 할 절대자의 법칙은 무엇일까? 과학자들이 제시하는 자연의 기본법칙인 열역학 제1, 2법칙에서 에너지와 물질을 재화와 자원으로 대치하면 그것이 인간이 지켜야 할 기본법칙이 되는 것이며 우리는 이것을 잘 지키기만 하면 된다. 자연법칙을 인간에게 적용한 제1 인간 법칙은, 재화와 자원의 총량이 정해져 있다는 것이고, 따라서 제 2법칙은 총량이 일정한 재화와 자원을 효율적으로 활용하기 위해서 이들을 많은 곳에서 적은 곳으로 그리고 집중된 곳에서 분산된 곳으로 보내어서 사이좋게 나누어서 사용해야 한다는 것이다. 이 원리는 모든 종교가 공통적으로 주장하는 사랑과 자비의 정신과 일치하는 것이며, 결국 종교의 법칙인 사랑과 자비는 과학의 기본법칙인 열역학 제1, 2법칙과 성격이 똑같은 우주의 공통 법칙인 것을 알 수 있다.

아무리 위대한 성인의 말이라 해도 그의 말 속에는 오류가 있을 수 있으며, 더구나 스승에 대한 제자들의 기록은 순수성에 의심이 가는 과장된 부분이 많아서 그대로 믿는 것은 큰 우를 범할 가능성이 높다. 그러나 자연의 법칙에는 창조주의 뜻이 가감 없이 온전히 투영되어 있으므로 자연의 법칙은 성인이나 선지자의 말보다 훨씬 중요한 의미를 가지고 있다. 그래서 우리는 성경이나 불경에 매달리기 이전에 우주 법칙을 먼저 깨달아서 그것에 순종하는 것이 조물주의 뜻에 더 부합하는 것이다. 최근에 뉴질랜드에 있는 그리스도교회(Christchurch)라는 지명을 가진 도시에서 큰 지진이 일어났다. 그런데 그곳에 있는 교회나 성당도 예외 없이 모두 무너진 것으로 분석해보면 하나님은 자기편이라고 해서 편애하는 일이 없으며 오직 자연의 법칙에 따라서 공정하게 지구를 다스리고 계신다는 것을 알 수 있다. 절대자가 인격신이든지 혹은 법칙신이든지 간에 인간은 절대자의 뜻에 따라서 만들어진 우주의 원리와 법칙을 이해하여 그것을 잘 지키는 것이 일부 성인들의 비과학적인 말을 따르는 것보다 더 올바르게 절대자를 순종하는 것이다. 그런데 우리가 알고 있는 우주나 자연의 법칙에 오류가 있다면 그것은 기독교인들이 비과학적이며 모순투성이인 성경을 맹종하는 것과 다를 바가 없으므로 과학자들이 주장하는 자연의 법칙에도 오류가 있는지 면밀히 살펴봐야 한다.

과학의 오류

수학은 물량의 크기를 표시하고 언어는 사람의 의사를 전달하는 수단이다. 그러나 불완전한 인간이 만들었기 때문에 그들에게는 약간의 결함이 있다. 언어, 특히 명사를 만들 때는 그 언어의 대상이 되는 어떤 실체가 있어야 하는데, 상당수가 실체의 확인이 없이 막연히 그런 것이 있으리라고 믿고 의사소통의 편리를 위하여 이름을 정해놓는 경우가 많다. 대표적인 것이 '영혼'이라는 단어다. 정말로 존재하는지도 확실히 모르면서 무책임하게 만들어낸 영혼이라는 단어에 얼마나 많은 사람들이 매달려서 시간과 에너지를 사용하고 또 순교라는 거룩한 이름으로 목숨을 걸기도 하였는가?

노자의 『도덕경』에 보면, 최초로 어떤 관념적인 단어를 사용한 사람이 그 단어의 짝이 되는 실체를 창조한 것이라는 뜻의 문구가 있다. 오늘날에도 발명가나 제조업자가 새로운 개발품을 만들면 그 사람이 그것의 이름을 최초로 붙이고 사용하는 것처럼 처음 이름을 사용하는 자가 그 이름의 실체를 창조한 조물주가 되는 것이다. 예를 들면 영혼이 자신의 이름을 '영혼'으로 지어달라고 누군가에게 부탁하지는 않았을 것이며 따라서 '영혼'이라는 단어를 처음 사용한 사람이 결과적으로 '영혼'을 창조한 것이라고 봐야 한다. 그럼에도 불구하고 신학자들은, 선조들이 단순히 의사소통이나 하려고 검증도 없이 만들어놓은, 실체가 확인도 되지 않는 몇 개의 추상적인 단어들을 진실이라고 믿고 세상의 모든 이치를 그것으로 설명한다. 그런가 하면 과학자들은 현실의 학문을 하면서도 실제가 아닌 관념에 불과한 수학으로 모든 현실을 증명하고자 한다. 신학이 언어를 수단으로 자신의 주장을 설명하지만 정체불명인 언어가 신학을 지배해서는 안 되며, 물리학이 수학을 수단으로 하여 자신을 계량화시켰으나 관념에 불과한 연속적인 수학이 현실의 소립자에 의해서 불연속적인 물리학을 모두 증명할 수는 없는 것이다. 언어나 수학은 신학과 물리학을 하기 위한 수단일 뿐 주체가 아니다. 그러므로 신학과 물리학이 언어나 수학의 포로가 되어서는 안 된다.

대부분의 과학자들이 현재의 현상을 설명할 수 있는 그럴듯한 이론이나 법칙을 내놓는다. 그러나 그 현상이 생기기 이전에 혹은 그 현상에서 변화가 생겼을 때에도 같은 이론이나 법칙으로 설명되어야 하는데 그렇지 못한 경우가 많다. 뉴턴의 만유인력이 대표적이며, 그 이론으로는 별의 운행은 어느 정도 설명이 가능하나, 별이 왜 생성되며 다시 소멸하는지를 설명하기 어렵다. 예수가 영혼이 아닌 무거운 육신으로 동력장치도 없이 하늘로 올라간 것은 위대한 과학자 뉴턴이 주장한 만유인력에 의한 지구 중력의 법칙을 위반한 것이다. 예수가 자신이 만들었다는 우주의 법칙을 무시하였는지, 아니면 뉴턴이 틀린 것인지, 혹은 모두가 틀렸는지를 밝혀봐야 하겠지만, 전문이론은 추후에 논문으로 제출하거나 별도의 책으로 발행하기로 하고 여기서는 계속하여 논의할 종교와 관련된 최소한의 개념만 언급할 터인데, 그러다 보면 일부 과학자들이 터무니없는 주장이라고 성급하게 이의를 제기할 것이 예상되므로, 이 책의 말미에 첨부된 물리학자에게 드리는 약간의 글 속에 만유인력의 모순과 새로운 우주론을 간략히 설명하였으니 검토해보고서 반론이 있으면 제시하기 바란다.

우주에는 홀로 중성으로 존재하든지 아니면 한쪽으로 기우는 존재나 법칙이 있으면 그 반대로 기우는 것도 항상 같이 존재해야 하며, 그래야 균형을 이룰 수 있고 변화와 복원을 통한 생성과 소멸의 순환이 가능하다. 그러므로 여러 가지 과학 법칙도 한쪽으로만 일방적으로 작용하거나 무한대로 흐르는 법칙은 제한적인 공간이나 시간에서만 관찰하고 만들어낸 잘못된 혹은 한시적인 법칙이다. 우주가 팽창한다는 것은 별들 사이에 인력만 있는 것이 아니라 척력도 존재한다는 것이며, 이는 만유인력과 반대되는 성질의 힘도 존재한다는 것이다. 만약에 아인슈타인의 이론처럼 물질이 에너지로 변하는 물질소멸만 존재하고 물질생성의 가역 혹은 순환 반응이 일어나지 않으면 언젠가 우주에는 물질이 사라지고 천지창조 이전의 상태로 되돌아가게 된다. 뉴턴의 만유인력이 존재하면 역으로 만유척력도 존재해야 하고, 물질소멸이 사실이면 물질생성도 가능해야만 우주는 전체적인 균형 속에서 부분적이며 한시적인 변화, 즉 순환하게 되는 것이다. 오직 만유인력만 있으면 언젠가는 우주가 만유인력으로 뭉쳐서 모두가 한 덩어리가 되어야 하며, 인력만 존재하는 물질은 다시는 서로 헤어지지 못하므로 우주의 순환은 그치게 된다. 열역학 제2 법칙, 뉴턴의 만유인력, 아인슈타인의 물질의 에너지화, 쿨롱의 전기력력처럼 한쪽으로만 흐르는 법칙이나 혹은 한쪽으로만 작용하는 힘이나 현상만 있다면 우주는 전체적인 균형이 깨어지고 복원력을 잃게 되며, 복원력을 잃으면 되돌아오는 순환은 없어지므로 천지창조 이전의 상태로 돌아가게 된다. 이때는 조물주의 우주 재창조나 재건축이 필요하게 되므로 현재의 과학이론은 사실상 기독교의 창조론과 충돌되지 않으며 오히려 창조의 가능성을 강력히 시사하고 있다. 한쪽으로만 가는 일방적인 법칙은 절름발이이며, 이는 우주 전체를 보지 못하고 한시적이며 제한된 곳에서만 일어나는 현상을 설명하는 국지적인 이론이거나, 아니면 조물주의 능력을 짝으로 해야만 성립되는 반쪽 이론에 불과하다. 현재의 과학이론은 우주와 자연을 혼자서는 다시 복원하지 못하는 반신불수 이론이다.

1이라는 숫자가 모여서 다른 숫자가 만들어지듯이, 우주도 기본이 되는 어떤 것이 모여서 새로운 것을 만들고 그것이 두 개 혹은 여러 개로 분화 혹은 복잡화되었을 것이다. 동양 사상에서는 근본이 되는 그 하나를 '태극'이라 부르는 것이며, 그로부터 생성 분화된 것을 음과 양, 하늘과 땅, 남자와 여자, 육체와 정신, 물질과 에너지라고 부르는 것이고, 이들은 모두 원래 하나였으며 처음부터 두 개인 것은 없었다. 하늘과 땅, 남자와 여자, 육체와 정신, 물질과 에너지 이런 것들이 처음부터 두 개라는 것은, 마치 숫자가 2에서부터 출발하였다는 말과 같아서 모순이며, 조금만 깊이 생각해보면 그것이 틀렸다는 것을 쉽게 알아낼 수 있다.

생명을 포함하여 만물은 근본이 되는 하나에서 시작하였으며, 그들 중 변화 능력이 있는 것은 하나에서 둘 혹은 여럿으로 진화 혹은 분화되었고, 변화 능력이 없는 것은 아직도 하나인 채로 그대로 있는데도 과학과 종교가 두 개라고 오해하는 것들이 있어서 많은 문제를 야기한다. 앞에서 열거한 대립된 두 개의 쌍들이 하나에서 둘 혹은 여럿으로 변화했으면 진화론에 부합하고, 처음부터 두 개로 출발하였다면 창조론이 유력해지는 것이기 때문에 이것을 규명하는 것은 우주의 원리와 생명의 가치를 올바르게 파악할 수 있는 근본적인 방법이 될 수 있다.

동양 사상에서 태극이라는 것은, 과거에 과학 지식이 없던 때에 눈에 보이지는 않지만 우주의 근본을 이루고 있는 어떤 것이 있을 것이라고 생각하고 그것에 붙인 이름이다. 이것을 과학적인 시각으로 보면, 태극은 인간의 인지기능으로는 인식되지는 않지만 아무것도 없이 비었다고 생각하는 진공을 포함하여 우주 공간에 골고루 산재하여 있는 미세한 물질들을 의미하는 것이며, 이들이 우주 기압의 변화에 따라서 응결하면 인식이 가능한 상태의 물질이 되고 계속 융합이라는 과정을 거치면서 성장하여 별이 생성되는 것이며 다시 이 별이 소멸될 때는 인식이 불가능한 원래의 소립자로 환원되어 있다가 또다시 인식물질로 변하기를 반복하는 것이다. 무의 공간처럼 느껴지는 우주 공간이 실제로는 비어 있는 것이 아니라 인식되지 않는 물질들로 채워져 있고 이들이 빛이나 전자기파의 파동매질이 되므로 빛과 전자기파는 우리가 진공이라고 생각하는 공간도 통과할 수 있는 것이다. 이런 현상을 보고 과학자들이 빛과 전자기파가 스스로 진공을 통과할 수 있는 준물질(에너지 양자)이라고 오해한 것이다.

눈에 보이지 않는 수증기와 눈에 보이는 물방울이 상태만 다를 뿐 같은 물질이듯이 하늘과 땅도 같은 우주물질로 되어 있으며 이들이 물방울처럼 뭉쳐 있는 곳이 땅이고 수증기처럼 흩어져 있는 곳이 하늘(우주공간)일 뿐 하늘과 땅은 근본적으로 같은 것이며 분산과 결집이 교대로 반복하는 우주의 순환 법칙을 통하여 생성과 소멸, 즉 윤회를 하고 있는 것이다. 이와 같이 인식되는 것(유)과 인식되지 않는 것(무)의 동질성에 대해 과학 이론과 물리적인 변화를 모두 알고 말한 것은 아니지만, 불교에서는 색즉시공 공즉시색이라고 하였고, 또 노자는 『도덕경』에서 우현(암흑; 인식 불가능한 세계)에서 만물의 묘와 요(본질과 현상)가 나온다고 하였는데, 수천 년 전에 그런 뛰어난 발상을 했다는 것이 매우 경이롭다. 동양 철학에서는 공(없음, 무)의 개념이 부존재가 아니라 인식할 수 없음을 의미하는 데 반하여, 수학에서는 0이라는 것은 존재 자체가 없는 것을 말하며, 이런 0과 같은 존재하지 않는 것을 이용하여 존재하는 현실을 계산한다면 모순이 발생할 수 있다. 예를 들면 물리학의 최솟값인 소립자가 수학의 최솟값인 무한소보다 무려 무한 배의 큰 값이며, 따라서 수학의 무한소는 관념일 뿐 현실에는 없는 값인데, 수학은 이것으로 다른 숫자를 나누거나 곱하는 행위를 하므로 수학적인 계산은 비현실적일 수 있고, 따라서 실재하는 현실을 다루는 비연속적인 물리량을 관념적이며 연속적인 수학으로 계산하였다 하여도 그것이 참값이 아닐 수 있다.

아인슈타인을 비롯하여 현재 과학자들의 우주물리학 이론은 잘못된 뉴턴의 만유인력을 기초로 해서 발전하였으므로 모순의 연속선상에 있다. 이런 것을 모두 통합한 소위 통일장 이론을 만들고자 하나, 현재의 이론들은 잘못된 이론으로부터 나온 임시처방 같은 이론들이기 때문에 근본적인 통합이 불가능하다. 과학자들이 뉴턴역학을 기본으로 물질을 탐구하다가 에너지가 연속성이 없는 것처럼 나타나고 실재하는 현상을 설명하는 데 어려움이 발생하였다. 그래서 과학자들은 고전 물리학의 진화를 포기하고 새로운 존재인 양자를 창조함으로써 그들이 주장하던 진화론을 스스로 포기하고 인간도 새로운 물질(양자)을 창조하는 조물주의 반열에 올랐다. 진리는 상황이 변해도 항상 통해야 진리라고 할 수 있는 것이며 과학에서 통한 진리라면 종교나 사회를 비롯한 모든 현상에서도 똑같이 통해야 참 진리라고 볼 수 있다. 내가 주장하는 새로운 우주론('물리학자에게 드리는 글' 참조)과 기본법칙('창조와 진화' 참조)은 우주의 운행은 물론 물질, 생명, 사회, 정치, 경제 및 종교현상까지 그 법칙에 따라 움직이고 있음을 일목요연하게 설명할 수 있으며 또 물리적인 기이현상이나 초능력적인 현상들도 논리적으로 설명이 가능하다. 여기서 결론만 간단히 말한다면, 만유인력은 실제로 존재하는 힘이 아니며 중력의 발생은 우주의 다른 현상에서 비롯되는 것이고, 열역학 제2 법칙의 현상은 별이나 생명의 탄생과정에서는 나타나지 않는 제한적인 현상이며, 물질의 소멸은 계측의 오류에서 비롯된 착각이다. 그리고 빛과 전자기파는 횡파가 아니라 음파와 같은 종파이며 전자기파는 전기장과 자기장이 혼합되어서 동시에 발생하는 것이 아니라 분리되어서 독자적으로 발생하는 별개의 파동이다.

기도와 응답

우리가 왜 성현들의 말씀보다 자연의 법칙을 우선적으로 따라야 하는가를 설명하기 위하여 종교적인 현상에 대한 과학적인 해석과 그들의 경전에 대한 합리적인 분석을 통하여 그들의 모순을 지적해보기로 하자.

돌덩이를 조각가가 잘 다듬어 놓으면 부처가 된다. 그 돌덩이 앞에 엎드려 수많은 사람들이 불공을 드리고 소원을 빈다. 돌덩이는 사람들이 자신에게 정성을 드리는 것을 알 리가 없다. 설혹 하늘에서 부처가 보고 있다 해도 부처는 그들의 부탁을 들어줄 수 없다. 왜냐하면 자기 자식을 합격하게 해 달라는 것은 남의 자식은 떨어지게 해 달라는 것이며, 자기 남편을 승진하게 해 달라는 것은 남의 남편은 탈락시켜 달라는 것이다. 건강하게 해 달라는 것은 애쓰고 공부한 의사들을 굶게 해 달라는 것이고, 사업 잘되게 해 달라는 것은 경쟁 사업가를 망하게 해 달라는 것인데, 부처의 입장에서는 상대편들도 매일 엎드려 비는데 누구편을 들어 줄 것인가?

 기독교는 불교가 부처나 보살의 형상을 만들어서 우상으로 섬긴다고 조롱한다. 그러나 그들도 예수를 십자 형상의 물질로 추상화시켜서 곳곳에 모시고 있으며 또 물질인 교회를 예수의 몸이라면서 우상화시키고 있기는 마찬가지다. 불교와 기독교의 다른 점은 노골적으로 구상화하여 우상화하느냐 아니면 교묘하게 추상화하여 우상화하느냐의 차이일 뿐이다. 불교에 대한 기독교의 조롱은 마치 법망을 잘 빠져나가는 고급 사기꾼이 법에 걸려든 하급 사기꾼을 비웃는 것과 유사하다. 고급 사기꾼은 처음부터 사기를 계획하였기 때문에 법망에 미리 대처했지만 하급 사기꾼은 일을 열심히 해보려다가 실수해서 본의 아니게 사기가 되는 경우가 많다. 성경은 처음부터 진리를 조작했고('계시의 실체' 참조) 불경은 진리를 밝히려고 노력했으나 미흡했을 뿐이다.

이 세상에 있는 에너지와 자원의 양은 정해져 있다. 그러므로 누군가가 자원을 가지면 어떤 다른 사람이 그만큼 가지지 못하는 것이며, 너무 많이 가지려는 것은 남을 못 가지게 하려는 것임을 알아야 한다. 그러므로 자신이 열심히 노력하여 남보다 많이 가지는 것을 죄라고 할 수는 없으나, 공평하게 처리되면 남의 것이 될지도 모르는 것을 부처나 하나님 보고 그것을 자기에게 달라고 조르는 것은 부처나 하나님에게 남의 것을 훔치거나 뺏어 달라는 부탁이고 다르게 말하면 하나님(부처)을 도둑이나 강도로 만드는 범죄적인 요구이므로 그런 소원을 들어줄 리도 또 들어줄 수도 없다.

부처는 자기 자신이 있는 법당이 불에 타거나 도둑이 자신을 훔쳐가도 상관하지 않으며, 하나님 또한 교회에 벼락이 떨어지거나 미국의 무역센터 9.11사건과 같이 자신의 신자를 수천 명을 동시에 죽여도 신경 쓰지 않는데 하물며 당신의 사소한 부탁에 관심을 가질 리가 있겠는가? 불공이나 기도를 드리고 싶으면 조각가나 목수에게 가서 하라. 그분들이야말로 부처(불상)를 제작하거나 예수의 몸(교회)을 만드신 위대한 분들이 아니신가!

우리가 종교를 갖는 이유는 성인들의 가르침을 배우고 그들을 따라서 올바른 삶을 살려고 하는 것이며 그들에게 무엇을 부탁하려고 하는 것이 아니다. 기도는 무엇을 요구하는 것이 아니라 참선이나 명상과 같이 자기 자신의 내면세계와 대화(기독교의 입장에서는 성령과의 대화)하는 것이다. 기도는, 주어진 것들에 감사하며, 한 일을 반성하고, 해야 할 일이 무엇인지 그리고 그 일이 옳은 일인가(하나님의 뜻과 부합하는가)를 숙고하는 자기 성찰이어야 한다.

기독교의 논리대로라면 세상의 모든 일은 하나님이 주관하신다. 하나님이 모두 알아서 잘하고 계시는데 인간이 기도를 해서 무언가를 요구하는 것은 감히 하나님의 계획을 수정하려는 불순한 시도가 되는 셈이다. 그러니 함부로 기도하는 것은 하나님에게 순종하지 않는 엄청난 불경죄에 해당된다. 하나님께서 모두 알아서 잘하고 계시는데 더 많이 달라, 혹은 더 빨리 달라고 기도하는 것은 하나님에게 순종하는 태도가 아니며, 더구나 금식기도하면서 무엇을 요구하는 것은 하나님에 대한 단식투쟁을 하는 것으로서, 철없는 아이가 부모에게 자기의 부탁을 들어줄 때까지 밥 안 먹겠다고 생떼 쓰는 것과 같다. 하나님께 무엇을 해달라고 비는 것은, 자기는 노력도 하지 않고 하나님을 도구로 사용하여 뜻을 이루려는, 다시 말해서 하나님을 종으로 부리려는 오만불손한 처사다. 기독교 교리에 의하면 창세전부터 모든 것이 이미 계획되어 있다는데 기도를 한들 무슨 변화가 있을 수 있으며 변화가 없다면 기도의 효용은 자기 위안 외에는 무슨 효과가 있겠는가?

기독교인들은 기도의 마지막에 예수의 이름으로 기도해야 하나님께서 들어주신다고 말한다. 그러나 그러지 않아도 재물 복, 권력 복, 명예 복을 받아서 잘사는 사람이 세상에 무수히 많다. 예수를 핍박하는 중동의 이슬람 사람들도 재물 복을 받아서 잘살며, 예수를 무시하는 유태인은 세계에서 제일 부유하게 산다. 예수가 인간들의 기도에 관심이 없음을 증명해주는 극명한 증거다. 우는 아이에게 젖을 준다는 말처럼 기도하는 자에게만 복을 준다면 하나님은 참으로 한심한 존재다. 사람은 불완전하기 때문에 어린아이가 배고픈 것을 미리 알지 못하여 울 때에야 젖을 주지만, 전능하신 하나님이 미리 알아서 주지 못하고 울어야 배고픈 것을 알고 그때서야 준다면 하나님은 전능하지 않거나 착하지 않은 것이다. 성경에 의하면 하나님을 믿지 않는 공중의 새나들의 꽃들도 하나님께서 모두 돌보시는데 왜 후진국의 수많은 어린아이들이 굶어 죽어도 그들에게 일용할 양식을 주지 않고 있을까? 새들이나 꽃들은 벌레를 잡고 광합성을 하면서 부단히 노력하여 스스로 생명을 유지하는 것이며 어린아이들은 그러지 못하기 때문에 죽는 것이다. 일용할 양식은 아무에게도 대가 없이 주어지지 않는다. 그러므로 하나님은 인간을 버리고 자연만 돌보는 편파적인 존재가 아니라 공평하게 아무도 돌보지 않고 있는 것이다. 하나님은 중동의 무장단체인 알카에다가 자신의 성도 수천 명을 죽이려는 계획을 기꺼이 승인하셨을 뿐만 아니라 성폭행 당하는 수많은 어린 소녀에게도 친절하게 임신을 시켜주고 계시는 것인지 아니면 세상일에 관여하지 않고 계시는 것인지는 조금만 생각을 깊이 해보면 자명해지는 것이 아닌가? 그리고 기독교 교리에 의하면 예수가 곧 하나님이기 때문에 예수는 기도의 전달자가 아니라 직접 기도를 받아야 하는 존재이고 따라서 기도의 말미에서 예수님께 기도드린다고 해야 옳은데도 그렇게 하지 않게 된 이유는 기독교의 초기에 예수를 하나님으로 보지 않았고 오직 전달자로 보았다는 증거다. 삼위일체는 예수의 격을 높이기 위하여 나중에 만들어진 이론이며 기독교의 교리는 부분적으로 수정되다보니 일관성이 결여된 곳이 너무나도 많다.

기독교 신자들과 이야기해보면 그들은 열심히 기도하여 소원을 이루었다고 말한다. 그러나 그들이 이루어질 수 없는 가당치 않은 소원을 기도한 것이 아니라 될 만한 소원을 열심히 기도하여 이루어진 것이다. 이것을 달리 해석하면, 기도해서 이루어진 것이 아니라 이루어질 때까지 기도한 것이다. 옛날에 기우제만 드리면 꼭 비가 오는 선인이 있어서 제자가 비결을 물었는데 그가 말하기를 비가 올만한 때에 기우제를 시작하여 올 때까지 버티면 된다고 했다는 이야기가 있다. 천지창조 이후에 수많은 사람들이 계속해서 좋은 세상을 만들어 달라고 기도했으나 아직까지도 어느 종교의 신도 그렇게 선하고 훌륭한 기도를 들어주지 않았다. 안 될 것은 아무리 기도해도 안 되는 것이다. 하나님께서는 결코 살아 있는 육신에게 절대 직접적인 영향을 미치지 않는다. 전능하신 하나님께서 기왕 육신에 영향을 미치려면 어설프게 할 것이 아니라 완벽하게 해야만 전능의 권위가 서는 것이기 때문에 아예 영향을 안 미치든지 아니면 완벽하게 세상을 고쳐놓든지 둘 중 하나를 택하실 수밖에 없다. 수많은 기독교의 박해와 탄압을 포함하여 엄청난 육신의 범죄가 이 세상에 만연하고 있는데도 하나님이 세상의 일과 인간의 길흉화복을 관리하신다고 주장하는 사람이 있다면 그는 전능하며 선하신 하나님의 능력과 성품을 모욕하고 있는 것이다.

하나님이 세상일에 간섭하고 있다면 하나님은 심판권을 행사하기 이전에 자신이 지구를 잘못 관리한 책임부터 져야 한다. 심판권이 성립하려면 그 심판을 받아야 할 인간이 책임을 져야 할 이유가 있어야 하고 그러려면 인간이 자율적으로 어떤 일을 할 권리와 능력을 가져야 가능하다. 만일 모든 것이 예정되어 있거나 조종되고 있다면 그대로 행동한 인간에게 무슨 책임을 물을 수 있겠는가? 부하직원이 상사의 지시대로 일했는데 일이 잘못되면 상사가 부하에게 모두 책임을 묻는 것과 무엇이 다른가? 행정권과 사법권이 한 사람에게 있다면 자기가 한 일을 자기가 재판하는 것이 되므로 그런 일은 있을 수 없다. 그래서 하나님께서도 지구행정은 인간자치에 맡길 수밖에 없는 것이며 성경에도 이를 인정하는 구절이 있다. 창세기 1장 28절에서 인간에게 땅을 정복하고 움직이는 모든 생물을 다스리라고 한 것과 예수가 가라지를 세상 끝날(종말)까지 뽑지 않고 그냥 둔다고 한 것인데 이것은 세상일은 인간들에게 맡겨놓고 중간에는 관여하지 않고 하나님은 사후에 영혼만 심판한다는 것을 의미한다.

기도원에서 열렬히 기도하는 사람의 상당수는 성령의 은사를 받을 욕심으로 기도한다. 그리고 열심히 기도하는 사람 중에서 더러는 그 은사라는 것을 받는다. 그러나 그것은 하나님이 기도에 응답하신 것이 아니라 전혀 다른 생명 현상에 불과하다('신유와 방언' 참조). 기도로 소원이 이루어졌다는 것은 모두 인간과 인간 간의 의지에 의한 상호 작용과 긍정적 사고에 의한 상승 효과가 자신의 노력과 결합하여 이루어진 것이며 하나님은 결코 작용하지 않는다. 하나님의 능력은 전능이시기 때문에 인간과 물질 모두에게 권능을 행하실 수 있는데도 불구하고, 왜 열심히 기도하는 사람에게는 수십억의 경제적인 복을 간접적으로 주시는 능력을 발휘하면서도 직접 물질로는 단 10원도 하늘에서 내려주지 못하는지를 생각해보면 수십억의 복은 스스로 노력하여 이룩한 것이 분명하다. 기독교 신자들을 수천 명을 공개처형한 북한의 김일성도 오래오래 잘살다가 죽었고 심지어 그의 아들과 손자까지 권력을 누리며 호의호식해도 하나님은 물끄러미 바라보고만 계신다. 하나님은 철의 장막이나 죽의 장막과 같은 공산주의의 장막을 그들이 스스로 개방하기 이전에는 전혀 뚫지 못했다. 하나님은 인간이 할 수 있는 일만 하시고 그렇지 않은 일은 결코 행하신 적이 없다. 기독교도들은 하나님이 인간의 생로병사는 물론 사소한 일에도 관여하신다고 말한다. 그렇다면 일일이 개인적인 일에는 관여하면서 온 인류가 모두 원하는 소원, 즉 범죄 없는 세상, 굶주림이 없는 세상, 억압이 없는 세상을 만드는 것에는 전혀 능력을 보이지 못하고 있는데 그것은 인간의 힘으로는 불가능하기 때문이며, 따라서 인간이 하지 못하는 것은 하나님도 어쩔 수 없다는 분명한 증거다. 모든 일은 사람들의 의지나 신념 혹은 신이 존재한다는 긍정적인 믿음이 인간의 능력을 극대화시켜서 이루어지게 하는 것이고 하나님은 단 10원에도 또난 한 사람의 복숨에도 작용하지 않으신다는 것을 알 수 있다.

수많은 교인들이 매일 기도를 한다. 그리고 그들은 하나님으로부터 응답을 받았다고 말하는데 그것은 자신의 소망을 응답이라고 우기는 것이며 더구나 기도하여 응답을 구하는 것 자체가 바른 행동이 아니다. 하나님께서 우리에게 주고 싶은 말씀이나 지혜는 이미 성경에 모두 기록하여 놓았으니 성경을 잘 읽어 보면 어딘가에 분명히 그들이 찾는 답이 있을 터이고 거기에서 해결책을 구하는 것이 교인으로서 순종하는 올바른 태도다. 성경이라는 해답집을 모두에게 주었는데 해답집을 잘 찾아보지도 않고 매번 기도로 답을 물어보는 것은 믿는 자나 공부하는 자가 취할 태도가 아니다. 무슨 일이 있을 때마다 자식이 매번 부모에게 물어보고 답을 구하면 부모가 그 자식을 효자라고 생각하지 않고 오히려 귀찮아하지 않겠는가? 실수가 조금 있더라도 자식이 담대하게 나아가면 부모가 대견해하며 사소한 실수는 덮어주실 것이니 두려워 말고 행하면 되는데 책임지지 않으려고 사소한 것도 모두 부모에게 물어서(기도하여 응답 받아서) 하면 차라리 부모가 직접 하지 뭐하려고 자식에게 일을 맡기겠는가?

기도의 응답이 엉터리라는 것을 실제로 일어난 일로 예를 들어보겠다. 어떤 목사가 외국에서 주재하는 선교사와 함께 선교 활동을 하던 중에 지갑을 잃어버렸다. 그래서 목사는 선교사에게 돈을 빌려달라고 하였고 고민하던 선교사는 빌려주지 않고 오히려 헌금을 하였다. 선교사와 목사가 각자 헌금에 대해서 기도를 하였는데 목사에게는 '선교사가 훌륭한 신앙을 가졌으니 계속 함께 일하라'는 응답이 나왔고, 선교사에게는 '문제 있는 목사이니 헤어지라'는 응답이 나왔다. 이것을 옆에서 지켜보던 집사가 귀국 후에 목사 대신 빌린 돈(헌금)을 몰래 갚아 주었는데 이것 또한 대신 갚아주라는 기도의 응답에 따라서 행한 것이라고 말했다. 나중에 목사가 집사의 행동을 알고 헌금한 것을 되돌려 주는 것은 상대에 대한 예의도 아니며 또한 상대가 하나님께 바치는 것을 거절한 것이 되므로 큰 잘못이라고 집사를 책망했다. 같은 주제를 놓고 기도해도 하나님의 응답은 제각각 다르다는 것은 모두 자신의 지식과 철학에 근거하여 스스로 응답을 만들어내기 때문이다.

1년에 수백 개의 교회가 문을 닫고 따라서 교회를 담임하지 못하는 목사가 수도 없이 많다. 그런데 그들이 교회를 세울 때에는 누구나 기도하여 응답을 받고 교회를 세웠을 것이 분명한데 얼마 버티지도 못하고 교회가 문을 닫는다는 것은 그들의 응답이 하늘로부터 온 것이 아니라 자신의 소망을 기도의 응답이라고 착각한 것에 불과하다. 교회의 개척이나 기업의 창업이나 실패할 확률은 비슷하고 성공 방법 또한 비슷하다. 성공의 비결은 소비자(성도)의 마음을 잘 읽어서 그것에 맞추면 된다는 것이다. 기업가가 성실하다거나 목회자가 기도를 열심히 한다고 성공한다는 보장은 없다. 교회와 기업의 성공을 결정하는 열쇠는 오직 소비자(실질적인 주권자)만이 가지고 있다는 것을 알면 그 기업과 교회는 성공한다. 기독교적인 논리에 의하면 목사가 하나님의 뜻에 충실하면 그 교회는 무조건 부흥해야 한다. 그런데 목사가 기도와 예배를 열심히 하는 교회도 문을 닫는 경우가 많다. 그것은 하나님이 진정으로 기뻐하시는 것은 기도와 예배가 아니라 다른 것임을 반증하는 것이며 이에 대해서는 '올바른 구원'을 참조하기 바란다. 아무리 열심히 기도해도 이루어지지 않는 일이 이루어지는 일보다 5~10배 더 많으며 성공하는 교회보다 실패하는 교회의 숫자도 5~10배나 더 많다. 기독교 신도가 암에 걸리면 살려달라고 간절히 기도하겠지만 죽는 사람이 살아남는 사람보다 5~10배 더 많다. 그러나 그들은 안 이루어진 일은 모두 덮어버리고 어쩌다 이루어진 일만 하나님의 보살핌이라며 간증하고 대서특필로 홍보한다. 일반인도 열심히 노력하면 그 정도의 확률로 성공하고 또 암도 극복한다. 비기독교 국가도 기독교 국가와 비슷한 확률로 사람들이 사업에 성공하고 또 암을 극복하고 살아남는다.

인간은 인간에게 주어진 자유의지에 따라 세상에서의 일은 스스로 알아서 하고 사후에 정직하게 심판을 받아야 하는 것이며 중간에 무엇을 해달라고 신에게 부탁(기도)하는 것은 들어주실 리가 없으며, 들어주실 수도 없고, 또 들어주어서도 안 된다. 성경에 보면 "기도 외에는 이런 유가 나갈 수 없다"는 예수의 말이 있는데, 어떤 목회자들은 그것을 마치 모든 것이 기도로 이루어지는 것처럼 해석한다. 그런데 거기서 '이런 유'는 바로 앞 구절에서 말한 '귀신'을 말하며 따라서 예수가 한 말의 뜻은 일반 병은 안수(물리치료; '신유와 방언' 참조)로 가능하지만 귀신 병(정신병)은 기도(심리치료)로만 가능하다는 의미다. 이와 같이 예수가 병의 종류에 따라 치료를 다르게 해야 효과가 있다는 것은 예수의 치유능력이 신적인 능력이 아니라 인간의 의학적인 능력에 불과하다는 것을 보여주는 증거다. 왜냐하면 신적인 능력은 병의 종류에 따라서 굳이 치료방법을 바꿔야 할 이유가 없기 때문이다.

성경을 해석할 때는 그 말을 한 시간과 장소 및 환경을 모두 고려해야 하고 시공간을 초월한 모든 것에 무조건 그 말을 적용해서는 안 된다. 기도는 짧고 은밀하게 하라고 예수가 산상설교에서 분명히 말하였으나 성경의 다른 곳에서는 반대로 부르짖거나 항상 기도하라는 표현도 있다. 하나님은 청각장애자가 아니기 때문에 기도는 기본적으로 조용히 해야 한다. 그러나 은밀히 기도하라는 것은 일상적인 개인 기도를 할 때에 그렇게 하라는 것이며 사람이 죽어간다든지 나라가 위험에 처했을 때와 같은 위급한 상황에서는 주위의 모든 이를 기도에 동참하게 하기 위하여 큰 소리로 기도할 수밖에 없으며 결코 하나님에게 잘 들리라고 큰 소리를 낼 필요는 전혀 없는 것이다. 그리고 항상 기도하라는 것은 엎드려 장시간 기도하라는 것이 아니라 모든 일을 할 때에 기도하는 마음으로 하라는 것이다. 열렬 신자들 중에는 장시간 기도하며 기도에 중독 된 자들이 많은데 운동 중독자들이 운동을 많이 하면 몸에서 환각성분이 나오듯이 기도 중독자에게도 그와 비슷한 현상이 나타나게 되고(산소 부족이 원인으로 추정됨, '신유와 방언' 참조) 그들은 그것이 마치 하나님과 교제가 일어나는 것으로 착각하여 모든 것을 기도로 해결하려고 한다. 예수의 제자들은 예수가 부활승천하기 전까지는 아무도 기도했다는 기록이 없다. 그것은 제자들이 그때까지는 예수를 오늘날과 같은 종교적인 메시아로서 추종한 것이 아니라 다른 이유로 추종하였음을 보여주는 것이며 그에 대해서는 '부활의 진실'에서 별도로 상세히 언급하였으니 참조하기 바란다.

그리고 일반 기도는 물론 새벽 기도는 더더구나 하지 마라. 새벽 기도는 남들보다 더 효험 있는 기도를 하고자 하는 이기심에서 나온 것이다. 게다가 당신의 새벽은 지구 반대편의 사람에게는 오후에 불과할 뿐 특별히 기도에 효험이 있는 시간이 아님을 알아야 한다. 새벽 기도는 성경에서 예수가 새벽 미명에 한적한 곳으로 가서 기도하였다는 것을 본받은 것인데, 새벽이라는 것은 시간을 제한하기 위한 것이 아니라 한적한 곳을 찾기 위한 수단에 불과한 것임을 알아야 한다. 그러므로 고요한 새벽에 행하여지는 목사의 소란한 설교는 한적함과 은밀함을 몰아내는 비성경적인 행위일 뿐만 아니라 개인의 깊은 성찰기도를 방해하는 몰지각한 행위일 따름이다. 그리고 2,000년 전에는 전기가 없던 농경문화 시절에 누구든지 어두워지면 초저녁에 일찍 자고 날이 밝아오는 새벽에 일어나 모두 들로 나가서 일을 하던 시절이어서 예수가 특별히 남보다 일찍 새벽에 일어나서 기도한 것이 아니라 단순히 그날의 시작인 아침에 기도한 것에 불과하다. 그러나 오늘날은 밤늦도록 활동하고 새벽은 곤히 자는 것이 보통인데 굳이 새벽에 일어나 기도하는 것은 사회생활이 없는 성직자들이나 할 수 있는 것일 뿐 일반 성도에게는 참으로 어려운 일이며 또한 하나님께서 원하는 일도 전혀 아니다.

그런데 기도의 효력을 부정하면서 구복 기도를 하지 말라고 주장하는 나도 사실은 남몰래 항상 소원 기도를 드린다. 예수가 서기관들의 외식적인 긴 기도와 권위주위의 긴 예복(목사들의 가운 같은 옷)을 비난하였고 또 기도는 조용히 짧게 하라면서 주기도문(주께서 가르쳐주신 기도문)을 예시하여 주었다. 그래서 나도 나의 짧은 기도문을 '통기도문'이라고 이름을 붙이고 전문을 여기에 소개한다.

"기도 안 해도 공정하게 잘 돌아가는 아름다운 세상이 되소서!"

신유와 방언

과학적인 관점에서 보면 기독교를 비롯하여 대부분의 종교는 상당한 모순이 있음에도 불구하고 많은 사람들이 그것을 믿으며 심지어는 재산을 헌납하기도 하는데 그렇게 하는 이유가 무엇일까? 그 이유는 신앙생활을 하다보면 이론적으로는 설명하기 힘든 신비현상이 일어나는 것을 경험하게 되는데 그들은 그것이 신에 의해 일어난다고 믿기 때문이다. 그래서 그런 신비현상이 과연 신의 힘으로 일어나는지 아닌지 알아보기로 하자.

남의 마음을 읽고 과거 혹은 미래를 맞추거나 병을 치료하는 능력을 신통력이라고 하는데 그들은 이런 능력이 도를 닦거나 귀신이 들거나 성령이 임하면 생기는 것으로 생각한다. 그러나 이런 신통력은 인간이면 누구에게나 있었으며 지금은 퇴화되어 대부분의 사람에게서는 잘 나타나지 않고 있으나 원시적인 생명력이 강하거나 특별한 수련으로 원시적인 생명력이 회복된 사람에게는 자주 발현되는 현상이다.

예전에 동남아시아에서 커다란 해일이 발생했을 때에 동물들은 모두 미리 알고 대피하였는데 사람들만 피해를 입었다. 동물들은 신통력(예지능력)이 모두 살아 있다는 증거다. 사람도 원시인이었을 때는 모르는 사람을 만나면 적과 아군의 구별이 없어서 무협 소설에서처럼 상대가 살기를 품고 있는지를 알아내야 했고 또 근처에 맹수가 있는지 알아내야 하는 예지 능력이 있어야 생명을 보전할 수 있었다. 그러다가 주택이 생기고 집단 방위체제가 생기면서 안심하고 생활할 수 있는 안보가 확보되면서 점차 예지능력은 쓸모가 없게 되어서 퇴화되었다. 편지와 전화가 없던 시절에는 가족 중에서 누군가가 타향에 나가면 부모님이 별 탈 없는지 혹은 자식은 잘 있는지 걱정이 되어서 텔레파시로 그걸 알아내거나 전달하려고 노력하였다. 이제는 전화가 발달되어서 그런 능력이 무용지물이 되었고 따라서 모두 퇴화되었는데 아직도 보유한 사람들이 더러 있다. 무당과 점쟁이나 성직자들의 일부가 그렇다. 그들이 신통력을 발휘하는 과정을 한번 살펴 보자.

 사람의 뇌는 매우 복잡한 전자기계와 같으며 그래서 모두 고유한 뇌파(전자기파)가 발생한다. 그런데 신통력이 있는 사람은 정신력을 집중하면 전파 수신기처럼 상대의 뇌파를 수신하는 능력이 있다. 그래서 상대편 뇌 속 데이터의 일부를 무선으로 다운로드 혹은 해킹할 수도 있다. 모든 점쟁이들이 과거에 대해서는 소위 족집게처럼 매우 정확하게 맞추는 것에 비해 미래는 거의 맞추지 못한다. 그것은 그들이 상대의 머릿속에 들어 있는 데이터를 읽어서 과거는 맞추지만 미래에 대한 데이터는 상대의 머릿속에도 없기 때문에 현재의 데이터에서 유추할 수밖에 없고 그래서 확률이 매우 낮아지는 것이다. 정말로 신이 주신 능력이라면 과거나 미래를 똑같은 확률로 맞추어야 하는데 왜 커다란 차이가 나겠는가? 더구나 기독교인들은 잡신도 아닌 전능하신 하나님이 가르쳐주시는 대로 예언하는데 틀릴 때가 훨씬 더 많은 것은 왜일까? 그리고 신통력(신 내림)이 있는 사람들 중에서 남의 머릿속에 있는 데이터가 자기의 데이터와 충돌을 일으킬 수 있는데 대뇌의 기능 이상으로 그것을 제대로 분리 혹은 통제하지 못하면 정신분열증이나 소위 원인 모를 병(귀신 병)에 걸리게 되는 것이다. 이러한 증상을 종교에서는 사탄이 들었다고 하거나 주화입마라고 말한다.

눈을 감고 손가락으로 책을 읽는 어린이를 TV에서 방영한 적이 있다. 그것을 보고 처음에는 이치를 이해하지 못했다. 그런데 어차피 눈으로 보지도 못하는데 굳이 책을 펴놓고 손가락으로 짚어가면서 읽는다는 것에서 이치를 깨달았다. 신통력이 있는 어린이가 손가락으로 글자를 짚으면 주변 사람의 시선이 전부 그리로 모이고 그 영상이 그들의 머릿속으로 전달되는데, 이때에 어린이가 앞에서 말하는 해킹 능력으로 상대의 눈에서 뇌로 전달되는 영상을 읽어 내는 것이다. 내 말이 맞는 것을 확인해보고 싶으면 그 어린이에게 책을 덮어놓고 손가락만 책 속으로 넣어서 읽어 보라고 시켜 보면 아마 못 읽을 것이고 그러면 나의 말이 맞음을 알게 될 것이다. 점쟁이가 미래를 맞힐 확률은 매우 낮다. 그러나 상대가 가지고 있는 희망과 노력이 점쟁이가 된다고 말해준 것에 대한 기대 심리와 상승 작용하여 점괘대로 실현될 확률이 약간 올라갈 수는 있다.

가끔 성직자들이 가면 점쟁이의 점괘가 안 나온다고 한다. 그것은 성직자들이 많은 기도와 금식 등의 수련에 의해서 자신의 뇌파를 변조할 수 있는 능력이 있거나 아니면 그들이 어차피 점을 보러간 것이 아니기 때문에 엉뚱한 생각을 하고 있으므로 점쟁이가 성직자의 머릿속에서 필요한 데이터를 읽어내지 못하여 점괘가 안 나오는 것이다. 그런데 성직자들은 자신들의 신(성령)이 무당의 귀신(잡귀)을 누르기 때문에 그런 현상이 발생한다고 생각한다. 작은 무당이 큰 무당의 점을 보면 점괘가 안 나오는 것처럼 능력 있는 성직자는 초능력 차원에서 보면 큰 무당에 불과한 것이다. 큰 무당이나 성직자는 일반 무당을 무시하기 때문에 서로 간에 정신감응(뇌파공명)이 일어나지 않고 그래서 점괘가 안 나오는 것이다. 기독교에서 아픈 사람을 치료한다는 신유은사를 받은 사람들도 환자가 진통제를 먹고 아픔을 느끼지 못하면 상대가 아프다는 것을 알아내지 못하는 경우가 대부분이다. 결국 모든 정보는 신으로부터 받는 것이 아니라 상대로부터 알아내고 있다는 것을 보여주는 확실한 증거다. 종교적인 신비행위(예언과 질병치료 등)는 상대를 신뢰하지 않으면 일어나지 않으며 일반 환자도 의사나 약을 신뢰하지 않으면 질병이 잘 고쳐지지 않는다. 성경에서 보면 예수도 자신을 믿지 않는 사람의 병은 한 번도 고친 적이 없다. 무당들에게는 모두 국산귀신만 들어오고 외국귀신이 들어와서 외국어로 말하는 것을 보지 못했으며 국산귀신도 삼국시대의 장군이 들어왔으면 그 시대의 언어로 해야 하는데 현대어로 한다. 귀신행위도 모두 자신의 지식범위 안에서 이루어지기 때문이다.

이와 같이 원시적인 생명력이 회복되면 신통력이 나타나는데 사람들은 그것이 신에 의해 이루어진다고 믿고 그래서 신통력을 가진 자의 환경과 신분이나 지적인 능력에 따라서 신통력을 다르게 표현한다. 예를 들면 무당은 이런 것을 '신 내림'이라 하고 일부 종교에서는 '도'를 득하였다고 하며 기독교에서는 '은사'를 얻었다고 말한다. 지구상의 어느 부족이든지 모두 그들의 주술사가 있는데 그들도 소위 신통력, 즉 신과 통하는 능력을 갖고 있으며 신통력은 특수 종교에서만 일어나는 현상이 아니다.

기독교에서는 신통력을 일으키는 귀신(원시 생명력)이 기독교인에게 나타나면 그 귀신을 '성령'이라 하고, 기독교인이 아닌 자에게 나타나면 '귀신'(악령, 사탄, 잡귀)이라고 칭한다. 자기가 하면 로맨스이고 남이 하면 스캔들이라고 하는 것과 마찬가지다. 구약성경에서 보면 지식층이나 지도층에게 신이 내리면 '선지자'라 불렀고 천한 사람이나 무식한 사람에게 신이 내리면 '무당'이라 하여 핍박하거나 살해하였다. 아마 선지자의 권위가 위협받는 것을 막으려고 그랬을 것이다. 그런 현상은 우리나라도 마찬가지여서, 지식인에게 신이 내리면 도인이나 예언가 등으로 불리며 대우를 받았고 천민에게 신이 내리면 무당이라 하여 업신여겼다. 성경에서 보면 사울 왕이 선지자에게 사무엘의 영혼을 불러달라고 부탁하였으나 그렇게 못하였는데 무당에게 부탁하여 사무엘과 대화한다. 성경의 기록이 사실이면 무당도 성령이 임했다는 선지자보다 오히려 능력이 뛰어날 수도 있다는 것이며 더욱 중요한 것은 사람의 영혼이 유계를 떠돌거나 아니면 천당에서 외출도 할 수 있다는 것을 보여 준다. 신약에서도 모세와 엘리야의 영혼이 천당에서 외출하여 예수 앞에 나타났다는 기록이 있다. 그리고 군대 귀신들이 떠돌다가 돼지에게 들어간 기록도 있는데 그렇다면 지옥에 들어가야 할 영혼이 들어가기 싫어서 안 들어갔거나 지옥에서 탈출할 수 있을 만큼 하나님의 영혼 관리가 허술하다는 것이다. 성령이냐 악령이냐 하는 것은 신의 종류가 아니라 접신한 사람의 신분에 의해 결정된다.

기독교에서 주장하는 성령은 인간이면 누구나 잠재적으로 갖고 있는 근본적인 성질(본성)이며 기도와 수련을 통해서 발현되는데, 그 사람의 건강이 약해지면 없어지는 일종의 생명 현상인 것이다. 성령이 역사하는 것은 그 사람의 신앙의 깊이와 관계가 없다. 단지 그 사람의 성격(단순하고 직선적이거나 감성적인 성격)이나 체질(기가 강하고 동물적인 체질이나 무당 집안 같은 유전적인 체질)과 관련이 있다. 참고로 영성이 강한 목회자나 기도원장의 조상 중에는 대부분 무당이나 신통력의 소유자가 있다. 소위 '신유 은사'라는 것이 별로 신앙심이 깊지도 않은 사람에게 나타나기도 하고 이단들에게도 잘 나타나는 것이 그 때문이다.

성경에도 신들린 사람은 대체로 여자가 많고 무당도 여자가 많으며 오늘날에도 여자들에게 은사가 많아서 대부분의 기도원장은 여자들이다. 지역과 시대와 종교를 초월하여 신들림(무당)은 여자가 많다는 일관성을 가지고 있다. 기독교는 남자 중심의 교리를 갖고 있고 모든 성직도 남자가 독차지하고 있음에도 불구하고 여자들에게서 훨씬 많은 은사가 일어난다. 그 이유는 여자의 원초적인 생명력이 남자보다 강하기 때문이며 신들림이 신의 은총에 의해 일어나는 것이 아니기 때문이다. 여자가 신통력이 더 많은 이유를 다른 측면에서 이야기해보겠다. 흔히 여자는 매우 육감적이라고 말하며 특히 남편이 바람을 피우면 직감적으로 안다고 한다. 남편이 바람을 피우면 남편의 머릿속이 복잡하고 그것을 앞에서 말한 신통력으로 부인이 감지한다. 그러면 왜 여자만 감지 능력이 강한가? 과거에 지금보다 사회 질서가 어지러운 시대에는 여자는 신체적으로 약자이며 따라서 강자들의 눈치를 살피는 것이 자기를 보호하는 필수적인 요령이고 그래서 상대의 마음을 읽는 능력이 발달한 것이다.

　이와 같이 신통력은 그 사람의 신앙이나 수양 정도와 거의 관계가 없이 나타나는데도 마치 자신이 하나님이나 부처와 더 가까운 징표인양 교만해지는 성직자들이 많다. 그런데 나이가 들면서 그들의 신통력이 쇠퇴하고 그러면 그들이 일반 성직자들보다 더 타락하는 경우가 많다. 신통력이 진정한 하나님의 은총이나 부처의 가피를 입어서 이루어진 일이라면 나이가 들면서 쇠퇴하거나 타락할 리가 없을 뿐만 아니라 수행 정진을 더 많이 하는 남자 성직자들에게 주로 나타나야 하는데 그렇지 않다. 그리고 유명한 신학자들은 거의 성령이 충만하지 않다. 목회자들은 그들의 믿음이 부족해서 그렇다고 말한다. 그러나 믿음이 깊으면 성령이 충만해지는 것이 아니라 역으로 성령(신들림, 원초적 생명력, 예지 능력)이 충만하면 그것을 하나님이 주신 것으로 착각하고 그로부터 믿음이 깊어지는 것이다. 성령은 앞에서 말하였듯이 약간 단순 무식한 사람들에게 쉽게 발현된다(기독교 신자들은 주변을 살펴보면 내 말에 수긍이 갈 것이다). 그래서 논리적이며 이성적인 학자들에게는 성령이 발현(신들림)되기가 매우 어렵다.

도를 닦는 사람이나 종교인들이 명상이나 기도에 열중하다 보면 황홀경에 빠지면서 어떤 환상을 보거나 저승에 다녀왔다는 등 영적인 체험을 했다고 생각하는 경우가 있는데 그것은 착각이다. 뇌가 정상적으로 작동하기 위해서는 많은 산소가 필요하다. 그런데 명상이나 기도를 오래 하면 몸이 편안해지고 그러면 심장이 약한 박동을 하게 되고 산소가 부족하게 된 뇌가 오작동을 하여 환상을 보거나 자각 몽(자기 생각대로 조절하는 꿈)이나 거짓 각성(본인은 꿈이라 생각하지 않고 현실이라고 생각함, 마치 유체이탈과 같이 느껴짐) 현상을 일으킨다. 산소 부족인 뇌가 외부로부터 오는 자극이나 신호로부터 단절되면서 자신이 마치 하늘에 떠 있는 것처럼 느끼고 황홀경에 빠지는 것이다. 간혹 영혼이 자기 몸을 빠져나가서 하늘나라에 다녀왔다고 간증하는 사람이 있는데 그것이 사실이라면 육체는 영혼이 없어도 홀로 살 수 있다는 것을 증명한 것이거나 아니면 평범한 사람도 죽었다가 살아날 수 있으므로 예수의 부활이 별로 대단한 것이 아니라는 것이 성립된다.

구약성경에서 방언이라고 하는 것은 이방인의 언어, 즉 소통이 가능한 외국어를 뜻하는 것이고 그래서 구약성경에서 방언을 하였다고 말한 다음에는 항상 이방인들이 그것을 알아들었다는 기록이 뒤따른다. 그런데 오늘날 기독교에서 말하는 방언은 사도 바울이 자신들에게 표적이 없는 것을 염려하여('부활의 진실' 참조) 성도들이 기도할 때에 흥분된 상태에서 나타나는 언어장애 현상을 마치 은사이며 하나님과 소통하는 언어인 것처럼 고린도전서에 기록한 것이 시초가 되어서 성경 여기저기에 방언이 마치 은사인 것처럼 취급되었다. 그들이 방언이라고 하는 것은 주변의 흥분된 분위기나 자기도취에 빠져서 뇌가 오작동을 하므로 언어 명령 체계에 이상을 일으켜서 잘못된 정보가 입으로 전달되거나 아니면 구강의 근육이 뇌의 정보를 제대로 소화하지 못하여 의도했던 대로 발음이 되지 않은 현상에 불과하며 마치 언어장애인이 급하게 말하려 하면 입이 따라주지 않아서 말이 생각대로 되지 않는 것과 같은 현상이다.

방언은 대체로 기도를 격정적으로 할 때에 자기최면 상태(자기가 하나님과 소통하고 있다고 믿는 상태)에서 나타나는데 방언이 하나님이 주신 은사라면 천천히 부드럽고 편안하게 기도할 때도 똑같이 나타나야 하는데 그러지 않는 것을 보면 방언이 하나님과 소통하는 언어가 아니라는 것을 알 수 있다. 그리고 기독교인들 중에서 상당히 많은 사람들이 의도적인 연습을 통하여 방언을 행한다. 방언이 하나님과 소통하는 언어라면 천천히 한다고 안 될 이유가 없으며 또 기도할 때만 방언을 할 것이 아니라 반대로 하나님으로부터 응답을 들을 때에도 방언으로 들려야 옳은데 그랬다는 사람은 아직 듣지 못했으며 방언하는 사람끼리 방언으로 대화가 되지 않는 것을 보면 그것은 하늘의 언어가 아니라 언어장애임이 분명하다. 그리고 어떤 탐구심 많은 사람이 방언을 녹음하여 통변(방언 번역)을 한다는 사람들에게 들려주었더니 각자가 다른 통역을 하였고 몇 달 후에 다시 들려주니 이번에는 같은 사람이 또 다른 내용의 통역을 하였다는 실험결과가 있는데 이것은 방언이 단순한 언어장애라는 뚜렷한 증거다.

무당뿐만 아니라 종교에서 나타나는 초능력이나 신통력 등은 모든 생명체가 가지고 있는 원시적인 생명력의 회복 현상일 뿐 신의 작용이 아니다. 성직자의 안수 기도와 신유 그리고 무당의 굿이나 무술 고단자의 내공 주입에 의한 환자 치료는 그들의 생체 전기를 환자에게 주입하여 일종의 전기침을 놓는 것과 같다. 육체나 정신 수련이 많은 사람들 혹은 선천적으로 기가 있는 무당들은 원시적 생명력이 강해서 그들의 생체 전위가 일반인보다 높으며 환자와 접촉하면 그들의 전기 에너지가 환자에게 흘러들어가서 질병을 치료하게 된다. 무당이나 성직자들 혹은 무술 수련자들이 환자에게 접촉(안수)을 해야 치료효과가 높아지는 것이 그런 이유다. 신이 내린 초능력이면 접촉하지 않고 마음만으로도 잘 치료되어야 할 것이다. 가끔 성직자가 소위 말씀으로 치료하는 경우가 있는데, 그것은 말씀에 너무 도취된 환자가 스스로 자가발전을 하여 치료되거나 최면에 빠져서 치료됐다고 착각하기 때문이다. 이들의 공통점에서 발견되는 중요한 점은 치료받는 사람이 치료하는 사람을 신뢰하고 믿어야만 효과가 나타나거나 커진다는 것이다. 이것은 상대의 치료 능력보다 환자의 최면적인 자가발전 치료가 더 중요한 요소라는 것을 보여 준다.

예수가 환자를 치료한 후에 항상 "네 믿음이 너를 치료(구원)하였다"고 말하는 것에서 나타나듯이 예수는 믿음이 없는 사람을 치료하지 않았는데 사실은 치료하지 못했을 것이다. 이 세상을 구하기 위하여 온 사랑과 긍휼의 메시아가 자신을 안 믿는 사람도 치료해서 믿게 만들면 되는 것인데 굳이 믿는 사람만 치료할 이유는 없는 것 아닌가? 병을 치료하는 것은 표적을 보여주어서 전도하기 위한 것이고(표적이나 기적은 전도를 위한 수단이며 신통력을 자랑하려는 것이 아니다) 그렇다면 믿지 않는 사람을 우선적으로 치료해야 전도가 되는데 그러지 못한 것을 생각해 보면 신유는 신의 작용이 아니라 인간의 심리적인 작용에서 비롯된 것임을 알 수 있다. 사랑의 하나님께서는 공평하시므로 똑같이 열심히 믿는 사람들 중에서 한 사람에게는 능력을 다른 사람에게는 질병을 주는 편파적인 일을 하실 리가 없으며 또 성경의 교리적으로 생각해도 하나님께서 천지를 창조할 때에 인간에게 자율권을 이미 주셨기 때문에 평소에 인간의 일에 일일이 간섭하지 않으시고 다만 인간이 죽으면 잘잘못을 따져서 책임만을 물으셔야 한다. 이에 대해서는 '기도와 응답' 및 '올바른 구원'에서 따로 언급하였으니 참고하기 바란다.

소위 신통력이 있는 자들의 능력이 신으로부터 주어진 초능력이라면 모든 병에서 효과가 동일하게 나타나야 하는데 신경성이나 기능성 질환의 일부에만 효과가 있고 세균성 질환에는 거의 효능이 없다. 신경 계통의 질환에 효과가 큰 것은 신경 계통이 생체 전기와 매우 관련이 깊기 때문이며 기능성 질환의 경우는 호르몬의 분비나 면역체계와 관련이 있는데 이들에게는 심리적인 요인이 크게 작용하기 때문이다. 아무리 신이 주신 능력이라도 세균에는 영향을 거의 주지 못하기 때문에 충수염이나 복막염 같은 급성 질환을 신통력으로 치료하려 한다면 아마 죽음을 각오해야 할 것이다. 병을 치료하는 치유 능력은 치료사(신유 사역자)의 몸이 건강할 때만 잘 발휘된다는 것과 그런 능력도 늙으면 차차 사라진다는 것을 보면 모든 능력이 행하는 자의 건강과 관련이 있고 따라서 그 능력은 신이 주신 것이 아니라 신체적인 현상임을 분명히 알 수 있다. 침술사의 기술과 경험은 나이가 들수록 더 늘어나지만 치료효과는 신체적인 전성기를 지나면 오히려 줄어드는 것을 보면 쉽게 이해될 것이다. 지금 도처에서 기독교인들이 행하는 병을 치료하는 신유는 무속의 일종이며 자기최면에 의한 심리 치료와 기공사의 기 치료 및 안마사의 지압치료가 혼합된 무면허 의료행위일 뿐이다.

내가 아는 사람 중에서 거짓말을 밥 먹듯이 하는 사람이 신유사역(기독교인이 기도나 안수로 병을 치료하는 행위)을 하는데, 본인 말에 의하면 전국에서 손꼽힐 정도의 능력자이며, 실제로 많은 사람들이 병을 치료하러 찾아온다. 과연 하나님이 거짓말쟁이에게 신유능력을 주셨는지 아니면 은사라는 것이 단순한 인간의 신체적인 능력인지를 유추할 수 있는 중요한 단서다. 하나님귀신을 믿는 무당(신유 사역자)이나 일반귀신을 믿는 무당이나 모두 자신의 능력이 신으로부터 오는 것이라고 스스로 자기최면에 빠져서 행하는 것이며 따라서 신통력은 신과 통하는 능력이 아니라 상대편, 즉 인간과 통하는 능력 즉 '인통력'에 불과하다.

생명의 의미

규칙적으로 이합집산을 반복하는 단순하고 지루한 우주의 물질운동에 반기를 들고 나타난 것이 생명이다. 인간이 우주의 질서를 따라서 탄생과 죽음을 반복하고 있지만 언젠가는 죽지 않는 생명체를 만들어낼 거라는 목표로 열심히 진화하고 있다. 그리고 최근에는 육신은 비록 죽지만 자기를 닮은 분신을 복제해내는 기술을 터득하기도 하였으며 그 분신에 자신의 기억을 모두 주입할 수 있다면 완전한 복제도 가능할 것이다. 생명이나 영혼에 관한 이야기를 잘못하면 종교 단체에서 아우성이겠지만 그래도 잘못된 것이 있다면 누군가가 용기 있게 외쳐서 바로잡아야 한다고 생각하기에 나의 생각을 밝힌다.

생명의 기본조직은 세포다. 생명체는 단세포 생물에서 다세포 생물까지 다양하다. 생명체의 특성을 살펴보기 위해서 우선 다세포 생물이 하나의 독립생명체인지 아니면 단세포 생물의 연합체인지를 알아볼 필요가 있으므로 판단에 참고가 될 사례를 몇 가지 제시해보겠다.

1. 나의 신체장기가 남의 몸속에 이식되어서 잘살 수 있다.

2. 혈액은 위생 팩에 담아두면 몸 밖에서도 독자적으로 생명을 유지한다.

3. 정자와 난자는 냉동 보관하면 주인이 죽은 후에도 언제든지 살려 내어서 생명으로 자라날 수 있다. 물론 일반 세포도 가능하다.

이와 같이 사람의 신체는 모두 분리되어도 독자적인 생명을 가지고 있다. 동물의 장기 이식이나 성형수술은 식물의 꺾꽂이나 접붙이기와 똑같은 원리다. 모든 생명은 일부를 잘라 내어 에너지만 잘 공급하면 죽지 않고 산다. 위와 같은 사실들을 볼 때에 세포 하나하나 자체가 독립된 생명이며 따라서 다세포 생물은 생명의 연합체임을 알 수 있다. 단세포의 미생물이 2개의 세포로 분열하면 2개의 생명체가 되며 또다시 분열하면 생명체의 숫자가 기하급수적으로 늘어나면서 모두 독자적으로 살아간다. 그런데 인간은 정자와 난자가 결합하여 하나의 세포를 형성한 후 계속 다른 세포로 분화하지만 그들은 미생물처럼 흩어져서 살지 않고 함께 뭉쳐서 협조하면서 산다. 각각의 세포는 모두 독립된 생명체이기 때문에 같은 몸 안에 있는 다른 세포의 사망과 상관 없이 자신의 생명은 유지된다. 국민이 모여서 국가를 이루고 필요한 각종 행정 기관을 만드는 것처럼 세포도 모여서 몸(국가)을 이루고 필요한 오장육부(행정기관)를 구성하여 소위 세포들의 국가를 이루어서 함께 사는 것이 고등생물이다. 따라서 생명은 '에너지(영양, 온도, 습도 등)가 공급되는 세포'라고 정의할 수 있다. 그러나 단세포 생명은 스스로 에너지를 공급하기에는 거의 불가능하다. 그래서 에너지를 흡수할 수 있는 소위 숙주에 의존하여 생활한다. 이런 불완전한 점을 극복한 것이 연합 생명체인 고등생물이다. 세포 각각의 역할에 따라서 잘 분업화된 기능으로 공동으로 에너지를 구하여 개체를 보호하고 번식도 하면서 한층 업그레이드된 생명활동을 유지하는 것이다.

이번엔 좀 다른 각도에서 생명을 살펴보자. 컴퓨터의 부품들을 해체하여 놓으면 단순한 쇳덩어리나 플라스틱 조각들이다. 이것들이 모두 제 위치에 조립되면 컴퓨터가 된다. 조각들과 컴퓨터의 구분은 조각들이 제 위치에 있느냐 아니냐의 차이일 뿐이다. 컴퓨터가 생명력을 지니려면 하드웨어의 질서 있는 조립과 함께 하드웨어의 원활한 작동을 유도하는 프로그램, 즉 소프트웨어가 내재해 있어야 한다. 그런데 프로그램을 잘 들여다보면 기호들의 나열이다. 이 기호들이 제 위치에 있으면 프로그램이고 아니면 낙서가 된다. 하드웨어나 소프트웨어도 그것이 생명력을 가지느냐 아니냐는 그들의 위치에 달려 있다. 물론 기호의 위치를 바꾸고 부품을 제 자리에 조립하기 위해서는 누군가가 일을 해야 한다. 즉 에너지를 공급해야 한다. 달걀에 에너지(열)를 가하면 생명체인 병아리가 되듯이 물질에 에너지를 공급하여 질서 있게 결합하고 작동될 수 있는 상태로 만들어주면 생명이 될 수 있다는 것이다. 따라서 '생명의 탄생'은 '무질서한 생명물질이 질서 있게 기능적으로 결합하는 것'이며 반대로 '죽음'은 '생명물질이 비기능적인 혹은 단순 조합적인 상태로 바뀌는 것'으로 정의할 수 있다. 생명이나 우주의 탄생, 진화, 쇠퇴, 소멸, 그리고 재탄생의 순환에 대해서는 '창조와 진화'에서 별도로 논하니 참조하기 바라며 다만 여기서 결론만 인용한다면 탄생이나 창조는 무에서 유로 변하는 것이 아니라 무질서에서 질서로 변하는 것이며 시간이 지나면서 다시 무질서로 돌아가는 것이고 이것을 소위 죽음이나 소멸이라고 표현하는 것이다. 우주에는 진정한 창조(무에서 유로 변하는 것)는 없고 오직 끝없는 변화의 반복, 즉 결집과 분산을 통한 질서와 무질서의 순환만이 존재하는 것이다.

달걀은 냉정하게 말해서 아직 완성된 생명이 아니다. 생명을 만들 수 있는 재료를 모아놓은 생명 조립용 부품 세트라고 볼 수 있다. 부품만 모아놓거나 조립이 덜된 컴퓨터를 아무도 컴퓨터라고 하지 않는 것과 같다. 달걀처럼 생명물질을 모아놓은 부품 조합에 에너지를 가하면 생명이 조립되기 시작한다. 생명은 신체조직(부품)인 하드웨어의 외형적인 결합과 그 하드웨어를 유기적으로 작동되도록 만드는 소프트웨어(하드웨어 내부 상태의 질서적인 정립)가 추가되어야 그때부터 완전한 생명이라고 볼 수 있다. 그러나 우리는 생명의 그 엄청나게 복잡하고 정교한 순서를 인위적으로 맞추어낼 재주가 없고 그래서 어쩔 수 없이 생명 탄생을 위해서는 생명 조립용 설계도가 들어 있는 유전자의 힘을 빌릴 수밖에 없다.

바이러스나 단일 세포 생물은 정상적인 환경에서는 죽지 않는다. 그러나 고등 생물의 세포는 연합 생명체로 뭉쳐서 살다가 심장이 멈추면 영양공급을 받지 못해서 어쩔 수 없이 함께 굶어 죽는 것이다. 그런데 인간의 몸 중에서 손톱이나 머리털은 독자적인 생명력이 강해서 주인이 죽은 후에도 상당한 기간 동안 생명을 유지하며 심지어 성장하기도 한다. 아무리 병이 안 걸리고 사고가 나지 않아도 궁극적으로 혈관에 불순물들이 쌓이게 되고 그러면 심장이 혈액을 순환시키는 데 어려움이 발생하면서 다른 장기들이 제 역할을 못하게 되고 기능이 저하된 장기가 다시 노폐물을 생산하여 혈액과 혈관을 가속적으로 악화시켜 결국은 심장이 멈추게 되는 것이다. 그러므로 혈관의 노화만 막으면 인간도 나무처럼 수백 년 동안 살 수 있다.

식물도 동물이 가지고 있는 심장의 역할을 대행하는 펌프 기능이 있는데 이것이 퇴화되면 영양(에너지)공급이 감소되어 죽게 된다. 식물도 펌프작용이 없다면 단순히 삼투압이나 기압의 차이로는 뿌리에서 흡수한 영양분을 수 십 미터 이상의 높은 곳까지 끌어올릴 수 없다. 식물의 펌프작용은 다음과 같이 일어난다. 온도의 일교차나 바람에 의한 운동이 나무의 내부에 있는 수액 관의 수축과 팽창을 반복하는데 이때에 수액 관의 역류방지 기능이 수액을 위쪽으로만 이동하게 작용하여 영양분을 수십 미터 이상으로 끌어올릴 수 있다. 이 펌프 기능이 노화되면 에너지의 공급이 멈춰서고 따라서 나무도 동물처럼 심장(영양 공급 기관)이 노쇠하여 죽게 되는 것이다. 일년생 식물들도 온실에 두고 에너지(영양)만 잘 공급하면 겨울에도 죽지 않고 한없이 산다는 것을 쉽게 확인할 수 있다. 역사 유적지에서 나온 천 년이 지난 식물의 씨앗이 온도와 습도를 적절히 유지하여 싹을 틔웠다는 신문 보도를 본 적이 있다. 그것은 환경만 좋으면 일반 생명도 바이러스처럼 영생할 수 있다는 것을 보여주는 것이며 또한 생명은 단순한 '물질의 기능적인 결합'임을 보여 주는 뚜렷한 증거다.

동물과 식물의 유사성을 좀 더 설명해보겠다. 생명을 이루게 하는 기본은 빛과 물인데 물 분자가 모여서 이루어진 결정체인 눈의 모양이 육각형이고 태양을 바라보면 빛이 정확하게 여섯 개의 갈래로 강한 줄기를 형성하고 있다. 그래서 햇빛과 물의 도움으로 살아가는 생명에게는 이 6이라는 숫자가 구조의 기본이 된다. 인간의 몸이 머리와 꼬리 그리고 손과 발을 합하면 여섯 개의 갈래로 되어 있고 다시 손과 발도 발목과 손목을 합하면 여섯 갈래로 되어 있다. 이것은 식물에서도 똑같이 나타나는 현상인데 대부분의 잎과 꽃잎은 사람의 손목과 발목에 해당하는 줄기를 포함하여 여섯 개의 갈래로 이루어져 있다. 그리고 사람을 식물이라고 생각하고 사람의 머리를 식물의 뿌리라고 생각하면 사람은 식물과 똑같은 형상과 기능을 갖고 있음을 알 수 있다.

사람의 몸통은 식물의 줄기가 되고 팔과 다리는 가지가 되며 손과 발은 잎이 되는 것이다. 사람 몸통의 끝에 붙어 있는 생식기는 식물 줄기 끝에 피는 꽃과 같은데 꽃과 생식기는 모두 번식 기능을 갖고 있다는 공통점이 있으나 앞에서 말했듯이 꽃은 암수가 함께 있고 사람은 분화되어서 암수가 다른 것일 뿐이다. 그리고 식물도 사실은 동물처럼 운동을 매우 좋아한다. 집안에 있는 식물이 약해지는 이유가 햇빛의 부족이라고 생각하고 가끔씩 야외에 내놓으면 건강해지는데 사실은 건강해지는 이유는 따로 있다. 햇빛은 유리창으로 들어오는 것으로 충분하므로 식물이 밖에서 건강해지는 이유는 햇빛 때문이 아니라 비와 바람에 의한 운동 때문이다. 그러므로 실내에 있는 화분도 가끔씩 선풍기로 운동을 시켜주고 손으로 만져주면 건강해진다. 그리고 사람도 냉온탕에 번갈아 들어가면 신진대사가 좋아지듯이 식물도 일정한 온도보다 적당한 일교차가 건강에 좋다. 생명의 기본은 동물과 식물을 가리지 않고 모두 햇빛(에너지), 물(영양분), 운동(대사활동)이라는 것에서 일치하며 모두가 순환에 장애가 일어나면 에너지가 고갈되어서 죽게 되는 유사한 개체라는 것을 알 수 있다.

단세포나 미세 동물들은 급속 냉동(기능 정지 및 사망) 후에 다시 녹이면 부활한다. 큰 동물들이 부활하지 못하는 이유는 단지 급속 냉동 중에 균일 냉동이 안 되어서 생명 부품 간의 온도 불균형으로 부품 파손이 일어날 뿐만 아니라 해동 시에도 균일 해동이 안 되어서 정상 복구가 안 되기 때문이며, 온도를 균일하게 맞출 수만 있다면 고등 동물도 냉동 후에 얼마든지 부활이 가능하다. 일반 기계가 무기물을 재료로 하여 만들어진 튼튼한 기계라면 생명은 유기물을 주원료로 하는 매우 섬세하고 부드러운 기계다. 인체를 구성하고 있는 유기물들은 열에 매우 민감하여 정상 작동 온도인 36.5도를 조금만 벗어나도 부품이 망가져 제대로 기능을 못하고 고장이 나거나 사망하게 된다. 자동차의 부품들은 작동하기 전에는 서로 간에 약간의 오차가 있도록 제작되어 있다. 그러다가 작동되어서 열을 받으면 부품들이 조금씩 늘어나고 그때서야 최적의 상태가 되도록 만들어지는데, 그 최적 온도를 유지하기 위해서 냉각수로 일정한 온도를 조정하는 것이다. 생명체도 그와 같아서, 식물의 씨앗이나 동물의 수정란이 적절한 온도가 되어야만 최적의 상태가 되어서 그때부터 세포 분열을 하게 되고 신진대사도 적절 온도에서 가장 활발하며 온도가 적정 범위를 벗어나면 부품들이 수축하거나 팽창하여 아귀가 맞지 않게 되고 고장(병)이 나거나 죽게 되는 것이다. 기계나 생명이 똑같이 온도의 변화에 성능이나 수명이 결정된다는 것에는 차이가 없으며 에너지를 공급하는 것도 결국은 필요한 온도를 유지하기 위한 것이다. 모든 기계는 작동을 멈추었다가도 에너지만 다시 공급하면 부활한다. 그런데 생명체는 에너지가 중단되면 연약한 조직이 파괴되어서 다시 에너지를 공급해도 부활하지 못한다. 그러므로 생명체도 상태유지만 잘해두면 언제나 부활할 수 있다.

생명 현상 중에서 가장 신비롭고 비생명 물질과 구분되는 것이 의식작용이다. 그런데 의식은 어디서 오는 것일까? 스스로 발현하는 독립된 작용일까? 아니면 외부의 자극에 나타나는 단순한 조건 반응일까? 컴퓨터를 작동시켜보면 마치 무슨 의식이 내부에 있는 것처럼 생각된다. 그런데 자세히 살펴보면 스위치를 켜고, 자판을 두드리고, 마우스를 클릭 하는 외부의 자극(입력)에만 반응할 뿐 스스로는 아무것도 하지 않는다. 일반 생명체도 그러한지 한번 살펴보자.

1. 달걀에 적장한 온도만 맞추어주면 달걀의 의지와 상관없이 병아리는 태어난다.

2. 난자와 정자가 체외에서도 온도 습도만 맞추어주면 수정되어서 잘 배양된다.

3. 박테리아는 온도, 습도, 영양만 맞추어 주면 무조건 번식

한다.

위에서 보듯이 생명체가 스스로의 의식으로 무엇을 결정하는 것이 아니고 단순히 외부의 환경에 조건적으로 반응하여 작동함을 알 수 있다. 우리 인간의 생각은 매우 복잡하다. 그러나 잘 생각해보면 외부의 자극 없이 일어나는 생각은 하나도 없다. 밥을 먹겠다는 생각은 배가 고프다는 자극 혹은 밥시간이 되었다는 정보에서 나온 것이고, 돈을 벌어야겠다는 생각은 돈이 부족하다는 현실이 자극을 주어서 그렇다. 외부 자극 없이는 아무 의식도 없다는 것을 가장 확실히 보여주는 현상이 있다. 잠을 자면 외부의 자극(정보)이 뇌로 전달되지 않아서 의식도 정지하게 됨을 보면 의식은 단순한 조건반사임을 분명히 알 수 있다.

의식은 '외부 자극(조건, 정보)에 반응하는 신경 조직의 생화학적 반응 시스템의 작동'에 불과하다. 에너지는 물질의 운동 능력이다. 현대 과학자들이 주장하는 양자도 별도로 존재하는 개체가 아니라 '비인식 물질의 운동 능력'을 별도의 개체로 오해하는 것이며('물리학자에게 드리는 글' 참조) 이와 마찬가지로 의식도 별개의 존재가 아니라 단순히 '신경 조직의 작동 현상'에 불과하다. 그런데 기계나 컴퓨터는 똑같은 외부의 입력에 항상 똑같은 결과를 내놓는 소위 기계적인 반응을 하는 데 반하여 생명체는 똑같은 자극에도 다른 반응을 나타낼 수 있다. 그것은 생명체가 기계와 작동 방식이 달라서 그런 것이 아니라 생명체는 일반 기계가 가지고 있지 않은 데이터의 축적 및 분석 기능이 있어서 축적된 학습 효과가 작동하기 때문에 반복되는 같은 자극에 대해서도 매번 다른 반응이 나올 수 있다. 다시 말해서 컴퓨터나 기계는 같은 자극(입력)에 같은 반응(결과)을 기계적으로 반복하지만 생명은 시스템이 항상 진화되고 있기 때문에 같은 자극에 대해 다른 반응을 나타내는 것이다. 그런데 컴퓨터도 온도와 습도가 변하면 같은 입력에도 다른 결과를 가끔씩 내놓아서 소위 에러가 발생한다. 우리 몸에 상처가 났을 때에 상처를 잘 보호하면 깨끗이 원상회복을 하는데 그냥 방치하면 흉터가 남는다. 세포분열이 스스로 분별력을 갖고 필요한 행위를 하는 것이라면 조금 환경이 달라도 굳은 의지로 일정한 반응을 보여야 하는데 주변조건에 따라서 다르게 반응하여 상처자국을 다른 형태로 남긴다는 것은 세포분열이 환경에 따라서 다르게 나타나는 단순한 기계적인 반응임을 보여주는 것이다.

영양과 습도 및 온도만 맞추어주면 체외에서 생명이 자랄 날도 머지않았고, 주문에 따라서 우수한 유전형질만 결합시켜 만든 아이를 생산하여 택배로 송달될 날이 올 수도 있다. 체질에 따라서 맞는 인간 부품을 백화점에서 살 수도 있고, 종합병원은 간판을 '1급 인간 정비소'라 걸고 '24시 부품 교체 및 수리 가능'이라고 적을지도 모른다. 최근에 맹인용 안경이 개발되었다. 안경에 부착된 카메라의 영상을 전기신호로 바꾸어서 망막에 전해주면 맹인도 영상을 볼 수 있다. 또 반대로 뇌의 의식을 기계로 옮겨서 기계가 인간의 생각대로 움직이는 방법도 나왔다. 이런 것은 물질과 생명의 경계를 없애주는 것이며 기계와 생명은 복잡성만 다를 뿐 근본이 같다는 것을 단적으로 보여주는 것이다. 바이러스는 물질과 생명의 경계선에 있는 존재인데 환경만 좋으면 죽지 않는다. 그래서 나는 이렇게 말한다. 생명은 죽는 것이 아니라 다만 고장 날 뿐이다. 조금 고장 나면 병원에서 수리하고 많이 고장 나면 장의사가 폐기시킨다. 혈관을 수리하거나 리모델링하는 기술만 개발되면 사람도 노후화된 부품을 바꾸면서 반영구적으로 살 수 있다.

생명공학이 발전하여 이제는 남자나 여자의 배우자가 없어도 한 사람의 체세포만 복제하여 생명을 탄생시킬 수 있는 시대가 되었다. 그런데 과학자들이 그런 가능성을 주장하기 전에 이미 기독교에서는 부모의 성적인 결합이 없어도 생명이 탄생될 수 있다고 주장하였고, 실제로 예수를 아버지 없이 탄생시켜 과학자들보다 이미 2,000년이나 먼저 처녀생식이 가능하다는 것을 입증 하였다. 다만 한 가지 의문점은 과학적인 견해로 보면 여자의 몸에는 Y염색체가 없어서 여자의 몸에서 여자는 태어날 수 있으나 남자의 도움이 없으면 남자가 태어날 수 없다는 것이다. 예수는 자기가 재림할 때는 천사와 함께 구름을 타고 온다고 하였는데 기왕이면 처음에 올 때도 그렇게 왔으면 힘들게 십자가에 매달리지 않아도 인류 모두가 기독교 신자가 되었을 것이고 제자들이 순교할 필요도 없었을 터인데 왜 답답한 여자의 자궁 속으로 들어가서 10개월을 소비하고 그것도 모자라서 랍비(선생)가 되기까지 무려 30년을 기다리는 미련한 방법을 택하였을까? 지금이라도 올림픽 개막식이나 월드컵 결승전을 할 때 세계인이 모두 볼 수 있도록 예수가 단 5분만 공중에서 나타나서 보여주면 모든 나라가 즉시 기독교 국가로 변할 터인데 구약시대에는 자주 하던 그 쉽고 훌륭한 공중 발현을 왜 카메라가 개발된 이후로는 단 한 번도 하지 않으면서 사랑하는 형제와 자녀들을 계속 고생시킬 뿐만 아니라 심지어는 지옥으로 보내고 있을까?

기독교에서는 새로운 생명의 탄생을 여호와의 섭리라고 주장한다. 그런데 예수를 믿지 않거나 심지어 핍박하는 사람도 아이를 잘 낳는다. 그렇다면 그들이 평소에는 여호와를 거역하다가 아이 낳을 때만 되면 순순히 여호와의 뜻에 따르는 것인지, 아니면 여호와가 강제로 아이를 낳게 하여 억지로 지옥으로 가게 만드는 것인지는 알 수 없으나, 모두 모순인 것은 분명하고, 심지어 성폭행을 하여도 아이가 태어나는데 그때에도 여호와는 불쌍한 여인의 몸속에 아기의 영혼을 왜 친절하게 넣어주시는지 궁금하다. 하나님께서는 범죄로 태어나는 아이의 몸속에도 원하지 않는 영혼을 강제로 넣어주시는 고약한 능력은 있으면서 강간범을 회개시키고 착한 사람으로 만들어서 불쌍한 여인을 보호하는 선량한 능력은 왜 없는 것일까?

생명현상은 물질현상의 한 부분에 불과하며 진화론적으로 설명하면, 단순하고 반복적인 작용을 하던 물질현상에 돌연변이가 일어나서 단순물질이 복잡하고 유기체적인 복합물질로 진화한 것이다. 인간의 탄생과 죽음에 영혼이 어떻게 관여하는지 그리고 예수의 부활이 사실인지에 대해서는 별도로 뒤에서 상세히 논하겠다.

아담의 정체

인간은 완전한 존재가 아니기에 자기의 완성을 위해서는 뭔가 부족한 것이 있음을 느끼고 이를 채우려고 하는 작용의 하나가 바로 남녀 간의 사랑이다. 사랑은 인간이면 누구나 앓아야 하는 일종의 질환이기 때문에 예방 백신도 잘 듣지 않는 다발성 질환이다. 그래서 사랑의 질환은 자신의 정체성을 확립해가는 사춘기 때부터 대부분 발병하기 시작한다.

그러면 이 사랑의 질환은 최초의 인간인 아담 때부터 시작되었을까?

식물들은 은행나무처럼 암나무와 수나무가 따로 있는 것도 있지만 대부분 암수가 한 꽃에 있거나 암꽃과 수꽃이 따로 있어도 같은 줄기에 함께 있다. 하등 동물도 더러는 암수가 구분이 없거나 한 몸에 있다. 그렇다면 고등 동물도 처음에는 암수가 한 몸에 있었을 가능성이 다분하며 그 점에 대해서 생각해보자.

내가 믿는 우주의 법칙에 의하면 처음에는 모두 하나로 시작하여 차차 양극화 혹은 다극화로 분화되었다는 것이다. 진화의 이론이 맞는다면 진화의 성질상 생명체가 처음부터 음양의 두 개가 동시에 태어나서 따로따로 진화했다는 것은 비논리적이다. 따라서 사람도 처음에는 남녀가 하나였을 것이다. 진화 이론이 타당성을 가지려면 암수는 한 몸에서 시작해야 한다. 처음부터 암수가 따로 있었다는 것은 오히려 창조론에 타당성을 부여하기 때문이다. 창조가 아니면 어떻게 쌍이 되는 두 개의 대립된 생명체가 동시에 태어날 수 있겠는가? 생명이 동시에 쌍으로 자연 발생적으로 태어났다는 것은 숫자가 1이 없이 2에서부터 시작되었다는 말과 유사하다. 남녀가 원래는 한 몸이었다는 것을 증명해 내지 못하면 과학자들은 창조론을 인정해야 한다.

사람의 몸도 잘 들여다보면 암수 한 몸의 흔적이 있다. 남성의 몸속에도 여성 호르몬이 있고, 남자의 가슴에도 아이를 키우기 위해 쓰이는 젖꼭지가 있으며, 남자가 여성 호르몬 주사를 맞으면 1차 성징은 바꾸지 못하지만 2차 성징인 젖가슴이 남자에게도 여자와 똑같이 나오며 수염도 사라진다. X, Y 성염색체는 어느 성분의 호르몬을 더 많이 생산하게 하느냐의 역할을 할 뿐 성염색체 자체가 남녀의 근본 씨앗은 아니기 때문에 호르몬을 인위적으로 조절하면 2차 성징을 바꿀 수 있는 것이다. 만약에 모태에서 신체가 형성될 때 인위적으로 호르몬의 양을 조정할 수만 있다면 남녀의 성별도 바꿀 수 있을 것이다. 사람은 누구나 남녀의 씨를 함께 갖고 있으나 호르몬이라는 비료의 종류에 따라 남자나 여자의 싹이 더 성장하는 것이다. 만약에 남녀의 씨앗이 내재해 있지 않다면 아무리 다른 비료(이성 호르몬)를 준다고 해도 다른 싹(반대 성징)이 나올 수 없는 것이다. 어떤 동물은 태어날 때 온도의 차이로 암수의 성이 바뀌는 것도 있듯이 남녀의 성은 환경에 따라서 바뀔 수 있는 것이며 남녀가 근본적으로 정해져 있는 것이 아니다. 이러한 점들을 고려해보면 사람도 처음에는 남녀가 한 몸이었을 것으로 추정된다.

성경에서 남자의 갈비뼈로 여자를 만들었다고 하는 이야기는 여자를 남자의 부속품 정도로 생각하는 유대인들의 남자 우월

사상이 조작해낸 창작으로 추정된다. 성경에서처럼 최초의 남자를 흙으로 만들었다면 여자도 흙으로 하나 더 만들면 될 것을 왜 복잡하게 산 사람의 갈비뼈를 뽑아서, 그리고 갈비뼈 하나로는 재료가 부족하여 여자 하나를 전부 만들지도 못하고 어차피 흙을 첨가해서 여자를 완성해야 하는데, 그렇게 이중으로 복잡하게 만들 이유가 무엇인가? 성경을 읽다보면 유치원생이 보기에도 유치한 이야기가 수두룩하다. 그런데도 불구하고 그런 유치한 이야기를 꾸미는 나름대로 이유가 있다. 여자를 독립된 개체로 별도로 만들었다고 하면 여자를 남자와 대등한 존재로 대우해야 하기 때문에 유대인들의 갈비뼈 이야기는 남존여비사상을 합리화하려고 꾸민 것이다. 아담의 갈비뼈를 도려내는 것은 단순한 외과적인 수술이 아니라 인간의 재창조, 즉 남녀의 분리 창조라고 봐야 한다. 그렇다면 하나님이 일단 남자만 만들었다가 여자도 필요할 것 같아서 추가로 만들었다는 것인데 그것은 남자의 우월성을 나타내기 위해서 감히 하나님이 하신 창조의 무계획성을 주장하는 것이며 나아가서 전지전능의 완전성을 심각하게 훼손하는 매우 불경스런 내용이다. 아담의 갈비뼈 이야기는 성경 기록자가 여호와를 이용하여 유대인들을 지배하려고 만든 이야기에 불과하며 진정으로 여호와를 믿었거나 두려워했다면 감히 여호와의 능력을 조롱하는 이야기를 만들었겠는가? 전지전능한 능력으로 천지창조도 하루 만에 모두 완성하면 될 것을 굳이 6일 씩이나 걸리게 한 것은 6일간 일하고 하루 쉬는 유대인의 생활문화에 맞추려다보니 그렇게 됐을 것이다.

원시 인간의 상태에서는 남녀의 생식기가 한 몸에 있어서 누구나 임신 및 출산을 하였을 것이다. 그런데 자원과 환경의 변화에 따라서 생존 경쟁이 점점 치열해지면서 역할 분담을 할 필요가 생겼고 따라서 외부 일(사냥, 전투)을 하며 체력이 강한 그룹과 내부 일을 하며 체력이 약한 그룹으로 구분하게 되었고, 그룹간의 합의에 따라서 혹은 강자들의 강요로 아이는 약한 그룹이 낳게 되었을 것이다. 따라서 아이를 낳는 그룹은 점차 필요 없는 고환은 쇠퇴하여 대음순으로 변하고 정자 주입기가 퇴화하여 귀두 부분만이 남자의 젖꼭지처럼 아직 남아 있어서 음핵으로 변화된 것으로 보인다. 귀두와 음핵은 위치가 비슷할 뿐만 아니라 세포조직이 같은 해면체로 되어 있으며 남자나 여자에게 모두 가장 민감한 부분이라는 공통점이 있어서 같은 기능을 하였음을 추정케 하고, 대음순과 고환도 검게 착색되는 공통적인 피부조직이라는 것과 비슷한 위치에 있는 것 등으로 보아서 동종임이 분명하다. 여자의 성기는 항문과 매우 가까운 위치에 있는데 비해서 남자의 성기는 상당히 떨어져 있으며 그 떨어진 사이를 잘 살펴보면 마치 여자의 성기를 꿰매서 봉합한 것 같은 흔적이 있다. 지금도 가끔 하체는 남자이며 상체는 여자인 혼성이 태어나며 또 이중 성기를 가진 양성인도 태어나는데, 의학계에서는 이것을 돌연변이로 생각하지만 나는 이것이 원래 인간의 모습이고, 오늘날 정상이라고 생각하는 보통사람들이 오히려 과거에 변이로 태어나서 점차 대세를 이루어서 정상으로 인식되었을 것이라고 생각한다.

남녀가 한 몸이었을 가능성을 보여주는 자료가 성경과 역사에도 있다. 구약성경에 보면 지금부터 수천 년 전에 남자끼리 성교합을 하는 것이 사회적으로 물의가 되어서 그것을 금지하였으며 남색이나 남창을 비난하는 구절이 자주 나온다. 신약에서도 로마서 1:15절에서 사도 바울이 남자들끼리의 음욕을 책망하는데 그런 사회적인 현상을 기독교에서는 단순히 성 문란이라고 해석하지만 내가 보기에는 과거에는 남자와 여자로 진화하는 과정 중에서 성 분화가 덜된 중성 혹은 양성(혼성)적인 사람이 오늘날보다 훨씬 많았기 때문에 성 정체성의 혼란 혹은 문란은 극소수의 문제가 아니라 상당히 만연한 문제였을 것이고, 때문에 율법까지 동원하여 공개적으로 금지하였을 것이다. 솔로몬이 작성했다는 '아가'라는 성경에 보면 1인칭인 나의 정체성이 남자인지 여자인지가 분명히 나타나지 않으며 상대편인 '나의 사랑하는 자'의 정체성도 불분명하게 모두 아름다운 사람으로만 묘사된다. 이것을 신학자들이 그리스도 혹은 여호와를 신랑으로 그리고 일반 성도를 신부로 비유하여 해석하지만 그것은 타당치 못하다. 신과 인간이 가족관계(아버지와 자식)가 된 것은 예수의 종교개혁 이후의 변화이고, 예수 이전의 구약시대는 신과 인간은 주종관계(주인과 노예)였기 때문에 감히 하나님을 신랑이라고 표현하는 불경스러운 상상은 있을 수도 없을 뿐만 아니라 아가 8:5~6에 보면 나와 너(나의 사랑하는 자) 외에 여호와가 제3자로 표현되는 것을 보면 나의 사랑하는 자가 여호와나 그리스도의 비유가 아님을 확실히 증명하고 있다. 나의 추측으로는, 솔로몬은 외형은 남자이지만 여성성이 강한 사람이었으며, 그래서 수많은 여인을 거느렸으나 만족하지 못했을 것이고 오히려 남자를 짝사랑하였기 때문에 '아가'라는 사랑의 시로 마음을 달랬을 것이다. 성경도 솔로몬의 지혜를 강조할 뿐 남자다운 용감성에 대해서는 단한마디도 언급하지 않은 것으로 보아서 솔로몬이 중성일 가능성을 보여주고 있다. 그리고 고대 역사에서 많은 여자들이 지도자가 되거나 여왕을 한 기록들이 있는데, 여성 지위가 향상된 최근까지도 여성이 왕이 되는 것은 대가 끊어진 특수한 경우를 제외하고는 불가능했는데 하물며 물리적인 힘만이 지배자의 조건이던 옛날에 여자들이 지도자가 되었다는 것은 옛날의 여자들이 남녀 분화가 덜 발달한 상태에서 오늘날보다 훨씬 남성적인 경향이 있었기 때문에 가능했으리라 본다.

고대에는 모계 중심의 부족이 많았는데 그런 점을 고려하여 다시 생각해보면 앞의 추정과는 반대로 약자가 아이를 낳은 것이 아니라 강자가 아이를 낳고 아이를 양육한다는 핑계로 집에서 놀면서 오히려 약자더러 밖에 나가서 일하고 먹을 것을 구해오라고 부려먹었는지도 모른다. 오늘날의 사회현상과는 반대로 강한 여자가 약한 남자들을 위협하여 자기는 편안히 놀고 남자만 노예처럼 밤낮으로 노동(?)하도록 하였을 가능성이 있다. 그러나 여자는 집에서 계속 생활하기 때문에 점점 신체가 약해지고 오히려 밖에서 일한 남자가 반대로 강해졌는지도 모른다. 초등학교까지는 여자가 남자보다 발달이 더 빠른 것이 과거의 강한 여자를 보여주는 흔적일 가능성이 있다. 신체를 많이 움직이는 고등 동물은 대체로 남자가 크고 강해졌지만 운동이 적은 곤충이나 하등 동물은 아직도 여자가 더 크고 강한 것이 많은 것으로 볼 때 여성이 더 강했을 가능성도 많다. 그리고 강아지를 길러본 사람은 성장기의 암 강아지가 다른 강아지의 등을 타고 마치 성 교합을 하는 수캐의 행위와 똑같은 몸짓을 하는 것을 보고 강아지가 웃긴다고 웃고 말았을 것이다. 그러나 그것은 동물의 유년기에는 남녀의 차이가 거의 없으며 이것은 남녀의 분화가 안 된 옛 조상의 모습을 보여주는 것이다.

대부분의 동물이 암수가 다르다. 그것은 동물들이 모두 암수로 분화되었다는 것이 아니라 암수로 분화되어서 기능이 전문화된 동물만 살아남고 그렇지 못한 동물은 대부분 도태되었기 때문일 것이다. 진화는 의식을 가지고 계획된 방향으로 가는 것이 아니라 환경에 따라서 어느 날 우연히 변이가 발생하고 그 우연의 빈도수가 점점 많아지다가 차차 주류를 이루고 드디어 우연이 필연으로 바뀌게 되는 것이다. 과학자들이 자연을 깊이 공부하면 할수록 자연의 신비와 조화로움에 경탄하며 상당수는 이런 신비는 오직 조물주만의 능력일 것이라고 믿게 되는 경우가 많이 생긴다. 그러나 사실은 자연이 모두 조화로운 것이 아니고 조화롭지 못한 것은 공룡처럼 모두 쇠퇴한 것이고 지금도 쇠퇴하고 있으며 적자생존의 원칙에 따라 현재는 모두 조화로운 자들만 생존하여 있기 때문에 자연이 매우 조화로운 것처럼 보일 뿐이다. 정말로 자연이 모두 완벽하게 조화로우면 자연은 정체 상태로 변해야 한다. 완벽하면 더 이상 변할 필요가 없기 때문이다. 우주는 전체적으로 균형을 이루고 있지만 부분적으로는 항상 불균형을 이루고 있으므로 우주는 꾸준히 변화(순환, 윤회)한다. 전체 평등과 완전 조화는 우주에는 없다. 만약에 그런 순간이 오면 우주는 거기서 멈춰서 버릴 것이다. 아직 우주가 변하고 있다는 것은 우주의 상태가 완전하게 이루어진 적이 적어도 지금까지는 없었다는 것이며 또한 우주를 완전하게 만들 수 있는 전능한 존재도 없는 것이라고 추정된다. 전지전능자는 아니어도 그와 비슷한 능력자만 있어도 이렇게 혼탁하며 무질서한 지구를 그분이 바라만 보고 계실 리가 있겠는가?

과거에 선인 중에서 깨달았다고 생각한 자들이 깊은 산속으로 조용히 사라지는 경우가 있었고, 역으로 산속에서 깨달은 자는 산속에서 머무를 이유를 찾지 못하고 오히려 세상으로 내려와 방탕하게 살다가 죽은 경우가 많다. 그들은 나름대로 어떤 깨달음을 얻었고 그 깨달음이 무의미하며 허무한 것임을 다시 깨닫는 2차적인 깨달음을 얻게 되면, 이번에는 그 무의미한 깨달음들을 자신에게서 떨쳐내 버리려고 남모르는 곳으로 사라지거나 방탕하게 변하는 것이다. 그러나 그들이 가장 중요한 깨달음, 즉 자기를 존재하게 해주었을 뿐만 아니라 자기가 자라면서 수많은 빚을 진 이 세상을 더 아름다운 곳으로 만들어야 할 책임이 자신에게 있다는 것을 깨우치지 못한 것이다. 이 세상을 아름답게 만들어야 할 의무와 책임이 자신에게 있다는 것을 깨닫지 못하면 그는 참으로 깨달은 자가 아니다.

생명과학자들은 내가 주장하는 '남녀 분화론'을 염두에 두고 잘 살펴보고 연구해보기 바란다. 남녀가 처음부터 따로 있었다면 창조론이 맞는 것이고 남녀가 하나에서 분화되었다면 진화론이 맞는 것이기 때문에 나의 남녀 분화 론을 규명해내지 못하면 과학자들은 창조론을 인정하고 모두 다 기독교 열렬 신자가 되어야 한다. 그리고 내가 주장하는 분화론이 옳다면 최초의 여인 이브는 가공인물이며 주인공 아담은 중성(혼성)이어야 하고 따라서 성경의 창세기를 비롯한 모세 5경의 진실성은 사라진다.

인간은 남녀로 분화 및 진화되면서 사랑이라는 유전적인 질환도 발생하였을 것이다. 누구나 그러하듯이, 계절이 바뀔 때면 감기 바이러스와 함께 사랑의 바이러스가 작동하여 나의 몸과 마음을 괴롭힌다.

언제쯤 이 병을 앓지 않고 편안히 새로운 계절을 맞이할 수 있을는지…….

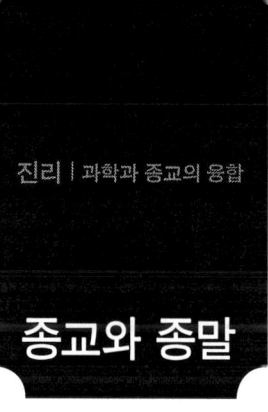

종교와 종말

오늘날 자연이 훼손되어서 지구가 점차 병들어가고 있으며 결국은 종교적인 종말이 아니어도 환경의 파괴에 의해 지구의 종말이 올 수 있다. 환경파괴의 발생 이유와 그 근본 대책이 무엇인지 알아보기 위하여 우리는 먼저 자연을 훼손하는 인간의 심성이 어디에서 유래했는지 짚어봐야 한다. 인간의 기본 심성은 잠재의식 속에서 종교의 가치관과 연결되어 있다. 그래서 지구의 대표적인 종교라고 할 수 있는 기독교와 불교의 교리가 인간 심성에 미친 영향을 한번 살펴보기로 하자.

기독교의 교리에 따르면 전지전능한 여호와가 우주를 만들었고 관리하기 때문에 인간은 목장의 가축처럼 오로지 목장의 주인이신 여호와를 위하여 태어나고 여호와를 위하여 죽어야 한다는 것이다. 거기에 비하면 불교의 교리는 완전하다고 하기에는 곤란하지만 나름대로의 합리성을 가지고 있다. 불교는 천지를 만드신 분을 여호와나 알라처럼 불경스럽게 함부로 이름을 지어놓고 감히 아버지라고 부르지도 않으며, 다만 우주가 운행되는 원리를 깨달아서 그에 순응하려고 하는 것이 그들의 목표이다. 그것을 깨달았다고 주장하는 그들의 설명에 따르면, 생명은 인연의 관계성에 의해서 움직이면서 윤회하는데, 선한 업을 많이 쌓으면 고통스럽거나 권태로운 윤회에서 벗어나 영원한 자유(해탈)를 얻을 수 있다는 것이다. 사계절이 순환하고 지구가 태양을 순환하고 우주의 모든 것들이 생성 소멸하면서 순환하는 자연의 원리와 불교의 윤회설은 매우 닮았다. 우주와 자연의 현상이 독립적이며 개별적인 것이 아니라 작용과 반작용의 상호 관계(인연)에 의해 일어나는 것이 불교의 연기설과 유사하다. 기독교는 모든 일이 하나님의 뜻이므로 피조물인 인간은 그저 범사에 감사하며 순종해서 잘 보여야 구원을 받지만 불교는 모든 일이 자기가 쌓은 업에 의하여 일어나므로 모두 내 탓이라고 기꺼이 받아들이면서 착한 일을 많이 하면 나쁜 업이 소멸되고 궁극적으로는 스스로 구원에 이를 수 있다는 것이다. 불교의 일반적인 교리는 자연의 원리와 매우 유사성을 보이며 상당히 합리적이지만 열심히 노력하면 윤회를 벗어나서 신의 수준으로 해탈할 수 있다고 주장하므로 사람들이 그것에 집착하여 여러 가지 문제를 야기하고 있다.

　기독교와 불교는 죄와 죄의 소멸에 대한 개념에서 근본적인 차이가 있다. 불교는 될 수 있으면 죄를 안 지으려고 노력하며 이미 지은 죄는 선한 일을 많이 하여 상쇄함으로서 소멸시키려고 하는 데 반하여 기독교는 죄를 안 지으려는 노력보다는 지은 죄를 하나님에게 용서를 구하는 데에 주력한다. 죄의 소멸에 대한 방법에 대해서는 '올바른 구원'에서 상세히 논하겠지만 기독교 방식은 가해자가 피해자와 화해할 생각은 하지 않고 오직 심판권을 가진 자에게 뇌물(헌금)을 주어서 빠져나가려고만 한다. 기독교에서 가장 중요한 의식이 제사(예배)다. 이 제사에서 어린 양을 죽여서 제물로 바치는데 그 의미는 인간이 죽을죄를 지었지만 짐승을 대신 죽여서 인간의 죄 값을 치른다는 것이다. 아브라함이 자식(이삭)을 제물로 흔쾌히 바치려고 한 기록으로 보아서 유대교도 다른 종교처럼 초기에는 실제로 사람을 죽여서 제물로 바쳤던 것으로 추정된다. 기독교는 온 인류의 죄 사함을 받기 위하여 예수가 유대인들이 제물로 바치던 어린 양 대신에 자신을 바쳤으므로 예수의 희생에 보답하기 위하여 돈(헌금)을 바치라는 일종의 구상권을 주장한다. 기독교는 구약시대의 제사 대신에 예배라는 새로운 단어를 사용하며 제물 대신 헌금이라는 말로 용어를 바꿨지만 이면을 들여다보면 어린양을 이용한 물질 제물의 낡은 방식을 버리고 새 시대에 맞추어서 화폐제물이라는 진화된 방식을 택한 것에 불과하다. 어린 양과 같은 현물을 받으면 저장이 어려워 성경에서 말한 대로 일용할 만큼만 받아야 하지만 화폐를 받으면 무한대로 받을 수 있기 때문이다. 기독교의 헌금은 강제적이라는 점에서 불교의 자발적인 보시와는 근본적인 차이가 있다. 헌금을 하지 않으면 죄가 되는데 보시는 못해도 죄가 되지 않는다는 점에서 헌금과 보시는 현저한 차이가 있다.

이번에는 절대자에 대한 순종의 차이를 점검해보자. 기독교의 사랑과 불교의 자비라는 행동지침은 서로 비슷하여 이론적으로는 별 차이가 없어서 비교 우위를 구별하기가 상당히 어렵다. 하지만 실제로 행하는 것에는 큰 차이가 있어서 비교가 된다. 인간은 근본적으로 모두 악하여 스스로 구원할 수 없다는 성악설을 기초로 하여 기독교가 만들어졌는데, 구원받고자 하는 인간의 욕심을 잘 이용하여 승승장구 발전해왔다. 기독교도는 누구나 헌금을 내야 하며 성직자들이 신도들에게 헌금을 많이 낼수록 축복이라 여기게 하여 경쟁을 시킴으로써 구원을 받고자 하는 이기심으로 가득 찬 신도들을 자극하여 열심히 일하게 만들고 또 하나님이 그들을 돌보신다는 심리적인 효과가 긍정적으로 작용하여 기독교 국가는 대체로 잘산다. 반면에 불교에서는, 인간은 노력하면 누구나 착해져서 불심을 얻게 되고 부처가 될 수 있다는 성선설을 기초해서 만들어진 종교이기 때문에, 공무원이 일을 많이 하면 실수가 나와서 감사에 걸리는 경우가 많아지므로 오히려 일을 적게 하여 무사안일을 도모하듯이, 불교도들은 될 수 있으면 일을 덜 만들어서 나쁜 업을 적게 만들고 조용히 살려고 하는 경향이 있어서 불교 국가들은 경제적으로 궁핍한 경우가 많다.

서양의 끊임없는 개척(자연 훼손)정신은 그들의 정신문화의 근간을 이루는 기독교에서 나왔다고 볼 수 있다. 기독교의 기본 정신은 회개와 용서다. 그래서 그들의 잠재의식 속에는 잘못에 대한 두려움이 별로 없다. 왜냐하면 회개만 하면 모든 잘못을 용서해주기 때문이다. 개척정신은 긍정적으로 표현한 말이고, 부정적으로 보면 그것은 뒷일을 걱정하지 않고 지금 이 순간을 위하여 무책임하게 저지르는 파괴나 훼손을 말하는 것이다. 기독교 교리에 의하면 영혼이 하늘나라로 한 번 가면 다시는 지구에

오지 않기 때문에 지구의 뒷일을 심각하게 고민할 필요가 없다. 마치 우리 공무원들이 순환보직 제도로 보직이 조금 있으면 바뀌기 때문에 일을 근본적으로 해결하려 하지 않고 증상만 해결하려고 하는 것과 같다. 거기에 비하면 동양의 근본정신은 불교에 닿아 있어서 사고방식이 서양과는 상당히 다르다. 불교는 인연을 중시하며 내가 저지른 일은 이번 생이 아니어도 다음 생에서라도 꼭 책임을 져야 하기 때문에 함부로 일을 저지르지 않는다. 그래서 무슨 일을 해결할 때에 현상적으로 해결하지 않고 근원적으로 해결하려고 노력한다. 잘못하면 모두 자기에게 업으로 돌아오기 때문이다. 그래서 동서양의 기본 정신을 한 줄로 요약하면 서양 정신은 현상적이며 동양 정신은 근원적이다. 그래서 서양 의학은 사람이 병들면 동양 의학처럼 신체의 기능을 근본적으로 올바르게 바로잡으려 하기보다는 먼저 아픈 곳을 칼로 찢거나 약을 발라서 현상적인 해결을 우선한다. 물이 필요하면 서양은 우물에서 물을 길러오는 것이 아니라 수도관을 설치하여 방안에다 우물을 설치한다.

기독교인들은 잘못해도 회개하고 용서받을 수 있으며, 성경에서 보여주듯이 회개만 하면 잘못된 것은 모두 하나님이 뒤처리하시기 때문에 죄에 대한 두려움이 별로 없다. 반면에 불교인들은 자기가 한 일이 회개한다고 저절로 용서되는 것이 아니라 스스로 업보를 풀어야 하는 것이기 때문에 잘못을 저지르지 않으려고 노력한다. 과학은 창조주의 입장에서 보면 자신이 만든 자연에 불만을 품고(범사에 감사하지 않고) 그것을 변형시켜 인간의 이익을 구하려는 반항적인 행위이며 그것은 하나님만이 알고 있는 창조의 노하우를 인간이 알아내어 새로운 물질과 생명체를 만들어내려는 매우 도발적인 시도라고 볼 수 있다. 그런데 아이러니하게도 창조주를 가장 존경한다는 기독교 국가들이 지금까지 앞장서서 창조주에게 불순종하고 그의 비밀을 캐려고 과학을 발전시켜 왔다. 창조주의 입장에서 보면 과학은 자신이 만들어놓은 자연이라는 작품을 훼손하여 거기서 필요한 물질과 에너지를 얻어서 인간들만 편리하게 살기 위한 매우 이기적이며 불손한 학문이다. 과학은 자연을 비자연으로 변화시킨 것이기 때문에 언젠가는 한순간에 사라질 수 있다. 만약 지구에 커다란 격변기가 와서 모든 사람들이 사망하고 깊은 산속의 원시 부족만 살아남았다고 가정해보자. 그들이 할 수 있는 것은 그들의 머리 위로 가끔 지나다니던 비행기를 벽화에 그려보는 것 외에는 문명과 과학의 흔적은 모두 사라질 것이다.

기독교 교리인 회개와 용서를 바탕으로 이루어진 개척 정신에

힘입어서 유럽을 중심으로 산업과 과학이 발달하여 지구의 커다
란 변혁이 이루어졌으며 문명이 발달하였는데 과연 이것이 절대
자가 바라는 현상일까? 절대자가 만들어준 자연을 훼손하며 그
자연의 운행 법칙을 거스르고 플라스틱과 같은 화학 물질을 제
조하는 등 하나님의 창조에 도전하는 준창조적인 행위가 절대자
에게 순종하며 범사에 감사해야 하는 기독교인들이 해야 할 옳
은 자세일까? 불교도는 절대자를 별도로 섬기지도 않지만, 그래
도 절대자가 만들어준 자연에 순응하며 살려고 노력하는 데 반
해서 기독교도들은 절대자를 섬기면서도 절대자가 준 자연을 망
가뜨리고 변형하여 인간의 욕심대로 모두 바꾸어놓는 기계문명
을 앞장서서 일으킬 뿐만 아니라 자신들의 교주인 예수가 가장
싫어하는 세상의 부와 명예에 집착하면서 그들이 불교 국가보다
더 잘사는 이유를 여호와의 축복 때문이라고 주장한다. 내가 생
각하기에는 축복은커녕 그것이 저주가 되어서 지구의 종말을 재
촉할 것이다. 기독교인들은 하나님이 주신 자연을 잘 보존하는
것이 하나님을 순종하는 기본이므로 하나님과 이웃 사랑 이전에
지구와 자연 사랑을 소리 높여 외치며 그동안의 잘못을 회개해
야 한다.

지구 표면의 자연 훼손은 적당한 시간이 지나면 치유도 되고

하니 그래도 불행 중 다행이다. 사람에 비유하면 찰과상 정도에 불과한 것이다. 그런데 인간의 욕망이 땅 속까지 들어가서 지하수를 개발함으로서 속병까지 들게 하였다. 플라스틱을 비롯해서 기계문명들이 인간에게 꼭 필요한 것이었다면 조물주께서 천지를 창조하실 때에 처음부터 만들어주셨을 것이다. 방 안에다 우물을 설치하기 위해서는 댐을 막아야 하고, 댐은 자연을 파괴할 뿐만 아니라 거기서 나오는 전기로 플라스틱 등 각종 화학제품을 만들어서 지구를 오염시키는 악순환이 계속된다. 오늘날의 모든 기계문명은 하나님께서 천지를 창조할 때에 능력이 부족해서 만들지 못한 것이 아니라 불필요하다고 생각해서 인간에게 주지 않은 것을 인간들이 하나님의 뜻에 불만을 품고 그 뜻을 거역하면서 발전시켜 온 것이다. 오늘날 지구가 환경오염과 공해에 시달리면서 성경의 예언처럼 종말로 가고 있는 이유는, 피해자에 대한 보상과 사과도 없이 회개만 하면 모두 용서하시는 하나님의 무분별한 사랑이 사람들에게 미래의 지구를 어떻게 변하게 할지에 대한 두려움이 없이 마구 자연을 훼손하도록 부추겼기 때문이다. 다시 말해서 지구의 종말은 기독교 교리 속에 있는 무분별하며 무대책인 하나님의 사랑이라는 함정에 인간들이 빠졌기 때문에 오는 것이며, 역으로 말하면 지구의 종말은 기독교가 예언하고 스스로 그 예언을 성취하려고 자연을 훼손하고 있는 것이다. 만일 기독교가 없었다면 별의 소멸 때문에 오는 종말은 어쩔 수 없지만 적어도 지구의 환경 변화에서 오는 종말은 오지 않을 것이다. 하나님의 무분별한 사랑의 대표적인 행태는 예수가 십자가에서 강도에게 행한 용서다. 강도가 자신에게 당한 수많은 피해자들에게 보상이나 사과의 말 한마디 없이 예수에게 행한 아부 발언 한마디에 예수가 즉석에서 그를 용서하여 천당 티켓을 예약해주는 어처구니없는 처신을 사랑이라고 부르면 안 된다. 죄 사함은 어떻게 이루어지는 것이 옳은지에 대해서는 '올바른 구원'에서 별도로 논하니 참고하기 바란다.

지금부터 성경에 있는 종말에 관한 매우 황당하고 우스꽝스러운 내용을 이야기해보겠다. 이 내용은 2편에서 설명할 요한복음과 요한계시록의 허구성을 가늠하게 하는 중요한 근거가 되므로 단순히 웃고 넘길만한 이야기가 아니다.

공관복음(성경의 4대 복음서 중에서 마태, 마가, 누가의 3복음에 대한 통칭)에 있는 종말에 관한 계시(이하 '요한계시록' 에 대비하여 '공관계시록' 이라고 칭함)에는 종말의 과정이 '심판과 구원' 그리고 '재림과 천국건설' 이라는 2단계로 이루어지는데, 첫째 단계에서는 이스라엘의 적대 세력을 심판하고 그중에서 유대인만 구원한다는 것이며 둘째 단계에서는 예수가 재림하여 살아 남은 유대인들 중에서 택한 자(깨어 있는 자)들과 함께 하나님 의 나라를 건설한다는 것이다(심판과 구원 그리고 천국의 실질 적인 의미에 대해서는 '천국과 심판' 참조). 기독교에서는 요한의 계시록에 근거하여 종말에 유황불 심판이 있다고 말하지만 공 관계시록에는 종말을 실현하기 위한 효율성과 실현 후의 후유 증 등을 고려하여 불의 심판이 아니라 물의 심판으로 되어 있고 그 대피방법 및 주의사항까지 친절하게 잘 가르쳐주고 있다(마태 24:15~21, 마가 13:14~18, 누가 17:31, 21:21). 대피방법에서 예수 가 직접 물의 심판이라고 말하지는 않았지만 인자가 노아의 때 와 같이 온다고 말하며 물의 심판임을 암시하였고(마태 24:37, 누 가 17:26) 성경에서 제시한 종말에 대한 대피방법을 보면 초등학 생도 그것이 물의 심판이라는 것을 쉽게 알 수 있다. 공관계시록 의 세 가지 대피법의 공통점은 높은 곳으로 피하라는 것인데 그 것은 절대로 불의 심판이 아니다. 신학자들은 이것을 비유적인 표현이라고 우기겠지만 이 대피법의 앞뒤의 내용에는 전혀 비유 가 섞여 있지 않은 매우 사실적인 표현들로 되어 있으며 앞뒤 내 용이 연속성을 가지고 있으므로 대피방법에 대한 묘사는 비유적 인 표현이 결코 아니다. 그리고 공관복음은 비유로 말할 때는 항 상 비유라고 명시하고 있다는 것을 참고하기 바라며 이어지는 설명들을 보면 명확하게 물의 심판임을 알 수 있다.

　심판의 세부적인 방법들을 살펴보면 매우 유치한 내용으로 되어 있다. 심판의 집행자인 홍수(큰물)는 적군(악인)과 아군(선인)을 구분하지 못하고 마구 죽이기 때문에 유대인들에게만 미리 홍수의 발생시기와 주의사항을 가르쳐주어서 대피시킨다는 것이다. 내용이 조금 더 황당한 것은, 이 물난리가 겨울이나 안식일에 일어나지 않도록 기도하라는 것인데, 그 이유는 겨울에 홍수가 나면 피난민들이 추운 산에서 홍수가 사라질 때까지 기다려야 하는 어려움이 발생하고 또 안식일에 홍수가 일어나면 예배하다가 홍수가 오는 것도 모르고 단체로 몰살하기 때문인데, 여기서 중요한 것은, 심판은 거룩해야할 안식일에도 일어날 수 있고 예배하고 있는 의인들도 무차별로 죽일 수 있다는 것이며 그것은 예수의 권능(인간의 권능)으로는 심판의 시기와 방법을 마음대로 조정할 수 없다는 것을 의미한다. 그리고 심판할 때에 임신한 여인과 젖먹이는 여인은 화를 입는다는 구절이 있는데(마태 24:19, 마가 13:17, 누가 21:23) 나는 처음 읽을 때에 이 구절이 성적인 음란에 대한 경고인 것으로 생각했다. 그런데 앞뒤 구절과 연계하여 다시 생각해보니 임신하거나 젖먹이는 여자는 아이 때문에 몸이 둔하여 홍수가 닥쳐도 재빨리 피난하지 못하므로 화를 입는다는 참으로 어처구니없는 경고문이었다. 심판으로 죽은 악인들의 시체를 독수리들이 먹어서 청소하면(마태 24:28, 누가 17:37) 1단계의 심판이 끝나고 2단계로 예수가 구름을 타고 재림해서 남은 자들 중에서 깨어 있는 자, 즉 택한 자들을 모아서 하나님의 나라를 세운다는 것이다(마태 24:30~31, 마가 13:27, 누가 21:36).

　공관계시록에는 심판이 끝난 직후에 예수가 구름을 타고 온 천하가 모두 알도록 번개처럼 온다는 것인데 유감스럽게도 실제로 AD 70년에 성경이 예언한 종말의 징표처럼(마태 24:15, 마가 13:14) 멸망의 가증한 것(로마 군대, 누가 21: 20 참조)이 거룩한 곳(예루살렘과 성전)을 점령하여 초토화시키고(마태 24:2, 누가 21:24) 유대인의 디아스포라가 발생했는데도 예수가 이스라엘을 구원하러 재림하지 않았으며 그래서 그때까지 살아 있던 요한이 공관복음과 공관계시록을 변조하여 새로 요한복음과 요한계시록을 작성하면서 예수와 종말에 대한 개념을 새로운 상황에 맞도록 다시 설정하였기 때문에 요한복음에 나오는 예수의 캐릭터와 요한계시록에 나오는 종말의 양상은 공관복음의 내용과 완전히 달라진다. 공관계시록에서는 전쟁, 기근, 지진, 온역 등이 만연하고 이스라엘이 멸망의 위기에 처할 즈음 홍수로 모든 적대 세력을 청소하고 예수가 재림하여 의인(깨어 있는 자)들과 함께 자신의 왕국을 세운다는 시나리오였다. 그런데 요한의 계시록에서는 심판의 방법, 대상, 시기가 모두 바뀌어서 재림예수가 지휘하는 하늘 군대가 지구상의 모든 적대세력과 악한 무리들을 멸망시키고(19:11~21) 사단은 무저갱의 감옥에 가두어놓고 천년 왕국을 다스리다가(20:3) 사단을 무저갱에서 꺼내어서 잠시 풀어준 후에 다시 지옥에 넣고(20: 7~10) 신천지(새 하늘과 새 땅)를 만드는 것으로(21:1) 내용을 바꾸면서 예수를 이스라엘의 메시아에서 지구의 메시아로 진화시킨다. 성경의 내용이 제각각인 이유와 그 내용이 대부분 거짓이라는 것 그리고 종말과 하나님의 나라가 구체적으로 무엇을 의미하는지를 2편에서 별도로 상세히 설명하고 논증하였으니 참고하기 바란다.

우주 안에서 물리학적인 윤회(순환)를 벗어나는 방법은 없다. 그러므로 우주의 법칙을 이해하고 순응하는 것이 참 해탈이며 그 법칙을 벗어나는 것은 불가능하다. 참 해탈은 인연에서 벗어나는 것이 아니라 인연들과 조화로워지는 것이다. 우주에서 보듯이 인간을 포함하여 모든 것은 결코 우주의 법칙인 순환(윤회)을 벗어날 수 없으므로 인간은 윤회를 벗어나려고 애쓸 것이 아니라 윤회 안에서 행복해지려고 노력해야 한다. 다시 말해서 석가처럼 지구를 고해라며 포기하고 도망치려 하지 말고 지구를 아름답게 가꾸어서 이상향으로 만들려고 노력하는 것이 실천 가능하며 현실적인 참 해탈이다. 진정한 해탈은 '고해를 벗어나는 것'이 아니라 '고해를 극복하거나 고해를 고해로 인식하지 않는 것'이다. 해탈한 영혼이나 과학자들이 주장하는 에너지 양자처럼 육체나 물질을 동반하지 않는 순수한 에너지 덩어리는 물리학적으로는 우주 어디에도 존재할 수 없다. 왜냐하면 우주 안에는 힘이 존재하지 않는 곳이 없기 때문에 관성력(질량)이 없는 존재는 적은 힘에도 저항할 능력이 없어서 무한 가속도가 발생하므로 우주 어디에도 존재할 수 없고, 굳이 존재하려면 힘과 간섭이 없는 우주 밖으로 나가야 한다. 그러면 해탈한 영혼은 다시는 돌아오지 못하는 불귀의 객이 되는 것이며 그렇게 해탈해본들 무슨 소용이 있겠는가? 조금 고생스럽더라도 사람과 사람이 부딪히면서 사랑과 우정 그리고 아름다운 추억이 있는 지구에서 사는 것이 좋을 것이다. 생로병사는 고해가 아니라 권태로움에 변화를 주는 것이다. 목마름이 없다면 물의 소중함을 깨닫지 못하듯이 생로병사가 없다면 인생의 소중함도 느끼지 못한다. 아마 석가모니가 정말로 윤회를 벗어나 해탈했다면 지금쯤 우주 밖의 암흑 세계에서 아름다운 지구를 바라보며 해탈한 것을 크게 후회하고 있을 것이다.

기독교의 교리가 고의적으로 그런 것은 아닐지라도 인간의 심성에 영향을 미쳐서 이기심을 부추기고 함부로 자연을 훼손하게 만들었다. 그러나 이제부터라도 우리는 회개와 용서를 믿고 자연을 함부로 훼손하면서 세상일은 모두 하나님이 알아서 뒤처리하신다는 무책임한 생각을 버리고, 지구는 오로지 우리의 손으로 지켜나가야 한다는 것을 깨달아야 한다. 지구를 온전하게 보존하려면 기본적으로 인간의 이기심을 줄이려는 정신적인 운동이 필요하고, 더불어 현실적이며 제도적으로 억제할 수 있는 방법을 병행해야 할 필요가 있다. 그래서 나의 생각으로는 지구의 인구수를 줄이는 것이 근본적으로 필요한 대책이라고 생각한다. 20세기에 들어오면서 의료 산업의 발달과 환경의 개선으로 갑작스런 인구 증가가 이루어졌으며, 따라서 눈에 보이지 않는 생존 경쟁이라는 총칼 없는 무한 전쟁이 시작되었고 이것이 지구 훼손을 부채질하여 엘니뇨를 일으키게 된 것이다. 지금은 개개의 국가들이 자기 나라의 국력 증강만 생각하여 인구 정책을 세우고 있는데, 유엔과 같은 세계적인 기구가 그 나라 환경에 맞는 적절한 인구 밀도를 산정하여 통제하는 방법이 이루어져서 세계 전체의 인구를 조정하지 않으면 아무리 좋은 정책을 사용하여도 지구 환경의 근원적인 개선은 어렵다.

지구는 이제 피부병 수준을 지나서 무분별한 지하수 개발로 몸속까지 병들어 가고 있다. 먹이사슬에서 피라미드 구조의 상층부인 맹수들은 스스로 적절한 숫자를 조절하고 있는데, 만물의 영장이라고 자처하는 인간만이 어설픈 휴머니즘으로 적자생존의 자연법칙을 무시하면서 무절제하며 무대책의 인구 증가를 해온 것이 스스로 파멸과 종말을 자초하고 있다. 앞으로 새로운 바이러스가 계속 나타날 것이고 예방 백신과 치료제의 개발은 미처 따라가지 못할 것이며 우리 인간은 이제 자연치유력을 높이지 않으면 질병 공황에 이를 것이다. 머지않아서 석유자원도 고갈할 것이며 그러면 산업이 급격히 쇠퇴하고 질병공황에 이어서 경제공황도 일어날 것이다. 아름다운 지구를 만들려면 여러 가지 좋은 정책도 병행하여야 하겠지만 제일 먼저 착수하여야 할 것이 지구 총인구 감소 정책이다.

창조와 진화

　열역학 2법칙에서 무질서도가 높아진다는 것은 어떤 에너지나 물질이 한곳에 모여 있지 않고 골고루 분산되려고 하는 현상으로서, 에너지가 높은 곳에서 낮은 곳으로 이동하여 평준화하려는 움직임이다. 이런 현상은 별이 소멸될 때까지 일정한 방향으로 일어나다가 별이 소멸(분산)된 후 에너지의 평형상태(열역학 2법칙의 종료)에 이르면 다시 생성(결집) 단계로 가는데 이때는 열역학 2법칙과는 반대로 물질이 무질서도가 낮은 곳으로 움직이는 현상이 발생하게 되고(이유는'물리학자에게 드리는 글' 참조) 따라서 창조주의 위대한 능력이 아니어도 별이 스스로 생성될 수 있는 것이다. 별이나 생명의 탄생과정에는 무질서도가 감소하면서 물질이 한 곳으로 결집하는데 이것은 열역학 2법칙과는 반대 현상이다. 우주의 법칙은 열역학 2법칙처럼 한쪽으로만 무한대로 가는 법칙은 없다. 한쪽으로 무한대로 가면 우주는 돌아오지 않는 미아가 되며 그러면 절대자의 능력으로 우주를 다시 원점으로 돌려놓아야 되는 소위 성경에서 말하는 천지창조가 반복되어야 한다. 그러나 다행히도 우주는 스스로 재결집(창조)하는 능력이 있으며 따라서 창조와 진화는 우주 윤회의 한 과정에 불과한 것이다. 우주나 생명은 탄생→성장→노쇠→사망→분해→재탄생의 사이클을 도는데 항상 똑같은 궤도로 도는 것이 아니라 주변 환경에 따라서 조금씩 궤도가 바뀌는데 이것을 우리는 '진화'라고 부른다. 생명의 진화는 생명 사이클의 변화단계에서 일어나는 일시적인 현상이며 우주의 순환원리에 따라서 지구가 소멸 단계에 이르면 생명의 진화도 함께 사라지는 것이다. 물의 순환(윤회)으로 예를 들면, 물이 바다에서 증발하여 하늘로 가고 그것이 비가 되어서 땅에 내리면 강을 따라서 흘러서 다시 바다로 가지만 항상 같은 궤적으로 순환하지 않는 것이며 우리는 이 궤적의 변화를 진화라고 부르는 것이다.

창조는 기독교의 이론처럼 무에서 유가 되는 일회적인 현상이 아니라 무질서에서 질서로 바뀌는 반복적인 현상의 하나이며 과학 법칙으로 말하면 제2 법칙에서 반 제2 법칙으로 바뀌는 것이고 나의 통일장 원리로는 분산의 법칙에서 결집의 법칙으로 바뀌는 현상으로서 윤회의 한 과정일 뿐이고 따라서 지금도 창조(신종 바이러스와 새로운 별의 탄생)는 부분적으로 계속해서 일어나고 있다. 생명의 탄생은 무질서한 단백질을 질서 있는 형태로 결합하는 것이며 무에서 유를 만드는 것이 아니라 기능이 없는 상태(무질서)에서 기능이 있는 상태(질서)로 변화시키는 것이다. 무에서 유를 만드는 진정한 의미의 창조는 없으며 우주는 끝없는 변화(진화)만 있을 뿐이다. 분화 혹은 복잡화는 열역학 2법칙(분산, 복잡화, 평준화의 법칙)과 어울리는 한시적인 현상이며 복잡화의 끝에 가면 평준화에 이르고 역으로 단순화가 시작되는데 이때는 열역학 2법칙과 반대의 법칙(결집, 단순화, 양극화의 법칙)이 나타나고 따라서 우주는 분산과 결집을 반복하며 순환하는 것이다. 이때에 상반되는 두 개의 법칙이 교대로 나타나는 것처럼 보이나 그것은 외형적인 모습일 뿐이고 사실은 우주는 똑같은 상태를 계속 유지하지 못한다는 하나의 일관된 법칙에 따라서 항상 변화하고 있는 것이며 변하다 보면 같거나 비슷한 길로 되돌아오는 것이고 이것을 순환이나 윤회라고 부르는 것이다.

민주화는 엄밀히 말하면 정치의 발전이 아니라 한 사람에게 결집되어 있던 권력을 빼앗아서 여러 사람이 나누어서 가지는 권력 형태의 변화, 즉 권력의 분산일 뿐 진정한 발전이 아니다. 군주가 만약에 세종대왕보다 현자라면 어설픈 민주주의보다 전제정치가 훨씬 더 효율적이다. 다만 누가 현자인지를 정확히 알아내는 공식이 없기 때문에 차선책으로 민주주의를 채택하는 것이다. 과학은 자연이 갖고 있는 힘을 사람이 빼앗아서 쓰는 기술일 뿐 인간과 자연을 합쳐서 보면 에너지와 편리성의 합은 그대로일 뿐이다. 다시 말해서 인간이 편해지면 그만큼 자연은 괴로워지는 것이다. 자연이 분노하면 언젠가 빙하기와 같은 대격변이 일어나고 원시의 세계로 다시 돌아가면서 자연의 힘을 빼앗아서 쓰는 기술에 불과한 과학은 저절로 소멸한다. 공산주의(분산주의)가 부를 강제로 분산시켰는데 결국 소멸한 후 자본주의(결집주의)로 다시 태어난다. 그와 반대로 자본집중이 지나치면 다시 사회주의로 회귀하려는 움직임이 나타나게 되고 개혁세력이 집권하여 소득의 재분배를 통해서 자본이 다시 분산되면서 경제의 양극화와 재분배는 계속 윤회하는 것이다. 마찬가지로 민주주의도 권력을 형태적으로는 대중에게 분산시켰지만 정당을 통하여 다시 한곳으로 결집하는데 이때에 권력의 분산과 결집의 가역반응이 원활히 이루어지지 않으면 권력주체의 이동(교체)이 일어나는 것이다. 경제도 이와 같이 성장(집중)과 분배(분산)가 동시에 활발히 이루어지면 균형 잡힌 경제, 다시 말해서 윤회(성장과 침체의 악순환)를 벗어난 해탈(안정)의 경제가 이루어지는 것이다. 분산(소멸)과 결집(생성)은 우주의 기본 법칙이며 아무리 권력과 자본을 인위적으로 분산시켜도 양극화 과정을 통하여 있는 자와 없는 자로 다시 결집하는 과정(윤회)을 반복하는데 인간이 인위적인 지혜로 권력과 경제의 집중과 분산의 가역반응을 동시에 원활하게 이루어서 평형을 이루게 하려고 연구하는 학문이 바로 정치학과 경제학인 것이다. 균형이 잘 이루어져서 권력이나 경제의 악순환(윤회)이 없는 해탈(안정)의 사회를 만드는 것이 지도자의 책무이며 이런 사회적인 해탈상태에서 개인의 해탈도 진정한 의미를 갖게 된다. 서두의 글 '수행과 탐구'에서 말했듯이 남들은 고통 속에 있고 사회는 혼탁한데 나 홀로 해탈하면 그것은 해탈이 아니라 이탈에 불과한 것이다.

모든 물질을 미시적으로 바라보면 그들은 잠시도 쉬지 않고 항상 움직인다. 이것이 결국 우주를 끊임없이 변하게 하는 원동력이다. 우주 전체를 거시적인 측면에서 보면 힘의 균형을 이루고 있지만 미시적으로 보면 항상 불균형하여 유동적이며 따라서 주변의 상황에 따라서 결집(생성)과 분산(소멸)을 반복하는데, 이 결집과 분산의 순환법칙은 우주, 자연, 인간, 정치, 경제, 사회, 종교 등 모든 분야에서 예외 없이 나타나는 우주의 통일장 법칙이다. '결집'의 동류항은 생성, 발전, 성장, 양극화, 수구, 보수 등이며, 법칙성으로 말하면 과학에서는 반 열역학 제2 법칙, 자연에서는 생성의 법칙, 사회에서는 성장(효율)의 법칙이 되며, 반대로 '분산'의 동류항은 소멸, 쇠퇴, 분배, 평준화, 개혁, 진보 등인데, 법칙으로 말하면 열역학 2법칙, 소멸의 법칙, 분배(도덕)의 법칙에 해당된다. 보는 시각에 따라서 삶은 죽음으로 가는 과정이듯이 진화도 발전이 아니라 소멸로 가는 과정이다. 이 세상에 진정한 진화나 발전은 없다. 모두 소멸로 가는 과정에 있어서 일시적인 상태의 변화와 복잡화가 발전처럼 보이는 것이다. 별이나 생명이 생성되는 결집(생성)의 과정에서는 열역학 2법칙과는 반대현상(무질서도의 감소)이 일어나므로 과학자들이 말하는 것처럼 한쪽으로만 흐르는 법칙은 이 세상에 없는 것이다. 발전이나 진화라는 것은 미시적인 현상을 보는 견해에 불과하고 거시적으로 보면 우주는 진화나 발전을 하는 것이 아니라 생성(결집)과 소멸(분산)의 반복, 다시 말해서 단순화와 복잡화의 반복을 계속하는 끝없는 나선형의 순환적인 변화만이 존재한다. 여기서 우리는 한 바퀴의 나선을 윤회라고 부르고 이웃나선과의 격차를 진화라고 부른다.

기독교의 창조론은 처음부터 생명체가 여럿이 같이 출발하였다는 것이고, 과학자의 진화론은 처음에는 하나 혹은 소수가 출발하여 점차 많아졌다는 것이다. 따라서 남녀가 처음부터 따로 탄생하였으면 창조론이 맞고 한 몸에서 분화되었으면 진화론이 맞다. 아인슈타인의 물질 소멸이 성립된다면 물질은 점차 줄어들 것이고 궁극적으로 조물주가 천지를 재창조하지 않으면 가시적인 우주는 없어지고 천지창조 이전의 상태로 되돌아가게 된다. 과학자들은 남녀가 한 몸이었다는 것과 아인슈타인이 틀렸다는 것을 규명하지 못하면 창조론과 창조자의 능력을 인정해야 하는 궁지에 몰리게 된다. 기독교는 창조론을 주장하며 말로는 진화를 거부하지만 실제로 자신들은 유대교에서 천주교로 다시 개신교로 진화해 왔으며 지금도 계속 분파가 발생하며 진화하고 있다. 창조 과학자들은 열역학 제2 법칙이 진화보다는 창조에 더 부합한다고 하고, 또 생물의 종과 종 사이의 진화를 보여주는 중간 단계의 화석이 발견되지 않고 있어서 '창조론이 맞다'고 역설할 뿐만 아니라 생명 발생의 확률까지 동원하여 수학적으로도 창조론이 옳다고 주장하지만 그들의 주장은 타당성이 부족하며 그 이유는 다음과 같다.

열역학 제2 법칙은 오히려 분화와 복잡화를 이루어서 엔트로

피(무질서도)를 증가시키는 진화에 더 부합하다. 창조는 무에서 유를 창조한 것이 아니라 무질서(흑암, 혼돈, 카오스)에서 질서의 세계로 만든 것이며 이것은 엔트로피의 감소이고 따라서 열역학 2법칙의 반대현상이다. 그리고 진화론자들이 주장하는 종과 종 사이의 진화는 잘못된 진화 이론이기 때문에 중간 단계의 화석이 없다고 창조론이 옳은 것이 아니다. 생물의 진화는 한 종에서 다른 종으로 진화하는 것이 아니고 애당초 한 종은 별도로 진화한다. 한 종에서 유사종이 분화는 되지만 일단 분화된 종이 다른 유사 종으로 진화되지는 않는다는 것이다. 예를 들면 물고기와 파충류가 먼 조상에서 분화되고, 다시 파충류는 다른 여러 종류의 파충류로 분화되고 물고기도 여러 물고기로 분화되었을 수는 있으나, 이미 분화된 물고기가 파충류로 진화하지는 않는다는 것이다. 그러므로 물고기와 파충류의 중간 상태의 화석은 존재할 필요가 없으며, 또한 원숭이와 사람의 중간 화석도 있을 필요가 없다. 원숭이와 사람이 같은 조상에서 분화되었을 수는 있으나 원숭이가 진화되어서 사람이 되지는 않았다는 것이다. 따라서 원숭이가 사람의 형제일 수는 있으나 조상이라는 생각은 잘못된 것이다. 또 창조론자들은 확률적으로 생명의 자연 발생 확률은 거의 0이라고 하는데 물질의 움직임이나 결합을 단순히 수학적인 확률로 계산해서는 안 된다. 예를 들면 음과 양의 두 물질이 같은 공간에 있을 때에 한 번의 움직임으로 서로 부딪힐 확률은 수리적으로는 0에 가깝지만 물리적으로는 1에 가깝다. 소립자 물질은 수리적으로 움직이는 것이 아니라 어떤 특성이 있어서 물리적으로 움직이므로 수학적인 확률로 논해서는 안 된다. 예를 들면 건강한 젊은 남녀를 무인도에 가두어두면 두 사람의 생식기가 충돌할 수학적인 확률은 거의 제로에 가깝지만 생물학적인 확률은 1에 가깝다고 보면 이해가 될 것이다.

성경에서는 여호와가 천지를 창조할 때에 이틀에 걸쳐 하늘과 바다 그리고 식물을 포함한 지구를 먼저 만들고 셋째 날에야 해와 달을 만들었다고 하는데, 옛날의 유대인들은 과학을 몰랐으므로 지구가 우주의 중심인 줄 알고 지구를 먼저 만들고 해와 달을 나중에 만들었다고 하였을 것이다. 만유인력이 없다면 성경의 창세기처럼 별들을 차례대로 만들어도 되지만 만유인력과 창조설이 양립하려면 모든 별들을 동시에 만들지 않으면 힘의 균형을 맞출 수 없어서 지금과 같은 우주나 행성운동은 불가능하다. 성경에서 하나님이 우주를 창조할 때에 6일이 걸렸다고 한 이유는, 우리나라에서는 5일 만에 장날이라 하여 맛있는 음식도 먹고 휴식을 취하는 것처럼, 일주일에 하루를 쉬는 이스라엘의 생활문화에 맞춘 것이다. 하루면 우주를 창조하고도 남을 전능한 하나님이 무려 6일간의 긴 시간을 소모하는 무능한 하나님이 된 이유는 성경 기록자가 여호와를 팔아서 자신의 지도력을 강화하는 것이 더 중요했기 때문이다. 그런데 하나님은 6일 동안 우주를 창조하시고 7일째에 하루를 쉬셨으면 충분한데 8일째부터 지금까지 수천 년을 좀 더 발전적인 일을 왜 안 하시고 계시며 그리고 천지창조 이전에 무한한 시간을 암흑 속에서 홀로 잘 지내시다가 갑자기 우주를 만드실 생각을 왜 하셨을까?

정치 세력이나 종교 세력뿐만 아니라 오늘날의 노동자 세력과 시민운동 세력까지 포함하여 힘을 가진 모든 단체의 공통점은 시간이 지나면서 모두 수구 세력이 된다는 것이다. 자기들의 이익을 위해서 새로운 세력의 태동을 싫어한다. 그래서 소위 개혁 세력이 불만을 품은 세력을 등에 업고 나타나는데, 이렇게 나타난 개혁 세력도 집권하면 서서히 수구 세력으로 변하는 것이다. 아무리 평등 사회를 만들었다 하더라도 시간이 가면 양극화는 일어나고 또다시 개혁을 요구하는 불만 세력이 생기게 마련이다. 그래서 또다시 그들을 업고 개혁 세력이 등장하여 역사의 수레바퀴는 순환하는 것이다. 이것이 바로 내가 주장하는 우주의 순환 원리인 결집(양극화)과 분산(평등화)의 반복에 따라 나타나는 사회현상이다. 조선시대의 불평등 사회가 일제를 거치면서 해체

(평준화)되었으나 이제 다시 경제, 교육 등 사회의 모든 분야에서 양극화 현상이 다시 나타나고 있으며, 대형마트와 골목슈퍼로 시장이 양극화 되듯이 교회도 대형교회와 군소교회로 분화되었다. 그런데 재미있는 것은 가난한 이웃교회를 배려하지 않고 대형화에 몰두하는 목사가 성도들에게는 이웃을 사랑해야 한다고 설교한다는 것이다. 그러나 이런 양극화가 심해지면 이것을 개혁하려는 세력이 일어나게 되고 사회는 혼란을 거치면서 새로운 평준화를 이룰 것인데 이를 사전에 예방하려면 기득권층들이 적극적인 재분배(나눔, 사랑)를 통하여 이웃을 돌봐야 한다.

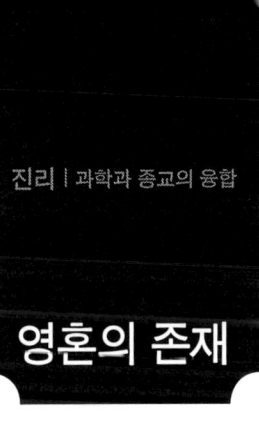

영혼의 존재

기독교인들은 성경이 진실이라고 믿는다. 나는 불완전한 사람이 만든 성경에 다소간의 오류가 있다 하더라도 하나님과 영혼의 존재가 확실하다면 성경에 있는 약간의 오류는 큰 문제가 아니라고 생각한다. 그런데 실질적으로 그들의 존재 여부에 대해서는 과학적인 실험을 통하여 명쾌하게 결론을 내리기 매우 어려우므로 간접적인 방법으로 존재 여부를 미루어 짐작해보는 수밖에 없다. 고도의 현대과학으로도 우리 신체의 어디에서도 영혼의 존재를 확인하기 어렵다는 것은 부존재의 가능성을 매우 높여주는 것이기는 하지만 좀 더 확실히 하기 위해서 영혼이 우리에게 어떻게 영향을 주는지를 알아봄으로써 그의 존재 여부를 추론하여 보기로 하자.

육신의 입장에서 보면 자신이 죽으면 모든 것이 끝이므로 하나님이 영혼을 심판하든지 말든지 걱정하지 않겠지만 영혼은 육신이 죽으면 육신의 행동에 대한 심판을 대신 받아야 되므로 영혼의 탄생과 능력 및 그 책임에 관하여 살펴보자.

인간의 생명이 태어날 때에 영혼이 언제 누구의 몸속으로 들어가야 할지를 결정하는 것은 참으로 어려운 문제다. 순간의 선택이 영원한 결과를 좌우할 수 있기 때문이다. 예를 들면 난자와 정자가 결합한 수정체가 자궁에 착상은 잘될지, 세포 분열은 잘될지, 유산은 안 될지, 이 사람이 나중에 예수를 잘 믿을지 아니면 그전에 죽을지 등을 미리 알지 못하고 수정이 되자마자 성급하게 들어갔다가 만약에 중도에 사고가 나서 낙태가 되면(실제로 그럴 확률은 대단히 높다) 기독교 교리에 따라서 영혼은 억울하게 지옥을 가야 하는데 확실한 것을 알지 못한 채로 어떻게 선뜻 인간의 육체 속으로 들어가겠는가? 또 하루에도 지구상에서 성인 남녀가 수억씩 성 교합을 하는데, 어느 쌍은 피임을 했는지, 어느 쌍은 배란기인지 아닌지, 어느 쌍은 불륜이어서 사정을 혹시 안 할 건지, 사정한다 해도 혹시 불임 환자는 아닌지, 심지어는 오늘 밤에 성폭행은 몇 건이나 있을지 모두 미리 알아야 영혼도 준비하고 대기할 터인데, 그런 것을 관리자가 있어서 미리 알고 영혼을 탄생시켜서 준비하고 기다리고 있게 하는지, 아니면 수정하는 순간 갑자기 어디에서 저절로 창조주의 도움도 없이 영혼이 태어나 인간의 몸속으로 들어가는지 매우 궁금하다. 그러나 이 많은 영혼이 인간의 몸속에 들어가는 시간과 나오는 시간과 장소를 누가 총체적으로 관리하든지 아니면 영혼이 독자적으로 판단하든지 간에 영혼은 단순히 인간이 태어나면 들어가고 인간이 죽으면 다시 나온 것 외에는 인간의 행동에 아무런 영향을 끼친 일도 없을 뿐만 아니라 자신이 인간을 태어나게 한 것도 죽게 한 것도 아니기 때문에 인간의 행위에 어떠한 책임을 져야 할 이유가 전혀 없다. 만약에 영혼이 인간의 생사와 행동에 영향을 끼칠 수 있는 능력이 있다면, 인간의 죄에 책임을 지고 지옥에 대신 가야 하는 영혼이 자신의 육체가 함부로 행동하게 가만히 놔둘 리도 없거니와, 그 인간이 하나님을 믿고 회개하고 천당 티켓이 확보될 때까지는 절대로 육신을 죽게 내버려 두지도 않을 것이다. 그리고 영혼이 스스로 분별력이 있다면 순간의 선택이 영원한 지옥으로 갈지도 모르기 때문에 어느 육체를 빌려서 태어날 것인지 신중하게 결정할 것이다. 무슨 말이냐하면, 불륜이나 성폭행 당한 여인의 몸에서 태어나는 것도 꺼림

칙하겠지만, 지옥 갈 것이 분명한 불교나 회교 국가에서 굳이 위험하게 태어날 필요가 없다는 것이다. 반기독교 국가에서 태어나면 지옥에 갈 확률이 99.99%일 터인데 뭐 하러 조금 참았다가 좋은 곳에서 태어나지 무리하게 반기독교 국가에서 태어날 것인가?

이와 같이 지옥에 갈 가능성이 큰 사람들이 무수히 태어나거나 육체가 맘대로 죄를 지으며 살아간다는 것으로 보아서 영혼은 미래를 예측할 능력이나 육체의 행위에 간섭할 권리도 없는 불쌍한 존재임에 틀림없다. 만약에 영혼이 누군가의 조종을 받고 있다면 그 배후 조종자나 영혼을 관리하는 자를 처벌하는 것이 옳으며 아무런 능력도 없는 불쌍한 영혼을 처벌하여 지옥에 보내는 것은 선한 행위가 아니다. 인간도 정신적인 무능력자나 불가항력적인 상황의 행위에 대해서는 처벌하지 않듯이 영혼도 자신의 영향력 범위 밖에 있는 육체의 행위에 대해 책임을 지고 대신 지옥에 가서는 안 된다. 그리고 '생명의 의미'에서 말했듯이 인간의 생명은 단독 생명체가 아니라 연합생명체이기 때문에 세포의 숫자만큼 영혼이 필요하게 되며, 육체가 죄를 지을 당시의 세포(생명)들은 이미 죽었기 때문에 각각의 세포에 해당하는 영혼이 개별적으로 심판을 받아야 하는 것이 옳다.

영혼은 인간(육체)의 행위에 영향을 줄 능력이나 권리도 없는 것이고, 그래서 나는 바이러스 하나만큼도 존재가치(영향력)가 없는 영혼의 존재 여부를 별로 궁금해하지도 않으며, 또 설혹 영혼이 존재한다고 해도 그런 불쌍한 영혼을 공의와 사랑의 하나님이 처벌하지 않을 것이며 또 처벌할 이유나 가치도 없다고 생각한다. 기독교의 창조론에 의하면 이 세상의 모든 것은 악마를 포함하여 존재할 만한 가치가 있어서 하나님이 창조하신 것이다. 하나님은 자기 혼자만 있으면 자기가 선하다는 것을 사람들이 인식하지 못할까봐서 악마를 창조하셔서 상대적으로 하나님이 선하다는 것을 돋보이게 하시는 치밀함을 보이셨다. 그런데 악마는 하나님을 선한 존재로 인식하게 만드는 매우 훌륭한 존재가치가 있다고 생각되는데 영혼의 존재가치는 그나마도 없다. 이것을 잘 생각해보면, 이 세상에 존재하는 것은 심지어 악마까지도 존재가치가 있는데, 영혼은 존재가치가 없으므로 존재가치가 없는 존재는 아마도 존재하지 않을 것이다.

기독교인들이 간증할 때에 흔히 자신의 영혼이 천당에 다녀왔다고 한다. 그런데 그들은 천사나 천당사람들이 하얀 세마포 옷을 입고 있다고 증언하지만 그것은 성경에서 얻은 정보가 잠재의식에 영향을 미쳐서 나타나는 환상이다. 과학적으로 볼 때, 천당은 영혼의 세계이므로 천사를 포함하여 천당에 있는 존재들은 물질인 옷을 입을 수 없으며 또 입을 필요도 없다. 성경적으로 보면 옷은 죄를 감추기 위해 입은 것인데 천당 사람들은 죄가 없어서 벗은 몸을 감추어야 할 이유가 없을 뿐만 아니라 천당은 춥거나 더운 곳이 아니므로 당연히 에덴동산처럼 누드촌(낙원)이어야 한다. 하늘나라를 보았다는 것은 모두 '신유와 방언'에서 설명한 것처럼 뇌 속에서 일어나는 환각 현상일 뿐이다. 실제로 영혼이 몸 밖으로 나가서 천당을 보고 왔다면 그것은 영혼이 없는 육체도 죽지 않는다는 것이 증명되었거나 아니면 그의 영혼이 천당에 가 있는 동안 육체가 죽었다가 살아난 것인데 그렇다면 예수의 부활은 대단한 기적이 아니라 흔히 있을 수 있는 간증거리의 하나에 불과하게 된다. 사실은 예수도 대부분의 간증하는 사람들이 경험한 것처럼 혼절하였다가 깨어난 것에 불과한데 의학지식이 부족한 옛날에 예수가 사망한 후에 부활한 것으로 오해한 것이다('부활의 진실' 참조). 하늘나라에 다녀왔다는 사람도 하나님의 누드를 본 사람이 없어서 아무도 하나님이 남성이라고 간증하지 못한다. 그런데 성경에는 아무런 근거 없이 하나님을 아버지라고 하는 것은 최초의 인간이 남자라고 한 것처럼 유대인들의 남성우월사상이 만들어낸 픽션일 뿐이다. 하나님이 존재한다고 하여도 하나님은 성 교합을 통하여 자식을 낳아야 할 일이나 소변을 봐야 할 일도 없으므로 성기를 가질 필요도 없고 따라서 남자도 여자도 아닌 중성일 수밖에 없다.

신약 성경에 보면 모세와 엘리야의 영혼이 예수와 함께 있는 장면도 있고 부자와 거지(나사로)가 죽은 다음에 하늘나라에서 서로 대화하는 이야기도 있는데 그것이 사실이라면 영혼의 모습을 보고 그것이 누구의 영혼인지를 식별할 수 있다는 것이고 그러려면 우선 영혼이 일정한 모양을 유지해야 식별이 가능한데 그것이 가능하겠는가? 세상의 물질도 부드러운 액체나 기체로 변하면 일정한 모양을 유지하지 못하는데 어떻게 물질도 아닌 영혼이 일정한 모양을 유지하여 외형으로 식별이 가능하며 더구나 성경 기록자가 모세와 엘리야를 한 번도 본 적이 없는데 어떻게 그들이 모세와 엘리야인지를 알아냈을까?

영혼이 자신의 존재나 정체성을 인간에게 인식시킬 수 있는 가능한 방법은 세 가지다. 첫째는 모습을 드러내는 것이고 둘째는 힘을 가하는 것이며 셋째는 의식을 전달하는 것이다. 그런데 이 세 가지가 모두 물리학적으로 불가능하다. 첫째, 모습을 드러내려면 빛의 반사라는 물질적인 작용이 없으면 형체를 드러낼 방법이 없고, 둘째, 상대에게 힘을 가하려면 힘을 작용하는 동안 반작용에 저항해야 할 관성이 존재해야 가능한데 비물질은 관성이 없으므로 힘을 상대에게 작용하면 반작용에 의하여 자신에게 무한대의 역가속도가 발생하므로 상대에 대한 힘의 작용이 불가능하다. 셋째, 의식을 전달하려면 음파나 뇌파와 같은 파동으로 의식을 송수신하거나 아니면 직접 신경계통을 자극하여 전달해야 하는데 비물질인 영혼이 그런 파동이나 자극을 발생시키고 수신할 방법이 없다. 사람의 의식대로 움직이는 로봇이나 인조 안구처럼 생명(물질)과 기계(물질) 사이에는 신호(의식) 전달이 가능하나 생명(물질)과 영혼(비물질) 간에는 신호를 전달할 수 있는 메커니즘이 없다. 그리고 지금까지 죽은 인간의 수가 수천억에 이를 터인데 그들이 설혹 각자의 독특한 모양을 가지고 있다고 하더라도 외형적인 특징으로만 그 많은 영혼을 관리할 수는 없을 터이니 그들을 구분할 어떤 인식기호를 그들에게 표시 내지는 부착할 방법과 또 각자에 대한 모든 자료를 기록할 장부가 있어야 관리가 가능할 것이다. 그런데 어떤 기술로 물질의 개입이 없이 그런 것들이 가능할 수 있을까?

기독교에서는 예수보다 더 선하고 예수보다 사랑을 더 많이 베풀지라도 예수를 믿지 않으면 죄가 된다고 하는데, 기독교가 전파되지 않은 나라에서 태어난 영혼에게 이 죄를 적용한다면 생명은 반기독교 국가에서 태어날 필요가 없다. 성경에 있는 구원의 사례들(소돔과 고모라, 노아의 방주)을 보면 비록 여호와를 믿어도 구원받을 확률이 거의 없다. 더구나 이 세상에서 영화를 누려봐야 하늘나라의 티끌보다 못한 것일 뿐만 아니라 일반인은 그런 영화도 누리지 못하면서 뭐 하러 굳이 이 세상에 태어나서 괜히 영원한 불구덩이로 가는 길을 택한단 말인가? 현재의 기독교 시스템은 인류를 구원을 하기 위한 선의의 제도가 아니라, 처벌하기 위한 악의의 제도에 불과하므로 모든 영혼은 파업하여 탄생을 거부해야 한다. 지옥에 갈 것이 분명한데 억지로 태어나게 한 후에 굳이 인간의 대부분을 지옥에 보내는 하나님의 우주 섭리의 방식은 영혼들의 집단 농성과 파업이 있기 전에 시급히 개선돼야 한다.

앞에서 기독교적인 관점에서 영혼을 살펴보았다. 이번엔 불교적인 관점에서 살펴보자. 불교에서는 영혼이 새로 탄생하는 것이 아니라 이미 존재하며 윤회의 바퀴를 돌면서 업적에 따라서 진급 또는 강등도 한다. 수학적으로 살펴보면 영혼이 윤회하므로 생명체 숫자의 총합은 일정하지만 해탈한 영혼은 윤회를 벗어나므로 모든 생명체가 착하게 살고 깨달음에 이르면 먼 훗날 지구상의 생명체는 점차 줄어들어서 없어져야 한다. 불교 이론에 의하면 축생이 진급하여 인간이 된다고 한다. 그렇다면 20세기에 와서 지구의 인구가 갑작스럽게 수십억으로 늘어난 이유는 수억 년 동안 균형을 유지하던 축생계가 100여 년 전부터 갑자기 착해져서 수십억의 인간으로 환생했다는 것인데 그렇다면 그만큼 축생의 숫자는 줄어들어야 한다. 그런데 오히려 대규모 목장 등이 생기면서 축생의 숫자도 인간과 함께 늘어났으니 이를 어떻게 설명할 수 있을까? 20세기에 와서 축생과 인간이 갑자기 단체로 개과천선하여 모두 인간으로 환생하였을까? 아니면 식량증산과 의료기술의 발전으로 인구가 늘어났을까? 그것도 아니면 창조주께서 갑자기 지구에 인간이 엄청 부족하다고 생각해서 20세기에 와서야 대량으로 생산하고 수명도 늘려주었을까? 그럴 리가 없겠지만 하나님께서 인간을 많이 생산하여 지구환경을 파괴하도록 하여 성경대로 종말예언을 실현하려고 의도적으로 그랬을까?

기독교에서는 영혼이 인간에게만 있다고 주장하지만 성경의 전도서 3:21에 "인생의 혼은 위로 짐승의 혼은 아래 곧 땅으로 내려가는 줄을 누가 알랴"에서 보듯이 일반 생명체도 모두 영혼(spirit)이 있는 것으로 나온다. 만약에 짐승에게는 영혼이 없다면 짐승은 사후 심판의 대상이 되지 않고, 따라서 지옥에 갈 염려도 없기 때문에 인간처럼 여호와를 무서워하며 그의 명령을 들어야 할 이유가 없다. 그런데 영혼의 심판을 받는 인간도 여호와의 말을 잘 안 듣는데 여호와는 어떻게 짐승들을 노아의 방주에 순순히 들어가도록 하였을까? 만약에 여호와께서 동물들에게 영혼의 심판은 비록 없을지라도 방주에 안 들어가면 육신이 모두 죽게 된다고 알려주었다면, 겁을 먹은 모든 짐승들이 단체로 몰려가서 방주가 아수라장이 되었을 것인데, 그러지 않은 것을 보면 아마도 짐승들 중에서 한 쌍에게만 몰래 일러주었을 것이고, 나머지 동물들에게는 알려주지도 않고 모두 몰살시켰을 것이다. 인간을 징계하기 위하여 죄 없는 그 수많은 동물들과 식물까지 포함한 자신의 창조물들을 모두 죽게 한 것은 하나님의 사랑과 긍휼을 의심하게 만들 뿐만 아니라 스스로 자신이 이룩한 창조의 흠결을 인정하고 지구를 재건축한 것이라고 봐야 한다. 그런데 비인간적인(?) 동물들은 자기들만 살려고 방주로 몰래 들어갔다고 하더라도 인간인 노아가 처가집 식구와 세 며느리의 친정 식구들 중에서 한 명도 방주에 데려가지 않았고 또 비가 계속 오면 마을 사람들도 살고 싶어서 모두 방주로 몰려왔을 터인데 방주의 문을 열어서 구해주었다는 기록이 없다. 이야기가 나온 김에 방주의 문제점을 간단히 살펴보자. 방주를 그렇게 크게 목재로 만들려면 오늘날의 발달된 기술로도 어렵지만 동물원보다 작은 배 안에 동물 한 종류만 해도 수백 가지의 유사 종이 있을 뿐만 아니라(기독교는 진화론을 부정하기 때문에 유사 종도 모두 방주에 들어가야 한다) 지구상의 모든 동물(곤충과 미생물도 포함)을 더구나 유대지역에서 살지도 않는 펭귄, 북극곰, 악어, 하마, 기린, 코끼리까지 넣는다는 것은 불가능하다는 것, 대기상의 모든 수분을 모아도 천하의 높은 산을 전부 덮을 만큼의 빗방울이 안 된다는 것, 겨우 8명에 불과한 노아 가족의 힘으로는 그 많은 동물의 사료를 구할 수도 없지만 설혹 구해도 짐승들 간의 살상을 피하기 위해 분리해서 관리해야 하는데 그것이 불가능하다는 것 등이다.

과학자들의 말처럼 에너지 양자가 독립된 개체로서 존재하는 비물질이 사실이라면 영혼도 에너지 양자의 덩어리라고 추정할 수 있다. 그렇지만 영혼은 양자처럼 물질적인 반응만 하는 단순한 에너지 덩어리가 아니라 인식, 분석, 표현 등의 부가기능을 가져야 하는데 신경조직이 없는 비물질이 그런 기능을 가질 방법이 없으며 질량이 없는 에너지의 덩어리는 관성에 의한 저항력이 없으므로 힘과 간섭이 있는 우주 안에서는 어디에도 머무를 방법도 없고 또 천당이나 지옥과 같은 제한된 공간에 가두어놓을 방법도 없다는 것을 고려하여 영혼의 존재에 대한 판단은 여러분이 스스로 내리기 바란다.

2편

해탈

진리와 자유의 동거

성인과 득도

구도자가 찾는 도(道)가 '사람이 가야 할 바른 길'을 의미한다면 그것을 찾을 수 있겠지만, 계룡산이나 지리산에서 수행하면서 흔히 찾으려 하는 신비주의적인 도술은 이 세상에 없다. 그리고 우주를 관통하는 근본적인 진리를 찾는다면 그것은 전통적인 방법인 명상만으로는 어림도 없다. 과학적인 지식을 바탕으로 합리적인 성찰을 해야 한다.

인류사에서 가장 위대한 3대 성인으로 추앙받는 석가, 공자, 예수 그리고 도교의 창시자인 노자가 바른 생활의 길잡이로서의 사람의 도는 나름대로 제시하였으나 과연 진리라고 일컫는 하늘의 도에 이르렀는지를 한번 살펴보자. 나는 그들의 도를 심층 있게 공부하지 아니하였고 따라서 그들의 도가 무엇인지는 정확히 모른다. 다만 그들의 제자들이 주장하는 것처럼 과연 그들의 스승들이 도에 이르렀는지가 궁금하여 나름대로 분석하고 판단해 보는 것이다.

예수나 석가가 신이나 신적인 반열의 대우를 받고 있지만 흔히 말하는 도사들이 가지고 싶어 하는 유체 이탈의 도술은 없었던 모양이다. 예수가 땅 끝까지 자신의 말을 전하라고 한 것은 땅 끝이 세상의 끝이고 바다 건너 또 다른 세상이 있다는 것을 몰랐다는 뜻이다. 그것을 알았으면 "바다 건너 내 말을 전하라" 이렇게 말하였을 것이다, 지구가 둥글다는 것과 3차원적인 곡면개념을 알았다면 2차원적인 평면개념에서만 사용할 수 있는 땅 끝이라는 단어를 사용하지 않았을 것이다. 3차원의 지구 곡면에서는 내가 서 있는 곳이 바로 땅의 시작이며 또한 땅의 끝이기 때문이다. 지구를 한 바퀴 돌아오면 내가 서 있던 곳이 땅 끝임을 저절로 알게 된다. 예수가 유체 이탈의 기술이 있었다면 지구가 둥글다는 것을 몰랐을 리 만무하고, 더구나 기독교의 교리에 의하면 삼위일체로서 자신이 지구를 직접 창조하였다는데 자기가 창조한 지구가 둥글다는 것을 몰랐다는 것은 절대적인 모순이다.

성경을 보면 여러 곳에서 하늘이 땅보다 높고, 사람 사이에도 높고 낮음이 있음을 말하는데, 우주나 절대자의 입장에서 바라보면 모든 것이 형태가 다르고 위치가 다르며 먼저 된 것과 나중 된 것의 차이는 있으나 이들은 서로 역할만 다를 뿐이며 시간이 지나면 그 역할도 윤회하므로 높고 낮음이란 없는 것이다. 높고 낮음은 전능하고 선량한 절대자의 생각이 아니라 무지하고 이기적인 인간들이 만들어낸 편 가르기일 뿐이다.

예수는 평민으로 태어났지만 동방박사와 제자들은 그를 만왕의 왕으로 추대했다. 반대로 석가는 왕자의 신분을 스스로 버리고 평민이 되어서 윤회설을 주장하며 신분의 높고 낮음이 의미 없음을 설파하였으나 석가도 지구의 물리적인 윤회(공전과 자전)는 잘 몰랐던 모양이다. 광대한 우주를 삼천 대천 세계라고 표현하면서 태양계의 구조와 운행 원리에 대해서는 구체적인 설명을 하지 못한 것을 보면 그분도 예수처럼 지구가 태양을 돌고 있다는 소위 지동설을 몰랐던 것이다. 색즉시공, 공즉시색이라는 말로 자연의 물질적인 윤회를 그럴듯하게 설명한 것 같아 보이나 그것은 사람의 인식에 근거한 가시적인 물질세계의 유한성과 무상함을 설명하여 인간의 탐욕을 없애려고 한 말일 뿐이며 천체의 생명적인 윤회(별의 탄생과 죽음)를 설명하려고 의도한 것은 아니다. 만약에 그가 지구의 소멸을 알았다면 해탈이라는 쓸데 없는 개념을 만들어서 굳이 해탈하려고 노력하지도 않았을 것이다. 왜냐하면 지구가 소멸할 때에 모든 생명은 윤회에서 벗어나 자동으로 해탈하기 때문이다.

사람이 죽기 전에 혹은 인생을 정리하면서 하는 말은 가장 정직할 수 있다. 예수가 십자가에 매달려서 "나의 하나님, 어찌하여 나를 버리셨나이까?"라는 말을 마지막으로 했다고 한다. 이 말을 뒤집어보면, 예수는 자신의 아버지인 하나님의 뜻을 잘 모르고 있었다는 것이며, 그것보다 더 중요한 것은 예수와 하나님은 의사소통이 잘 안 되는 관계였다는 것이다. 사소한 일도 아니고 생사에 관한 일에 의사소통이 잘 안 됐다면 그렇게 친한 사이도 아니었던 모양이다. 기독교에서는 모든 것이 예정되어 있고 따라서 예수의 십자가도 예정되어 있었다고 말하지만, 예수가 십자가 사건에서 한 말을 보면 그것은 예정이 아니라 사고였음이 분명하게 드러난다. 예수가 십자가의 매달림을 이리저리 피해서 다니다가 더 이상 피할 수 없음을 알고 겟세마네 동산에서 피와 땀이 흐르는 인간적인 고뇌의 심야기도를 하면서 할 수만 있다면 이 잔을 피하게 해달라고 아버지에게 간구한 것을 보면 십자가 사건은 적어도 합의하에 이루어진 계획이 아님이 극명하게 나타난다. 인류의 죄를 사해 줄 목적으로 십자가에 매달리는 그 거룩한 일을, 그것도 3일만 참으면 부활할 것인데 기꺼이 맞이하지 않고 최후까지 십자가에서 하나님을 원망하는 말을 한다는 것은 옳지 않으며, 또 예수가 하나님을 원망한다는 것은 삼위일체가 아닐 뿐만 아니라 위기가 닥치므로 예수가 하나님을 불신했다는 것을 보여주는 것이다. 예수의 십자가 사건이 예정된 것이 아닌 것처럼 부활도 역시 예정되어 있지 않았으며 부활 자체도 없었음을 '부활의 진실'에서 상세히 언급하였으니 참고하기 바란다. 예수가 신(하나님)이라면 영원한 존재이므로 탄생도 죽음도 그리고 부활도 있을 수 없다. 더구나 신이 인간의 손에 붙들려 죽은 척할 수는 있으나 죽임을 당한 다는 것 자체가 성립이 안되며 따라서 십자가에 매달려 죽었다가 부활했다는 것은 오히려 예수의 신성을 모독하는 표현이다. 만약 예수가 사람이라면 기절하였다가 다행히 죽지 않고 깨어난 것에 불과하므로 예수가 신이든지 인간이든지 간에 십자가에서 죽지 않았다는 것은 확실하다. 예수가 신이라면 죽었을 리가 없고 인간이면 안 죽었으니 깨어났을 것이 아닌가? 더구나 기독교 교리대로라면 예수가 곧 하나님이고 따라서 하나님이 죽었는데 하나님보다 더 권능이 있는 자가 아니면 누가 감히 죽은 하나님을 다시 살려낼 수 있겠는가? 예수가 십자가에서 마지막으로 한 말은 유대민족이 가야 할 바른 길을 제시하려고 노력했던 자신이 옳은지에 대한 의심을 표현하는 말이다. 하느님에 대한 믿음을 의심한 것일 뿐만 아니라 자기 자신이 과연 메시아가 맞는지에 대한 의심이다.

　석가는 생전에 많은 설법을 했지만 마지막에 "나는 아무 말도 하지 않았노라"는 말을 했다. 그것은 석가가 자신이 한 말에 오류가 있을 수 있음을 인식하였으나 그렇다고 수십 년간 주장해 오던 말을 이제 와서 부정하기 어려웠을 것이다. 그래서 석가는 제자들에게 자신의 말에 너무 매달리지 말고 더욱 정진하라고 그 말을 한 것이며 사실은 자신의 실수를 돌려서 말한 것이다. 그런데 제자들은 이 말을 더욱 미화하여 도는 말로 전달하는 것이 아니라 마음으로 전달한다는 뜻이라며 이심전심과 불립문자라는 매우 고상한 말로 석가를 오히려 더 높이 받들었다. 이심전심이라는 단어를 생성하게 한 가섭이 했다는 염화시중의 미소를 한번 생각해보자. 심성과 의지는 좋으나 수련과 깨달음에서 좀 뒤처지는 가섭이라는 제자에게 용기를 북돋우어 주려고 석가가 가섭을 따로 불러서 연못가에서 연꽃을 보면서, 저 더럽고 보잘것없는 연못이 아름다운 연꽃을 피워내듯이 너도 열심히 노력하면 찬란한 연꽃을 피워낼 것이니 열심히 수련하라고 격려하고, 며칠 후에 석가가 연꽃을 들고 연단에 나타났는데 가섭은 석가가 무슨 말을 할지 알고 빙그레 웃었을 것이고 석가는 "내 뜻을 가섭이 안다"고 말하였을 것이다. 매우 평범한 사건을 제자들은 엄청난 의미로 해석하고 이심전심이라는 말로 표현했을 것이다. 대부분의 종교는 교주의 제자들이 자신들의 권위와 밥벌이를 위해서 그들의 선생을 신격화시키면서부터 시작되었다.

석가와 유사한 경우의 예를 예수에게서도 하나 들어보자. 성경에 보면 예수가 호수의 풍랑을 잠재우고 또 물위를 걷는 기적이 나온다. 풍랑을 잠재운 기적보다 더 의미 있게 우리가 인식해야 할 것은 풍랑이 이는데도 불구하고 호수를 건너야 하는 급한 사정이 예수에게 있었다는 것이다. 성경을 보면 세례요한이 헤롯왕에게 잡혀서 죽었다는 보고를 제자들로부터 받은 예수가 아무런 말도 없이 배를 타고 한적한 곳(빈 들, 갈릴리 호수 건너 벳새다 지방)으로 갔다고 하였는데, 평소에 말(설교)이 많던 예수가 말이 없었다는 것은 굉장한 충격을 받았다는 것이고, 호수를 건너갔다는 것은 자기도 붙잡혀서 죽을 것을 염려하여 도망간 것임을 충분히 짐작할 수 있다. 이 기록에서 예수가 도망갔다는 것보다 더욱 중요한 한 가지는, 예수가 자신에게 세례를 준 사람이며 여자가 난 자 중에서 최고라고 칭찬한 세례요한이 죽은 것을 제자들로부터 보고를 받기 전까지는 그 사실을 몰랐다는 것이며 이것은 예수에게는 신적인 능력이 전혀 없었음을 보여주는 매우 중요한 증거다. 세례요한이 죽었으므로 예수는 호수 건너편으로 피신하여 머물면서 자신의 안전을 점검하기 위하여 제자들을 먼저 갈릴리로 보내고 자기는 몰래 혼자 뒤따라 와서 주변 동정을 살피다가 별탈이 없다고 판단되므로 제자들 앞에 나타났는데 제자들은 예수가 그날 호수를 건너온 것으로 오해하고 예수에게 그날은 건너오는 배가 없었는데 어떻게 왔느냐고 물었을 것이고, 예수는 며칠 전에 몰래 온 것을 감추고 농담처럼 물 위로 걸어서 왔다고 말하였을 것이다. 그때는 제자들도 농담으로 생각했으나 예수가 부활한 기적(?)을 본 후에 그것이 진짜였을 거라고 믿고 마치 자기들이 직접 예수가 물 위를 걷는 것을 본 것처럼 이야기를 꾸민 것이며, 한 술 더 떠서 자기들과 함께 호수를 건너갈 때도 예수가 풍랑을 잠재웠다고 이야기를 추가로 만들었을 것으로 보인다. 도망갈 때는 급해서 풍랑이 이는데도 제자들과 같이 배를 타고 가고 돌아올 때는 자신의 안전을 위해 혼자서 따로 왔다는 것은 예수의 인간적인 모습을 잘 나타내주는 것이다.

예수의 권위를 이어받은 계보가 교황이듯이 석가의 법통을 이어받은 사람들을 조사 혹은 선사라고 한다. 제자들이 선사에게

도가 뭐냐고 물었을 때에 그들이 하는 말이 각양각색인데, 예를 들면 '똥 막대기' 혹은 '앞마당의 오동나무'라는 등 도통 뜻을 알 수 없는 소위 '선문답'을 한다. 제자들은 그것이 스승님이 딱히 할 말이 없어서 얼렁뚱땅 한 말인데 무슨 대단한 뜻이 있어서 한 말인 줄 안다. 또 제자들에게 공안이라는 숙제를 주고 시험을 보는데, 제자가 상식적인 행동을 하면 시험에서 떨어지고 해괴망측한 짓을 하면 합격한다. 내가 보기에는 해괴망측한 행동을 합격시켜주는 이유는 이렇다.

제자들에게 도가 뭔지 말해주어야 하는데 명쾌하게 해줄 말이 없다. 그래서 자기도 답을 모르는 숙제를 제자들에게 내주는데, 그중에서 영리한 제자가 고민 고민하다가 선생님도 답을 잘 모른다는 것을 깨닫는다. 그래서 선생님의 약점을 잡고 "당신도 모르면서 뭘 아는 척하느냐?" 하고 해괴한 행동을 해 보이면 선생은 제자의 입을 막으려고 "너도 도를 통했구나!" 하면서 합격증을 내준다. 이것은 같은 선수들끼리 서로 밥줄 끊어지지 않도록 도가 없다는 것을 감추고 잘살아보자는 암묵적인 담합의 행위(이심전심)에 불과하다. 어떻게 보면 분명한 도가 없다는 것을 깨달았다는 것은 그 당시로서는 인간이 갈 수 있는 최고의 경지에 이르렀음을 말하고, 이것이 일종의 도를 깨달은 것이라고 말할 수도 있다. 선생이 진정으로 도를 얻은 자이면, 제자의 해괴망측한 행위가 무슨 뜻인지 의아해하는 나머지 제자들에게 그것이 무엇을 의미하는지를 설명해주어야 할 뿐만 아니라 수석 제자에게는 도를 전해주면서 굳이 죽을 때까지 나머지 제자들에게는 도를 감추고 죽을 이유가 없다. 도가 없다는 것을 제자들이 알면 당장 밥줄이 끊어지기 때문에 끝까지 있는 척하다가 그냥 죽은 것이다. 나머지 제자들은 그런 것을 모르고 수석제자가 이심전심으로 도를 깨우쳤다고 그를 부러워했던 것일 뿐이다. 수십 년 도를 닦은 유명 선사의 입장에서 그냥 "열심히 사는 것이 도"라고 말하기엔 너무 약해 보이고, 그렇다고 그럴듯한 말은 없고 참으로 고민이 아닐 수 없었을 것이다.

공자도 "아침에 도를 얻으면 저녁에 죽어도 좋다"고 말하였는데 이는 공자가 도를 얻지 못했음을 자백한 것이다. 어떤 것을 가지고 있는 사람과 가지고 있지 않은 사람은 말하는 법이 다르다. 가지고 있는 사람은 직설법을 쓰고, 그렇지 않은 사람은 가지고 싶어 하는 욕망을 가정법으로 쓴다. 예를 들면, 돈이 많은 부자가 "돈을 실컷 써 봤으니 죽어도 한이 없다"라고 말한다면 가난한 사람은 "돈을 실컷 써 보았으면 죽어도 한이 없겠다"라고 말하게 된다. 없는 사람은 주문장 앞에 조건 절을 붙인다. 공자가 '도를 얻으면' 하고 조건 절을 붙였으니, 그것을 가지고 있지 않다는 것을 스스로 밝힌 것이다.

위와 같이 세계 3대 성인이 스스로 도를 얻지 못하였다고 자백하였는데 유독 도를 얻은 것처럼 말한 사람이 있다. 그가 바로 도교의 창시자인 노자인데 과연 그러하였는지 한번 살펴보자. 나는 수천 년 전의 사람이 알아봐야 얼마나 알았겠느냐는 생각으로 『도덕경』에 대해서는 별로 관심이 없었으나 어느 유명한 철학 강사가 TV에 나와서 노자가 『도덕경』의 첫 글에 제목을 '명'이라 붙여놓고 기술해놓은 알쏭달쏭한 글을 엉터리로 해석하는 것을 보고 다른 학자들은 어떻게 해석하였는지 자료를 찾아보았더니 대부분의 해석자들이 글자 해석에 그쳤을 뿐만 아니라 좀 깊이 해석한 사람은 '무명'과 '묘'를 진리라 하고 '유명'과 '요'를 그 진리의 작용, 즉 진리의 외적 나타남으로 대비해서 해석하기도 하고, 또 어떤 이는 도의 본질이 아니라 도를 전하는 언어의 불완전성을 이야기한 것이라고도 설명해놓았다. 그러나 그런 해석들이 "도를 도라고 하면 이미 도가 아니다"라는 TV 강사의 도에 대한 신비주의적인 해석보다는 상당히 진일보한 것이긴 하나 아직도 좀 부족하여 여기에 나의 견해를 적어본다.

성경을 비롯해서 옛글(고전)이나 옛일(역사)을 해석할 때는 그 시대의 상황과 문화 및 환경을 고려할 뿐만 아니라 당시의 지적인 수준으로 그리고 아직 결과를 알지 못하고 있던 과거 상태의 관점에서 해석해야 하는데, 대부분 현재의 더 높은 지적인 수준과 이미 결론이 난 혹은 결과를 알고 난 연후의 시각으로 과거의 일을 해석하면 옳은 해석을 할 수 없다. 이런 해설들을 볼 때, 글쓴이는 별 뜻 없이 한 말에 대해 해석하는 사람이 자신의 학식을 뽐내려고 현대화된 지식으로 엄청난 의미를 부여하는 경우를 보게 되는데, 그러다 보면 억지 해석을 만들어내게 된다. 도덕경의 첫 페이지는 오늘날의 책의 서문이나 논문의 서론과 같은 것으로서, 이 책을 편찬할 때는 춘추전국시대의 수많은 사상가들이 자기의 도가 으뜸이라고 주장하던 때였는데, 노자의 첫 글은 공자를 비롯한 제자백가의 도를 은연중 비판하면서 자기의 우월성을 나타내려고 한 말이며, 자기가 남들보다 한 수 위에 있지만 그래도 우주의 근원은 우현(암흑)이라서 한 수 위인 자기도 알기 힘들다며, 근원의 불가지성을 이야기한 것에 불과하다. 글의 말미에서 사물의 근원을 '우현'이라 말하였는데, 이를 모든 해설가들이 글자 그대로 단순히 현묘하다고 해설하였다. 그런 뜻이라면, 노자가 언어로 표현하기는 어렵지만 근원이 뭔지는 알고 있었다는 뜻이 된다. 그러나 여기서 '현'의 원래 뜻은 검다는 것이며, 검은 것은 어두움을 말하고, 어두우면 보이지 않음을 말하고, 따라서 '현'은 정체를 알 수 없다는 뜻이다. 따라서 『도덕경』의 첫 글은 근원(뿌리)의 불가지성(우현)과 그로부터 나오는 현상(줄기)의 가변성(비상도)을 말한 것일 뿐 학자들의 주장처럼 도의 신비주의적 불확정성('도가도 비상도'라는 문구를 '도를 도라고 하면 이미 도가 아니다'라는 해석)을 말하는 것이 아니다. 노자가 『도덕경』을 자발적으로 쓴 것이 아니라 누군가의 강요로 썼다고 전해 오고 있으며, 그것이 사실이면 노자도 우주의 원리를 밝히는 진리로서의 도에 대해서는 분명하게 알지 못하지만 처세법(삶의 길잡이)으로서의 도에 대해서 나름대로 터득한 바를 기술했다고 봐야 한다. 정말로 우주의 진리를 깨우쳤으면 후세를 위해서 어찌 스스로 저술하여 남겨두려 하지 않고 남의 강요로 글을 남겨두었겠는가?

앞에서 석가, 공자, 예수가 도에 이르지 못했음을 간접적으로 시인한 것처럼, 노자도 역시 "알 수 없다"고 솔직하게 말하지 못하고, 사물의 근원은 검다고 함으로서 알 수 없음을 돌려서 고백한 것인데, 후학들이 대단한 의미를 부여하려고 무리하게 사물의 근원은 현묘하다고 번역한 것이다. 이렇게 해석하는 이유는 학자들이 순수한 백지상태에서 글을 해석하는 것이 아니라, 노자가 도(우주의 원리)를 득하였다는 전제하에서 해석을 하기 때문이다. 노자가 하늘의 도(진리, 근원, 뿌리)는 우현(암흑)이라 정체를 알 수 없으나 그로부터 나오는 사람의 도(규범, 현상, 줄기)는 환경에 따라서 변한다는 것을 '비상도'라는 말로 표현하였다. 수많은 해설 중에서 첫 페이지에 대한 해석이 내 마음에 드는 것을 보지 못했다. 그래서 내가 여기에 나의 주관으로 다시 해석하여 본다.

『도덕경』의 바른 해석을 위해서 지은이가 어떤 마음으로 글을 썼는지를 먼저 이해해야 한다. 전체적인 흐름을 보면 두 개의 이질적인 요소를 계속 대비해서 서술하고 있다. 그렇다면 의도하는 바를 두 가지로 예상할 수 있다. 첫째는 관점에 따라서 다르게 보이는 도의 이중적인 모습을 나타내려고 하였을 가능성이 있고, 둘째는 대비되는 두 개 중에서 하나는 옳고 다른 하나는 틀렸음을 말하려 한 것임을 예상할 수 있다. 그런데 노자는 두 개의 대비(요와 묘) 중에서 마지막에 하나(묘)만 언급함으로써 이중적인 현상보다는 어느 것이 옳은 것인가를 나타내고자 하였다. 유명인의 글을 해석할 때에 우리가 그를 너무 과대평가하는 경향이 있는데, 그러면 그의 글을 정확하게 해석하지 못할 수 있다. 과거의 유명 인사들은 실제보다 부풀려진 경우가 많다. 유명

인사의 제자들이 스승을 신성화하여 자신들의 권위를 유지하려한 때문이다. 그리고 노자가 도에 대해서 말하면서 첫 글의 제목을 '도'라고 하지 않고 '명'이라고 한 것을 먼저 이해해야 한다. 노자의 글에서 '명'이라는 것은, 도와 덕 혹은 선과 악 같은 어떤 관념이나 사물에 붙이는 새로운 이름이나 그 행위를 의미하는 것이며, 따라서 '명'이라는 글 제목은 노자가 도를 규명하기 위한 철학적 사유의 수단으로서 사용되는 용어의 생성과 의미를 먼저 논하고, 인간에 의해서 생성된 용어에 너무 붙들리면 사물의 본질을 볼 수 없음을 말하려 한 것이다. 지금까지의 해석은 모두 단순한 학자들의 해석이라서 한문 풀이에 불과하였으나, 나는 시대 상황과 도의 성질(불가지성)에 주안을 두고 해석한 것이어서, 나의 해석은 기존의 해석과 상당한 차이가 있을 것이다. 그러나 해석을 어떻게 하든지 간에, 이러한 것들은 모두가 과학을 모르던 옛날 사람들의 관념적인 말의 유희에 불과할 뿐 중요한 의미를 부여할 필요가 없다. 앞에서 말한 여러 가지를 고려하여 『도덕경』의 첫 글에 대한 나의 해석은 다음과 같으며 기존의 해석과는 상당한 차이가 있을 것이다.

도가도 비상도, 명가명 비상명(道可道 非常道 , 名可名 非常名)

■직역: 지금은 도라고 할지라도 그것이 불변의 도는 아니며, 이름(용어)도 또한 그러하다.

■의역: 지금 도라고 알고 행하고 있는 것도 시간과 상황이 바뀌면 아무도 그 도를 따르지 않을 수 있으며, 현재 사용하고 있는 이름(용어)도 글자는 그대로일지라도 그 뜻이 바뀔 수 있다.

■해설: 사람이 인식하고 있는 모든 것(현상)은 절대적인 것은 없으며 사물이나 관념이 끊임없이 변하고 있다는 것을 말한다.

무명 천지지시, 유명 만물지모(無名 天地之始, 有名 萬物之母)

■직역: 태초에는 이름이 없었으나 이름을 가짐으로써 모든 것이 태어난다.

■의역: 태초(천지지시)에는 모든 것이 이름이 없어서(무명) 그 존재가 인식되지 못하다가, 이름을 얻음으로(유명: 인식기호를 정하는 것) 그 존재가 인식되고 그때야 비로소 사물이 태어난 것과 같다(만물지모).

■해설: 유명 만물지모라는 말은, 사람들이 이름을 붙임으로써 비로소 존재가 인식되기 시작하고 드디어 태어난 것과 같으니, 이름이 바로 만물의 어머니(만물지모)라는 뜻이다. 예를 들면 도

와 덕 혹은 선과 악이라는 단어(이름)가 생성되면서 그들도 태어났다는 것이다. 이 문장은 이름(용어)의 생성과 그 이름이 나타내는 대상의 존재에 대한 관계를 설명하는 글인데 이름이 있다고 해서 모두 그 대상이 실제로 꼭 존재한다고 볼 수는 없다는 것을 암시한다.

고 상무욕이관묘, 상유욕이관요(故 常無欲以觀妙, 常有欲以觀徼)

■직역: 그러므로 욕심이 없을 때는 묘(본질)가 보이고, 욕심이 있을 때는 요(현상)만 보게 된다.

■의역: 욕심이 없는 마음(청정심, 객관)으로 사물을 바라볼 때는 참모습인 묘(본질)를 보게 되고 욕심(공명심, 주관)으로 바라볼 때에는 겉모습인 요(현상)만 보게 된다.

■해설: 도를 닦는 수행자의 바른 자세를 설명하는 글이다. 어떤 사람을 알려고 할 때에 밖으로 나타나는 집안이나 학벌 등 요(외형, 현상)만 알고 내적요소인 성품과 같은 묘(내면, 본질)를 모르면 그를 진정으로 안다고 말할 수 없는 것과 같다. 만물은 묘(본질)와 요(현상)의 합체로 구성되어 있으며 이 둘을 모두 알아야 제대로 아는 것이며 만물의 현상만 보고 판단하는 제자백

가들이 제각기 자기들의 사상이 바른 도라고 주장하는 것을 은근히 비난하는 내용이다.

차양자 동출이이명 동위지현 현지우현 중묘지문(此兩者 同出而異名 同謂之玄 玄之又玄 衆妙之門)

■직역: 이 둘(묘와 요)은 이름은 다르지만 한 곳에서 나오며, 그 나오는 한 곳은 암흑이지만 그로부터 모든 묘가 나온다.

■의역: 앞에서 말한 두 가지, 즉 묘(무명상태부터 내재하는 본질)와 요(유명상태 후에 인식되는 현상)는 하나의 근원으로부터 나온 것이며, 그 근원(진리, 우주의 도)의 실체를 알 수 없지만(우현) 모든 묘(중묘)가 거기서 나온다.

■해설: 우현이라는 말은 암흑, 창세 이전의 상태, 즉 무극과 같아서 감히 인간의 능력으로 정체를 알 수 없다는 뜻이다. 우주의 도(근원)를 명확히 알 수는 없지만(불가지) 그로부터 묘(본질)와 요(현상)가 함께 나오는데 대개가 현상인 요만 보지만 본질인 묘를 깨달으려고 노력하는 것이 수행자의 바른 자세임을 말한 글이다. 예를 들면, 하늘이 땅보다 높다는 것은 현상에 불과하고, 안 보이는 수증기가 뭉쳐서 보이는 물방울이 되듯이 비인식적인 물질로 이루어진 하늘이 뭉치게 되면 땅이 되는 것이므

로 하늘과 땅은 근본적으로는 같다는 것이 본질이며 이것을 이해하면 인내천이나 무위자연 그리고 제행무상도 쉽게 깨달을 수 있는 것이다. 이 글에서 우현이라는 단어는 오늘날의 개념으로 보면 인식 불가능한 소립자로 가득한 암흑에너지의 우주 공간과 일치하며 노자의 놀라운 통찰력을 엿볼 수 있는 글이다.

외람된 말이지만 내가 예수와 노자를 언급하면서도 그들에 관한 기록인 성경과 『도덕경』의 전부를 모두 꼼꼼히 읽어보지는 않았다. 내가 좀 게으른 면이 있기도 하지만 사실은 수천 년 전의 생각들이 뭐 그리 대단하다고 힘들여 탐독할 필요가 있으랴 싶기 때문이며, 그래서 여기저기 필요한 부분만 읽어본다. 내가 이 책의 원고를 거의 모두 작성하였는데 어떤 정부 고위 관료가 퇴임하면서 '화광동진(和光同塵)'이라는 말을 직원들에게 남기고 떠났다고 하기에 무슨 말인가 하고 인터넷 백과사전에서 검색하여 보니, 노자 『도덕경』 56장에서 나온 말이라며 거기에 원전을 해석하여 놓았는데, 앞에서 말한 『도덕경』 첫머리의 우현과 관련이 있을 뿐만 아니라 도인(현자, 지자)에 대한 매우 중요한 구절에 대한 해석이 잘못된 것 같아서 바로잡아 본다. 원전에서 지자, 즉 도인의 처신은 겸손하여 보통사람들과 전혀 표 나지 않게 동화를 이룬다는 것을 여러 가지 예를 들면서 말하고 그것을 한마디로 현동이라고 하는데, 현동에 대해서는 설명이 없다. 앞에서 말했듯이 현은 검다는 뜻이고 동은 같다는 뜻이므로 직역하면 '시커멓게 똑같다'는 뜻이다. 까맣게 똑같다는 것은 완전히 똑같다는 뜻이며 그 이유는 이렇다. 빛이 있는 곳에서 사물을 바라보면 모두 차이가 나게 보이지만 암흑 속에서 바라보면 차이를 식별할 수 없고 그러므로 똑같아 보이게 되는 것이며, 따라서 어설픈 지자는 보통사람과 구별이 되지만 진정한 지자는 보통사람과 완전히 동화되어(겸손하여진다는 것을 의미함) 그들과 전혀 구분이 안 된다는 뜻이다. 그리고 백과사전에서 현동하는(완전히 동화된) 지자의 성품을 설명하면서 현동하는 지자는 천하에 귀한 존재가 된다고 하였다. 그러나 그것은 커다란 착오다. 예수가 철저하게 낮은 곳에 임하므로 모든 사람을 높이려 했던 것처럼, 노자가 보통 사람과 동화되므로 보통 사람을 모두 귀한 존재로 승화시키려는 뜻이며, 따라서 바르게 다시 해석하면 현동하는 자가 귀하게 되는 것이 아니라 모든 사람(천하)이 귀하게 된다는 뜻이다. 현동하는 자가 혼자만 귀하게 되는 것은 보통사람들과 구분이 되어야만 가능하므로 그것은 불가능한 것이다. 진정 깨달은 자는 자신을 높이려 하는 것이 아니라 세상사람 모두를 높이려 하는 것이며 그러지 않는 자는 참으로 깨달은 자가 아니라고 보아도 무방하다.

대부분의 수도자들이 '나는 누군가?'라는 화두에 평생을 매달린다. 그러나 이 화두는 답을 알 수도 알 필요도 없다. 당신이 만든 자동차가 어느 날 길거리에서 파란 신호등이 켜져 있는데도 가지 않고 내가 왜 태어났는지, 나는 누구인지 고민하고 있으면 당신은 그 차를 똑똑하다고 하지 않고 오히려 정비소나 폐차장에 끌고 갈 것이다. 자동차는 신호등에 따라서 열심히 달리기만 하면 된다. 그러니 당신도 '내가 어디서 왔으며 왜 태어났는지?' 하는 정체성에 대한 근원적인 고민을 하면 당신의 조물주께서는 자신만이 알고 있는 창조의 노하우를 알려고 하는 당신을 좋아하지 않을 터이니 쓸데없는 고민을 하지 말기 바란다. 조물주가 기독교에서 주장하는 하나님이든지 아니면 위대한 자연의 힘이든지 간에 '나는 누구인가?'라는 질문의 대답은 알 수도, 알 필요도 없는 것이 분명하다. 그보다는 이 세상에 태어난 하나의 생명으로서 나를 있게 해준, 내가 몸담고 있는 이 사회를 위해서 '무엇을 해야 할까?'하는 목표와 그것을 '어떻게 이루어야 하는지?'의 방법을 찾는 것이 도를 구하고 도를 행하고자 하는 사람이 해야 할 일이다.

종교인과 도인이 옳은 삶을 살기 위해서 노력한다는 것은 같으나 종교인은 이미 누군가가 찾아놓은 길을 믿고 따른다는 것이고 도인은 자신이 새로운 길을 찾겠다는 것이다. 우리가 남에게 묻지 않고 혼자 힘으로 길을 찾는 효율적인 방법은 높은 곳으로 올라가서 주위를 살피는 것이다. 대부분의 성직자나 구도자들은 절이나 교회 혹은 산속에서 갇혀서 산다. 그들이 가는 길은 끝이 막힌 길이거나 울타리 안에서 뱅뱅 도는 길이다. 길을 찾기 위해서 높은 곳(경지)에 오르는 것은 주위를 살펴 나아갈 길을 구하기 위한 것이며 거기에서 머무르기(갇혀서 살기) 위한 것이 아니다. 그래서 과거에 크게 깨달은 선사들은 파계하고 세상에 내려와 생을 마감했다. 옛날에 원효대사가 그랬고 근래에는 경허 스님이 그랬다. 하산하지 않고 산속에서 생을 마감한 자들은 산속에서 길을 잃고 헤맸던 자들이다. 큰길(大道)은 모두 마을에 있으며 산속에는 산길(小路)뿐이고 제대로 된 큰길은 없다.

대부분의 구도자들이 득도에 실패하는 이유는 도가 기성품처럼 만들어져 있는 것으로 생각하고 그것을 찾으려고만 하기 때문이다. 하늘(우주)의 도(진리, 우주 원리)는 태초부터 존재하며 불변이지만 종교를 포함한 사람의 도는 태초부터 존재하는 진리가 아니라 가치에 대한 이념이며 따라서 발견하는 것이 아니라 발명하는 것이고 시대에 따라서 변하는 것이기 때문에 나에게 맞는 도는 기성품이 아니라 내가 스스로 찾아서 갈고 닦는 것이다.

아무도 가지 않은 길을 처음 간 사람을 '도인'이라 부르고, 따르는 자가 많으면 그 길을 '대도'라 하는 것이고, 따르는 자가 없으면 그 길은 희미해져서 사라지게 된다. 도는 상상력과 논리력의 합작으로 만들어내는 하나의 철학적 창작품이다. 석가, 공자, 예수의 도가 모두 다른 모습(줄기)으로 나타나는 이유가 바로 그런 것이며 그래도 그들이 모두 세상을 바르게 하려는 같은 생각(뿌리)에서 나온 다른 줄기나 가지들이기 때문에 모든 가지들의 끝에는 품질의 차이는 다소 있으나 같은 종류의 열매(영생과 해탈)가 열리는 것이다. 도란 글자 그대로 참삶(목표, 정상)에 이르기 위한 길(수단; 등산로)이기 때문에 그 길은 동, 서, 남, 북의 여러 가지가 있을 수 있고 그중에서 쉽고 빠른 길이 있을 수는 있으나 어느 길을 택하든 열심히 노력하면 모두 정상에 이를 수 있다. 산중턱에 있는 자들은 자기의 길만 옳은 것으로 생각하지만 정상에 오른 자는 반대편에도 길이 있음을 알게 된다. 다른 종교의 지도자들은 가끔씩 정상에서 서로 만나는데 오직 기독교 지도자들만 아직 산중턱에서 허우적거리고 있는 것이 아닌가 하는 생각이 든다. 21세기에는 과거처럼 추상적이며 관념적인 도가 아니라 과학적인 상식 위에 세워져서 웰빙을 이루어낼 수 있는 현실적인 도가 동조 세력의 호응을 받아서 새로운 도로 태어날 것이다. 유명한 성인들의 길(道)을 따라서 사람들이 수천 년을 걸었으나 이제 시대에 맞는 새로운 길을 탐색하기 위하여 나의 생각을 여기에 나타낸다. 독자 여러분의 의견도 기탄없이 제시하여 줌으로써 서로 합력하여 더 나은 길을 찾을 수 있기 바란다.

인간이 가지고 있는 가장 크고 강한 욕심이 바로 천당(극락)에 가려는 욕심인데 이것은 무한대의 폭리를 취하려는 정당하지 못한 욕심이라고 할 수 있다. 일찍이 노자가 말한 것처럼 성경이나 불경을 무욕의 관법으로 보지 않고 천당(극락)에 가려는 욕심으로 보면 경전이라는 이름(명)의 힘에 눌려서 표면적인 교리(외형, 요)만 보이고 이면적인 교리(본질, 묘)는 보이지 않는다. 왜냐하면 성현들이 하신 말씀을 제자들이 욕심으로 과장하여 기록하고 신도들도 역시 욕심으로 읽기 때문에 성현의 참뜻(묘)을 알아내지 못하기 때문이다. 물질적인 욕심뿐만 아니라 천당(극락)에 가야겠다는 욕심마저 버리고 모든 율법과 계율에서 벗어나야 선과 악, 너와 나의 경계를 초월하는 해탈의 경지에 도달할 수 있으며 그때에 올바른 구원과 행복이 얻어진다고 나는 믿는다. 보이는 물질이나 보이지 않는 천당(극락)을 탐내는 것도 모두 인간의 욕심이며 이것이 세상을 혼돈케 한다.

천국과 심판

우리가 접하고 있는 현재의 성경과 그 성경 속에서 스스로 성경이라고 하는 단어가 같은 것을 의미하는 것이 아니다. 구약에서는 성경이라는 단어가 사용되지 않았고 신약에 와서야 처음으로 사용되었다. 그래서 성경 속의 성경이라는 단어는 구약을 지칭하는 용어로 사용된 것이며 신약 스스로를 성경이라 부르지 않는다. 이와 같은 사실로 보아서 신약 성경의 기록자들은 자신들의 글이 나중에 성경이 된다는 것을 모르고 쓴 것이 분명하며 예수도 신약에 대해서는 아무런 언급이 없었던 것으로 보아서 본인이 사라진 후에 새로운 성경(신약)이 작성되리라는 것을 예측하지 못했던 것이다. 평소에 사소한 것까지도 언급한 예수의 언행으로 보아서 중요한 성경에 대해서 어떻게 누가 작성해야 된다고 분명히 언급했어야 했는데 그것이 없는 것으로 보아서 예수는 자기의 언행기록이 성경으로 세상에 나오리라는 것을 예상하지 못한 것이다. 기독교의 주장으로는 성경이 인간의 작품이 아니라 성령의 감동으로 작성되었다는데 누가복음 첫머리에 보면 복음은 사람들이 전하여준 것과 미루어 살핀 것으로 작성하였으며 따라서 직접적으로 보고 들은 것도 아닐 뿐만 아니라 더욱 중요한 것은 성령의 감동으로 작성된 것이 아니라 사람들의 구전을 기록했다는 것이다. 그러므로 성경은 기록자에 따라서 내용이 달라질 수밖에 없으며 그래서 누가복음의 기록자도 다른 사람들이 작성한 복음을 신뢰하지 못하고 자신이 새로 작성하였음을 나타내고 있다(누가 1:2~3). 예수의 언행을 기록한 4개의 복음서의 내용이 제각각인 것은 복음서가 예수의 공생애 동안에 현장에서 기록된 것이 아니라 수십 년 후에 만들어지면서 기록자의 기억과 구전 그리고 관점과 환경의 차이에 따라서 자신들의 목적에 부합하도록 각색되어 작성되었기 때문이다.

예수를 신이 아니라 깨달은 인간으로 표현한 도마복음과 유다를 제자 중에서 제일 뛰어난 자로 기록한 유다복음 그리고 예수와 막달라 마리아를 부부로 묘사한 막달라복음 등을 비롯하여 기독교 초기에 남발됐던 수많은 신약성경들을(누가 1:1~2) 수백 년에 걸친 회의 끝에 천주교가 구약과 합하여 모두 73권으로 엄선하고 1,000년이 넘도록 사용하였으나 다시 66권만이 바른 성경이라고 믿는 개신교의 주장이 옳다면, 하나님께서는 천주교가 천 년이 넘도록 엉터리(가라지) 성경을 믿고 따라도 방치하여 두었다는 것이고, 그렇다면 개신교가 믿고 있는 66권에도 가짜 성경이 섞여 있을지라도 하나님께서는 여전히 방치하고 있을 것이라는 논리가 성립되므로 지금부터 그 점에 유의하여 우리는 성경을 분석하고 이해해볼 필요가 있다.

천지창조가 6일 만에 가능하다면 지구개조(악의 세력을 심판하고 하나님의 나라를 세우는 것)를 위하여 소요되는 시간은 3일이면 충분하다. 지구개조는 예수의 소망이며 또한 메시아의 핵심 임무인데 왜 예수는 공생애 3년 동안에 그 일을 하지 않고 굳이 재림해서 하려고 하였으며 또 재림을 여태까지 미루고 있을까? 그 이유를 알아보기 위해서 성경에 기록되어 있는 예수의 소망과 그 소망을 이루기 위한 노력의 과정을 탐구해보았는데 '예수는 천국에 가지 못했다'는 결론에 도달했다. 기독교인이 이 말을 들으면 매우 당혹스럽겠지만 그러나 그것은 분명한 사실이다. 왜냐하면 성경에서 언급된 '천국'은 통상적으로 우리가 하늘에 있다고 생각하는 소위 '천당'을 의미하는 것이 아니라 땅 위에 실재하는 '특정된 나라'를 의미하는 은어(암호)였으며 예수가 그 특정된 나라에 가지(이르지) 못했기 때문이다. 성경에서 은어적인 표현을 쓴 이유는 그 당시에 로마가 세상을 지배하고 있었고 그래서 반로마적인 내용을 직접적으로 표현할 수 없었기 때문이다. 문명화된 오늘날에도 독재정권하에서는 반정부적인 표현을 함부로 쓰지 못한다는 것을 감안하면 쉽게 상황을 이해할 수 있을 것이다. 지금부터 내가 지적하는 성경의 구절들을 참조하면서 이 글을 읽어보면 왜 예수가 천국에 가지 못했는지를 이해하게 된다.

한 번에 모든 것을 설명하면 내용이 너무 길어지고 따라서 이해도가 떨어지므로 우선 큰 뼈대를 제시하고 미진한 부분들은 이어지는 글들에서 보충하니 참고하기 바란다. 많은 종교 중에서 내가 굳이 기독교의 문제점을 집중적으로 논하는 이유는, 기독교가 다른 종교에 비해서 배타적이며 자기들만이 참 진리라고 주장하기 때문에 기독교인들도 자신들의 종교가 여러 종교 중의 하나에 불과함을 자각하고 다른 종교와 합력하여 건강하고 아름다운 세상을 이루는 데 동참하게 하고자 함이다.

성경을 바르게 해석하기 위해서는 먼저 현재 사용되고 있는 성경의 중요한 용어가 성경이 기록될 당시의 뜻과 차이가 있는지를 검토해야 한다. 여러 가지 성경용어들에 대해서 차차 언급하겠지만 우선 기본적인 것을 먼저 설명하면, 구약시대에는 메시아나 그리스도가 오늘날의 의미처럼 신적인 존재가 아니라 단순히 '기름부음을 받은 자'를 뜻하였으며 따라서 메시아는 신이 아니라 훌륭한 지도자를 의미하였을 뿐만 아니라 성경에 사용된 '주'와 '종'이라는 단어도 2,000년 전에는 윗사람과 아랫사람 사이에서 사용하는 일상적인 용어에 불과하였다는 것(마태 13:27, 누가 19:16, 요한 20:15)을 이해하고 성경을 읽어야 바른 해석에 다가갈 수 있다. 2,000년 전의 유대인 사회는 종교와 정치가 명확하게 분리가 되지 않은 상태였으므로 대부분의 종교 지도자는 종교가이면서 동시에 정치가였고 그래서 그들의 공통적인 관심사는 이스라엘이 로마제국으로부터 독립하는 것이었다. 그러므로 예수도 유대 사회의 지도자의 한 사람으로서 이스라엘의 독립에 관심을 가질 수밖에 없었을 뿐만 아니라 자신의 복음을 올바르게 전하기 위해서도 기득권(바리새인과 로마제국)의 분쇄와 이스라엘의 독립이 필요했다는 것을 알아야 한다. 그리고 성경에 있는 말들은 그 당시의 제한된 사람들에게 한 말이므로 시공간을 초월한 오늘날의 모든 사람에게는 해당되지 않을 수도 있다는 것도 고려해야 한다. 성경을 읽다보면 일관성이 없거나 이해가 안 되는 부분이 많은데 이런 것들을 바르게 이해하려면 성경 내용의 두 가지 큰 흐름을 알아야 한다. 하나는 복음을 전하는 부분이고 다른 하나는 기득권층을 비난하기 위한 반어법적이거나 역설적인 표현들인데 이 둘을 잘 분별해서 해석해야 한다('부활의 진실' 중에서 성경번역의 오류에 관한 설명 참조).

예수가 기본적으로 원했던 것은 주기도문에 잘 나타나 있듯이 하나님의 나라가 세상에 임하여 하늘의 뜻이 땅에서도 이루어지는 것이다. 그런데 오늘날 예수를 따른다는 대부분의 목회자들이 하나님의 나라와 의가 실현되는 것은 등한시하고 예배나 십일조와 같은 율법적인 규례에만 치중한다. 예수의 복음은 유대인들에게는 새로운 율법과 같았으며 따라서 기득권층과 다툼이 일어났고 그것으로 인하여 결국 예수가 십자가에 매달린 것이다. 예수는 사회적인 약자들도 영적으로는 모두 평등하다고 주장하면서 그들을 옭아매는 외식적인 율법을 타파하고 싶었고 그래서 바리새인과 서기관(율법사)들이 새 부대에 담겨 있는 새 술(새 율법; 복음)을 찾지 않고 여전히 자기들 입에 맞는 묵은 술(유대교 율법)만 찾으며 율법의 한 획을 바꾸는 것이 천지를 없애는 것보다 더 어렵게 만드는 그들의 율법고수주의를 비난한 것이다. 예수가 율법과 예언(선지자)을 폐하는 것이 아니라 완성(완수)하겠다고 말한 것은 율법을 잘 지키라는 뜻이 전혀 아니다. 율법과 예언의 임무는 메시아의 도래를 준비하는 한시적인 것이므로 이제 메시아인 자신이 와서 하나님의 나라가 세워지고 복음이라는 새로운 율법으로 다스리게 되므로 기존의 율법은 임무가 완성되어서 머지않아서 사라진다는 뜻이며 결국 곧 폐기될 과도기의 율법에 너무 매달리지 말라는 뜻이다. 그래서 예수가 안식일은 사람을 위하여 있는 것이며 사람이 안식일을 위하여 존재하는 것이 아니라면서 안식일에도 율법에 구애됨이 없이 사랑을 실천할 수 있다는 것을 몸소 보여준 것이다. 예수의 진정한 성도라면 예수의 가르침만 잘 따르면 되는데 목회자들이 예수의 가르침을 기록한 복음서 이외의 성경들(특히 사도 바울이 만든 성경)을 보물처럼 아끼며 설교시간에 자주 인용하는 이유가 있다. 왜냐하면 그런 성경에는 교회와 목회자의 권위를 높여주는 구절들이 많아서 그것들을 설교하면 성도들로부터 헌금과 섬김을 받기가 쉬우므로 거기에 목을 매는 것이다. 공관복음에 있는 것처럼 예수를 따르려면 옷 한 벌과 일용할 양식 외에는 더 가질 수 없으므로 목회자들은 예수를 신격화하여 오직 구주로서 섬기려고 할 뿐이며 모범적인 신앙인의 자세를 보여준 그의 행동을 따르려는 생각은 전혀 없는 것이다. 예수의 설교를 한 문장으로 압축하면 '회개하고 하나님의 나라와 의를 구하라'는 것인데 이것을 실천하는 방법으로서 '사랑(나눔)'을 제시하였으며 이 사랑이야말로 회개의 증거이면서 동시에 하나님의 나라와 의를 구하는 실천적인 방법이다.

예수는 오늘날과 같은 교회(건물)를 세우라고 말한 적도 없고 더구나 목사나 신부라는 단어를 입에 올린 적도 없다. 교회에 해당하는 헬라어 '에클레시아'는 모임(공동체)을 뜻하는 것이고 따라서 오늘날 우리가 알고 있는 교회는 정확히 말하면 교회(모임)를 위한 장소나 시설물일 뿐 교회 자체가 아니다. 그러므로 마태복음에서 예수가 말한 '베드로의 반석 위에 교회(에클레시아)를 세우리라'고 한 것은 베드로를 중심(반석)으로 공동체(노사모와 같은 결사체)를 만들겠다는 뜻이다. 예수가 최후의 만찬에서 베드로의 역할을 당부한 말과(누가 22:31~32) 또 4대 복음서에서 유일하게 교회의 역할에 대해서 언급한 마태복음 18:15~20의 내용을 보면 교회의 뜻이 더욱 명확해진다. 최후의 만찬에서 예수가 베드로에게 돌이켜(사탄의 유혹을 물리치고) 형제들을 강하게 하라고 한 것은 베드로를 중심(반석)으로 제자들이 단합(교회)하라는 것이며(이 말은 제자들이 서로 수석제자가 되려고 다툼을 했기 때문에 질서를 유지하기 위해서 한 것이며 제자들이

다툼을 한 이유는 이 글의 말미와 '계시의 실체'에서 상세히 설명한다) 그리고 형제가 말을 듣지 않거든 교회에 말하라고 한 것은 교회가 건물이 아니라 조직체임을 분명하게 지적한 것이고 또 이어지는 후속 구절에서 제자 두세 사람이 모이면 그곳이 어디든지 예수가 함께하겠다고 말하였는데 그것은 특정 장소나 건물과 상관없이 제자들의 모임(단체, 에클레시아)이 바로 교회라는 것을 의미하는 것이다. 오늘날과 같은 물질적인 교회는 건축과 관리를 위해서 많은 시간과 예산이 필요하고(성전 건축에 46년의 시간과 막대한 제화가 소요되었음, 요한 2:20) 그러다 보면 권력과 부패가 생긴다는 것을 예수가 유대교를 통해서 잘 알고 있었으며 그래서 예수는 교회를 위한 별도의 건물을 만들지 않고 일반 가정의 다락방에서 예배를 봄으로써 가정을 교회로 삼아서 복음을 전하려고 한 것이다. 예수는 하나님과 성도 사이에 제사장과 같은 중간 지배 계층을 없애고 성도와 성령의 직접적인 교제를 이루어서 성도들의 계급화를 타파하고 영적으로나 육적으로나 모든 인간의 평등화를 이루려한 것이며 그래서 제자들에게 지도자나 선생이 되지 말라고 한 것이고(마태 23:8, 10) 따라서 권력을 생산하는 중간 계층과 부패를 생산하는 교회건물을 만들지 말고 조용하고 소박한 공간(다락방; 가정교회)에서 예배와 기도를 하면서 하나님의 나라가 속히 임하기를 기다리라는 것이었다. 예수가 제자들에게 선생(지도자)이 되지 말라고 한 것과 교회용 건물을 짓지 않은 숨은 이유가 따로 있는데 그것은 뒤에서 다시 설명하겠다.

예수는 바리새인들처럼 회당에서 뽐내는 기도나 공개적인 구제 행위를 하는 것을 비난하면서 율법적이며 외식적인 교회를 원치 않았는데 유대교의 엘리트이며 친 로마파로서(일제 강점기의 친일파와 비슷함) 이중국적(로마 시민권)을 가진 바울이 예수가 십자가에서 부활한 것으로 착각하고 그를 구주(메시아)로 영접하였지만(로마 1:3) 바울은 12사도들의 무지함과 무능함을 얕잡아보고 심지어는 베드로에게 훈계도 하였고(갈라 2:11, 게바는 베드로의 다른 이름, 요한 1:42 참조) 스스로 자신을 사도라고 하면서 자신의 능력을 과시하기 위하여 유대교 시스템을 원용하여서(천주교의 사제와 유대교의 제사장은 번역을 다르게 하였을 뿐 원어로는 같은 단어임) 여러 곳에 조직적으로 교회를 세웠다. 그런데 바울은 교회를 세우면서 성도를 차별하여 사도, 선지자, 교사(목사나 신부), 장로, 집사, 남자, 여자 등으로 계급화하고 은사도 큰 은사와 작은 은사 등으로 구분하여 기독교의 조직을 피라미드식으로 형성함으로써 교회가 권력화되어서 부패한 원인을 만들었음은 물론 예수의 기본 사상도 훼손하였다. 엘리트 의식과 교만으로 가득 찼던 바울이(고전 4:15~16) 유대교의 기본 질서인 권위주의를 그대로 답습했는데(바울은 하나님과 예수 그리고 예수와 인간 사이는 물론 인간과 인간 사이에도 종속적인 질서를 주장함) 그것은 바울이 예수의 만민 평등사상(하나님과 인간은 사랑의 부자관계이고 인간은 모두 동급의 형제임)을 제대로 이해하지 못했음을 보여주는 것이다. 바울은 예수를 바로 이해하지 못했을 뿐만 아니라 자신의 주장에도 일관성이 없었는데 예를 들면 로마서(2:13)에는 율법을 행하는 자가 의롭다고 해놓고 갈라디아서(3:11)에는 율법으로는 의롭게 되지 못한다고 주장하였다. 그리고 로마서(2:1~2)에서는 판단은 하나님의 영역이니 사람은 남을 판단하지 말라고 했으면서 고린도전서에서는 자신은 남을 판단하고(5:3) 또 성도들에게도 남을 판단하여 내쫓으라고 권한다(5:12~13). 신약 성경과 기독교는 사도 바울과 요한이 커다란 초석을 만들었으나 사실은 그것이 모두 잘못된 것임을 이어지는 글들에서 상세히 설명하니 참고하기 바란다.

예수가 제자들에게 선생이 되지 말라고 한 이유는 앞에서 말한 성도의 계급화를 막는 것도 있지만 그보다 더 중요한 것은 제자들의 생각이 첨가되어서 자신의 복음이 왜곡되는 것을 방지하기 위한 것이다. 그래서 예수는 자신의 말(복음)을 전하라고

만 하였을 뿐 가르치라고(설교하라고) 하지 않은 것이다(마태복음 28장 19~20절에서 모든 족속을 제자삼고 가르치라고 한 것은 예수의 평소의 언행이나 사상과는 전혀 일치하지 않은 것이다. 성경연구가들에 의하면 마태복음 28장 18~20절은 이방전도를 명분화하기 위하여 나중에 추가된 것이며 예수의 민족주의 사상에 대해서는 '부활의 진실'을 참조하기 바람). 그런데 바울이 자신의 학식을 과시하려고 선생이 되어서 예수의 가르침과는 다른 교리를 만듦으로써 파벌을 일으키고(고전 1:11~12) 또 여러 교회를 조직적으로 관리하고 동시에 헌금도 독촉하기 위해서 자기 사람을 추천하려고 보낸 서신(현재의 성경)들에 대한 해석의 차이가 오늘날의 기독교가 여러 종파로 분열하는 원인이 되었다. 자칭 사도였던 바울은 자신이 사도임을 증명하려고 다른 사도보다 더 많이 교회를 세우고(고전 15:9~10) 또 교리도 만들었다. 높은 학식과 교만으로부터 비롯된 바울의 잘못은 수없이 많다. 예를 들면, 바울은 자신의 권위를 높이려고 편지 서두에서 항상 자신이 사도임을 스스로 주장하고, 전도를 용이하게 하려고 원죄라는 개념을 만들고, 헌금을 많이 내게 하려고 은혜구원을 역설하고, 이방인을 전도(미혹)하려고 유대인 선민사상을 이방인에게까지 확대 적용하여 이방인도 기독교인은 모두 택함을 받은 자들이라는 예정설을 개발하고, 그리고 성도들을 교회에 예속시켜

헌신을 강요하려고 교회는 그리스도의 몸이며 성도는 그 지체라고 하였는데, 이런 것들은 모두 예수의 생각과는 근본적으로 다른 교리들이다('올바른 구원' 참조).

바울이 말하는 교회가 건물을 뜻하든지 아니면 교회의 간부조직을 뜻하든지 간에 하나님 외에 무엇이든지 혹은 누구든지 신격화시키면 그것은 불교에서 돌멩이나 쇳덩이를 부처라고 경배하는 것과 결국 같은 우상화에 해당되는 것이다. 예수는 모든 사람들이 자신의 형제며 친구라 하였는데, 바울이 스스로 자신을 '주의 종'이라고 자처하면서 역으로 성도들도 '바울의 종'이 되어서 바울을 잘 섬기기를 종용했다(빌립 2:30). 바울은 성도의 계급화, 교회의 우상화, 복음의 왜곡화, 종교의 권력화를 조장하여서 예수의 정신을 근본부터 뒤집은 것이며 따라서 기독교도들은 예수의 이름을 파는 바울의 조직(교회)을 섬기고 있는 것일 뿐 예수를 섬기고 있는 것이 아니다. 기독교인들은 목회자들이 진짜 '주의 종'인 것으로 생각하고 섬기지만 그들은 '주의 종'이 아니라 바울이 만든 기독교라는 '조직의 종'일 뿐이다. 예수가 섬김을 받으러 온 것이 아니라 섬기러 왔다고 말했듯이 예수는 성도들이 자신을 섬기는 것을 원한 것이 아니라 자신처럼 실천하는 것을 원했다. 다시 말하면, 예수를 믿으라는 것이 아니라 예수처럼 행하면 천국에 간다는 것을 믿으라는 것이다. 오늘날의 교회는 어린양이 뛰어놀만한 초장이나 쉴만한 물가가 아니라 재산가치가 있는 양들을 가두어놓기 위한 시설물(울타리)이며 돈(헌금)을 받고 거짓구원을 파는 상점에 불과하다. 예수가 바울보다 능력이 없어서 거대한 교회를 못 세운 것이 아니라 복음이 가정에서 가정으로, 사람에서 사람으로, 마음에서 마음으로, 마치 종이에 물이 스며들듯이 온 세상으로 전파되기를 원했기 때문에 유대교처럼 외식적인 교회를 세우지 않으려고 한 것이다. 복음의 올바른 전도는 바울처럼 조직적이며 주입식으로 하는 것이 아니라 믿는 자가 흠모할 만한 모범을 보임으로써 이웃이 이를 본받게 하는 것이다. 목회자들이 입으로 거룩하게 하는 설교와 찬미는 죽은 예배이며 몸으로 겸손하게 행함을 보이는 것이 예수가 원하는 산 예배인 것이다. 바울이 예수의 생각과는 다르게 교회를 조직화하고 많은 헌금을 독려한 실질적인 이유는 '부활의 진실'에서 따로 설명하니 참고하기 바란다.

그러면 예수가 유대교와 같은 성전이나 회당을 짓지 않고 어떻게 하나님의 나라와 그의 뜻을 땅에서도 이루려고 하였을까? 그것을 알기 위하여 먼저 하나님의 나라가 실제로 무엇을 의미하는가를 알아야 한다. 성경에 있는 하늘나라와 하나님의 나라에서 '나라'를 의미하는 단어가 영어성경에는 왕국을 의미하는 kingdom으로 되어 있는데, 이 왕국은 하늘에 있는 나라나 사람의 마음속에 있는 나라가 아니라 주기도문에 나타나 있듯이 하늘의 뜻이 땅에서도 이루어지는 나라, 즉 실제로 왕이 다스리는 현실의 나라를 뜻했다. 그 대표적인 예를 들면, 최초의 설교에서 외친 '회개하라 천국(하늘나라)이 가까웠다'와 주기도문에 있는 '나라가 임하시오며' 그리고 산상설교에 들어 있는 '너희는 먼저 그의 나라와 의를 구하라' 등에서 사용된 '나라'가 모두 땅위의 나라(왕국)를 의미하였는데 실제로는 로마로부터 장차 주권을 회복할 이스라엘을 지칭하는 암호였다(사도 1:6). 예수가 시도한 독립운동의 방법에 대해서는 '부활의 진실'을 참조하기 바라며 우선 독자들이 이해해야 할 것은 하늘에 있는 천국은 태초부터 존재하는 영원한 나라이며 항상 그대로 거기에 있는 것이고 따라서 앞에서 언급한 성경의 3가지 핵심 표현처럼 (하늘)나라는 사람에게 가까이 오거나 혹은 세상에 임할 수가 없을 뿐만 아니라 인간이 구하려고 하여도 구할 수 있는 나라가 아니라는 것이다.

예수는 기독교에서 주장하는 영적인 왕이 아니라 이스라엘을 현실적으로 다스리는 왕이 되려고 시도하였다. 하늘나라(천국)가 하늘에 있는 나라가 아니라 땅 위에 있는 나라를 의미한다는 것은 예수의 여러 가지 다른 언행에서도 분명하게 나타나 있다. 예수가 나라와 권세와 영광을 가진 아버지로부터 왕권(기름부음; 메시아의 자격)을 받아서(마태 16:28, 누가 22:29) 자신이 보좌(왕위)에 앉으면 제자들에게는 12지파의 수장이 될 수 있는 심판권(구약시대의 사사의 권리)을 주고(마태 19:28, 누가 22:30) 일반 추종자들에게도 내세가 아닌 현세에서 여러 배의 물질적인 보상을 하고 부가적으로 내세의 영생도 보장한다는 일종의 대권공약을 발표하면서(마태 19:29, 누가 18:29~30) 자신의 왕국('주의 나라', 마태 20:21)을 기획하였다. 제자들은 그 나라가 당장에 이루어질 것으로 기대하였고(누가 19:11, 나라가 임하는 시기를 구체적으로 예상한다는 것은 나라가 마음속의 나라가 아니라 현실의 나라임을 의미한다) 예수가 승천하기 직전까지도 그것에만 집착하였다(사도 1:6). 제자들이 그렇게 기대하고 집착한 이유는 예수가 평상시에 천국건설(이스라엘의 독립)이 속히 이루어진다고 수없이 말했기 때문이다. 예수와 그의 측근들은 실제로 지상에 하나님의 나라(하늘의 뜻이 땅에서도 이루어지는 나라), 즉 에덴동산의 복원이라고 할 수 있는 지상천국(땅 위의 하늘나라)을 실현하려고 하였던 것이며 이러한 예수가 실제로 왕이 되고자 했던 마음은 성경에서 다양하게 나타난다. 예를 들면 자신이 예루살렘에 입성할 때에 추종자들이 자신을 보고 이스라엘의 왕이라고 외치는 것을 바리새인들이 비난할 때에 예수가 오히려 외치는 자들을 두둔한 것과 빌라도의 심문에서 자신이 유대인의 왕이라고 시인한 것 그리고 자신이 왕이 되는 것에 반대하는 자를 죽이라고 한 것(누가 19:27) 등이다.

예수가 하나님의 나라를 세우는 구체적인 실천 방법은, '종교와 종말'에서 설명하였듯이, 로마를 비롯한 이스라엘의 적대세력이 홍수의 심판으로 멸망하면 남은 자들(살아남은 유대인) 중에서 깨어 있는 자(택함을 받은 자)들을 데리고 하나님의 나라, 즉 이스라엘을 재건하려고 한 것이다. 그래서 예수는 바라바의 무장투쟁을 반대하고 회개와 순종을 통하여 무저항과 비폭력의 평화적인 독립운동을 주장한 것이며(이유는 '부활의 진실' 참조) 따라서 '천국'은 하늘에 있는 나라가 아니라 땅에 임한 나라, 즉 주권을 회복한 이스라엘을 지칭하는 독립운동의 암호였고 또한 '종말'은 지구의 멸망이 아니라 로마의 멸망을 의미한 것이었다. 그리고 앞에서 예수가 교회용 건물을 세우지 않은 이유를 교회의 권력화와 부패를 막기 위한 것이라고 설명했지만 사실은 그보다도 더 실질적인 이유가 있었는데 그것은 예수가 로마의 종말과 새로운 이스라엘 왕국이 수년 내에 이루어질 것이라고 예상하였으므로 많은 세월과 막대한 예산이 필요한 건축물을 세우는 것은 뒤로 미루고 우선 하나님의 나라를 세우기 위한 정치적인 자금과 조직을 만드는 것이 더 급했기 때문이다('부활의 진실' 참조).

우리나라를 단군의 나라라고 하듯이 유대인들은 이스라엘을 하나님의 나라라고 생각했으며(성경 곳곳에서 여호와를 이스라엘의 하나님이라고 표현한 것을 참조하기 바람) 따라서 하나님의 나라 혹은 하늘나라가 유대인에게는 자신들의 나라를 뜻하는 것이다. 또 메시아의 원래 의미가 '기름부음을 받은 자'였으므로 예수에게 메시아라는 칭호를 부여한 것도 예수가 유대인의 지도자라는 뜻이었으며 지금과 같이 삼위일체로서 신적인 존재라는 뜻이 전혀 아니었다. 그런데 공관복음에 있는 종말의 계시에 표현된 것처럼 로마가 이스라엘을 멸망시켰는데도 불구하고 예수가 하나님의 나라를 세우기 위하여 속히 재림하겠다고 한 언약을 지키지 못하였고 그래서 12사도 중에서 혼자 살아있던 사도 요한이 공관계시록을 변조하여 상황의 변화에 맞는 새로운 계시록을 작성하였다. 요한계시록에서는 종말의 대상이 로마에서 지구 전체로 확대되었고 그 실현시기도 먼 훗날로 연기되었다. 예수의 제자들에 의해서 예수가 신격화되는 과정을 거치면서 예수를 추종하던 정치단체(에클레시아; 노사모나 박사모와 같은 단체)가 서서히 종교단체(성당과 교회)로 변모하였다. 그런데 요한이 공관계시록의 내용을 무시하고 요한계시록을 다시 작성한 까닭은 시대상황의 변화라는 외형적인 이유도 있었지만 사실은 요한이 계시록을 이용하여 개인적인 목적을 달성하려는 숨은 이유가 따로 있었으며 그에 대해서는 '계시의 실체'에서 상세히 설명한다.

오늘날에는 복음을 예수의 가르침이라는 뜻으로 주로 사용하고 있지만 복음(Gospel)이라는 단어의 원뜻은 '좋은 소식(good news)'이고 구체적으로 '천국이 가까웠다는 소식'을 말한다. 천국의 도래는 심판과 종말을 동반하기 때문에 좋은 소식이 아니라 사실은 두려운 소식인데 왜 좋은 소식이라고 하였을까? 그 이유는 다음과 같다. 예수가 생각하는 심판은 유대인을 대상으로 하는 것이 아니라 유대인을 괴롭히는 악한 세력들(로마와 일부 바리새인 등)에게 하는 것이며 따라서 심판이 가까웠다는 것은 로마의 멸망과 이스라엘의 독립이 임박했다는 것이기 때문에 천국과 심판은 좋은 소식이 되는 것이다. 성경에서 사용되는 심판이라는 단어는 우리가 흔히 생각하는 것처럼 죽은 사람의 영혼이 내세에서 받는 재판을 의미하는 것이 아니라 악한 세력에 대한 현세의 심판(육신의 사망)을 의미하며(마태 11:24, 누가 10:11~12) 구원 또한 그때에 여호와나 예수를 믿는 사람들의 생명을 구해주는 것을 말한다(마태 24:16, 누가 21:21). 사도신경에 보면 예수가 산 자와 죽은 자를 심판하러 온다고 되어 있는데 그것을 뒤집어서 생각하면 예수가 재림하기 전에는 산 자는 물론 죽은 자도 모두 심판이 없다는 것이며 따라서 성경에 있는 심판은 평상시에 하는 죽은 자의 영혼을 심판하는 것이 아니라 오직 종말에 있을 육신의 심판을 뜻하는 것이다. 참고로 사도신경에서 산 자를 심판한다는 것은 예수가 재림할 때에(종말 때에) 살아 있는 악인의 생명을 빼앗는다는 뜻이고 반대로 죽은 자를 심판한다는 것은 예수의 복음 전도를 위해 죽은 의인의 생명은 부활시킨다는 뜻인데 모두 영혼이 아니라 육신을 죽이거나 살린다는 의미이며 따라서 영생과는 아무 상관이 없다.

성경에서 예수가 병자들을 치료하면서 항상 구원이라는 말을 사용하는데 그것은 그들이 질병에서 육신이 구원되었음을 의미할 뿐 영혼이 구원되어서 영생을 얻었다는 뜻이 아니며 영혼의 구원을 의미할 때는 영생이라는 단어를 별도로 사용한다. 구약에 나오는 구원은 노아의 홍수로부터 구원, 애급으로부터 구원, 바벨론으로부터 구원 등과 같이 영혼이 아니라 육신을 구해준다는 것이며 신약에서 사용되는 일반적인 구원도 가까이 온 종말에 있을 하나님의 진노(심판)로부터 믿는 자의 생명을 구해준다는 뜻이다. 그러므로 육신의 생명을 연장해주는 구원과 내세에서 부여되는 영원한 삶인 영생은 전혀 다른 것이다. 심판과 구원 그리고 천국건설(나라의 임함)은 종말 때에 현세에서 실제로 일어날 일련의 사건들이며 따라서 우리가 일반적으로 생각하는 천당이나 영생과는 별개의 개념이다. 정리하여 말하자면 천국은 천당이 아니며 구원도 영생이 아니라는 것이다. 그러므로 여호와와 그의 독생자를 믿는 자(주여! 주여! 하는 자)는 목숨만은 구원되어서 남은 자가 되지만 올바른 행함(복음의 실천)이 더해져야 남은 자 중에서 택함을 받은 자가 되어서 천국건설에 참여함은 물론 사후에 영생도 얻을 수 있는 것이다. 다시 말해서 구원은 한시적인 육신의 구원일 뿐 결국 다시 죽는 것이고 따라서 구원되어도 올바른 행함이 없으면 영생을 얻지 못하는 것이다('올바른 구원' 참조).

부활의 진실

성경을 읽어보면 많은 부분이 조작되었다는 생각이 드는데 그래도 다행인 것은, 예수의 신성을 강조하는 부분만 조작하였고 단순한 언행이나 단역들의 행동은 굳이 조작할 필요를 못 느껴서인지 사실대로 기록한 것으로 보인다. 대부분의 사건이 그러하듯이 예수의 사망과 부활에 대한 진실도 성경에 기록해놓은 사소한 것들에서 실마리를 찾을 수 있었으며 앞으로 언급할 계시록의 비밀도 엉뚱한 곳에서 단서를 찾았다. 우리가 살다보면 유언비어를 자주 듣게 되는데 상식 밖의 이야기는 시간이 흐르면 모두 거짓으로 드러난다. 2천 년 전이나 3천 년 전에도 오늘날과 문명의 차이만 조금 있었을 뿐 사람의 심성이나 사는 모습은 지금과 크게 다르지 않았다는 것을 감안하고 성경을 바라보면 좀 더 진실에 가까워지며 이해하기 쉬워진다. 예수의 부활사건 전후의 정황증거들과 사망진단의 과정 등을 살펴보면 그가 이루었다는 기적과 부활이 과연 진실인지 아닌지 확연히 알아낼 수 있다.

예수가 생존하여 있을 때에 제자들이 예수에게 랍비(선생, 지도자)라는 칭호를 사용하였으며 예수도 스스로를 인자(人子; Son of Man; 사람의 아들)라고 하였고 또 선지자는 고향에서 대우받지 못한다면서 자신이 선지자라는 것을 공표하였다. 그리고 예수가 부활한 후에도 사도행전에서 그의 수제자인 베드로가 예수는 하나님이 아니라 하나님의 종이며(3:13, 26, 4:27,30) 선지자로서(3:22~23) 스스로 부활한 것이 아니라 하나님께서 부활시켰다고(2:24, 32, 3:15, 4:10, 5:30, 10: 40) 명확하게 규정하였으며 사도 바울도 역시 예수가 사람이며(고전 15:21~22) 여호와에 의해서 부활되었다고 하였다(고전 6:14, 15:15, 고후 4:14). 그런데 나중에 사도 요한을 필두로 신학자들에 의하여 예수의 신격화 작업이 이루어졌으며 나아가서 삼위일체까지 진화한 것이다. 고린도전서 1장 12절에 보면 초대교회에서 신도들이 4개의 파벌(교파)로 나누어졌는데(바울, 베드로, 아볼로, 예수) 그것은 초기에는 예수와 제자들 간에 권위의 차이가 거의 없었다는 것을 증명하고 있다. 왜냐하면 예수가 신으로 받들어졌다면 감히 제자들을 추종하는 파벌이 따로 만들어질 수 없기 때문이다. 그리고 예수가 고향에서 푸대접을 받게 되었을 때에 선지자가 원래 고향에서 대접받지 못한다고 변명하였는데, 선지자가 고향에서 대접받지 못한다는 것은 중요한 의미가 있는 말이다. 왜냐하면 타향 사람들은 선지자가 성장한 후의 거룩한 모습만 보게 되므로 그를 존경하지만, 고향 사람들은 선지자가 어렸을 적에 행한 거룩하지 못한 모습들을 많이 보았기 때문에 선지자를 존경하지 않게 되는 것이며 따라서 예수가 고향에서 푸대접을 받았다는 것은 그도 평범한 사람(인자)이었음을 의미하는 것이다. 성경에는 예수가 수많은 이적을 행한 것처럼 기록하고 있지만, 신적인 능력으로 이적을 실제로 보여주었으면 예수가 고향에서 푸대접을 받을 리가 전혀 없다. 예수는 부모형제와 친척들에게도 신뢰를 얻지 못할 만큼(요한 7:5, 마가3:21) 신으로서는 있을 수 없는 무능함을 보여주었으며, 심지어는 "인자가 머리를 둘 곳도 없다"면서 자신의 신세를 한탄하기까지 했다.

예수가 가끔씩 '하나님 아버지'라는 용어를 사용하였지만 그것은 주기도문의 첫 마디에서 잘 나타나 있듯이 하나님은 모든 사람의 아버지(영적인 아버지)라는 뜻이며 오직 예수만 하나님의 아들이라는 것을 나타내려고 한 것이 아니다. 예수는 유대교가 기득권층의 이익을 위하여 신과 인간뿐만 아니라 인간과 인간 사이에도 주와 종이라는 예속적인 관계를 만들어서 백성들에게 복종만을 요구하는 것을 개혁하려고 신과 인간을 아버지와 아들이라는 사랑의 관계로 정립하였다. 예수는 하나님 앞에서는 인간은 누구나 영적으로 평등하다는 것을 주장하면서 하층민들에게 희망을 주기 위해서 그들에게도 하나님을 아버지라고 부르게 한 것이다. 예수가 사람들을 모두 자신의 형제라고 한것과 자신의 추종자들에게도 하나님을 아버지라고 부르게 한 이유는 믿는 자는 누구나 동등한 하나님의 아들이며 자신은 아버지의 사랑과 능력을 남보다 조금 더 많이 받은 아들일 뿐 자신만이 하나님의 아들이라고 생각하지 않았기 때문이다. 예수가 전도 초기에는 단순히 선지자로서 설교만 하다가 자신에게서 약간의 초능력이 나타나고 군중들이 적극적으로 호응하므로 자신감을 얻어서 하나님께 더 큰 권능(메시아의 자격; 이스라엘 왕권)을 달라고 기도하였고 그의 언행의 변화를 보면 나름대로 자신의 소망에 대한 기도의 응답(사실은 자신의 소망, '기도와 응답' 참조)을 받은 것으로 보인다. 그래서 자아도취에 빠진 예수가 자신이 메시아(지도자)임을 선포하고 하나님의 나라를 지상에 세우려고 용감하게 예루살렘에 입성하여(그전에는 죽음이 두려워

함부로 예루살렘에 가지도 못하였다. 요한 7:1, 11:54) 성전에서 장사하는 자들을 내쫓고 설교하는 등 용감한 행동을 하였을 뿐만 아니라 마지막에 십자가에 매달릴 때까지도 어떤 기적이 일어나리라고 믿고 담대하였는데 자신에게 기적이 나타나지 않음을 깨닫고 절망하면서 "아버지여 왜 나를 버리시나이까?" 하고 여호와에 대한 불신을 나타낸 것이다.

예수는 세례요한의 제자 내지는 추종자였으며 그 근거는 다음과 같다. 세례요한은 유대인들이 메시아로 믿을 만큼 유명한 선지자로서 통상적으로 제자들에게 수여하는 세례를 예수가 요한에게서 받았으며 예수가 유대 역사상 최고의 선지자를 의미하는 '여자가 낳은 자 중에서 최고'라는 칭송을 요한에게 사용하였을 뿐만 아니라 요한이 붙잡혀 가서 설교를 못하게 되면서부터 예수가 설교를 시작하였는데(마태 4:12~17) 그의 언행이 요한의 사상과 설교 및 세례를 그대로 답습한 것(회개와 천국 도래, 세리와 비천한 사람들에게 설교, 바리새인을 미워함, 물세례를 줌 등)으로 보아서 예수는 그의 수제자임이 충분히 추정된다. 예수가 자신을 인자(사람의 아들)라고 하였으므로 '여자가 낳은 자 중에서 최고'라는 표현은 요한이 자신보다 우월하다는 것이며 따라서 요한이 자신의 스승인 것을 우회적으로 표현한 것이다. 그러나 요한은 불운하게 감옥에서 죽었고 예수는 요행히 십자가에서 다시 살아나서(부활하여) 결국에는 요한보다 더 유명해진 것이다. 세례요한은 감옥에 갇혀서 죽게 될 운명이었고 예수 자신에게서는 오히려 초능력이 나타났으므로 예수가 자신감을 얻어서 율법과 예언서(선지자)의 역할은 요한으로 끝이 났다고 하면서(마태 11:13, 누가 16:16) 사실상 자신이 메시아(구약에서 예언된 지도자)라는 것을 선포하게 된다. 그리고 공관복음에서는 세례요한이 잡혀간 다음부터 예수가 설교를 시작하였다고 분명하게 기록하였는데(마태 4:12~17) 사도 요한은 예수가 세례요한의 제자라는 것을 감추고 예수의 신성을 강화하려고 예수가 세례요한과 같은 시기에 다른 곳에서 독립적으로 설교를 한 것처럼 성경을 조작하였다(요한 3:22~24). 사도 요한이 예수를 신성화함으로써 자신을 높이려고 성경을 조작하였는데 그것에 대해서는 '계시의 실체'에서 별도로 상세히 언급하였으니 참고하기 바란다.

여기서 예수가 자신이 메시아임을 선포한 구절(마태 11:13, 누가 16:16)과 그와 관련된 구절들에 관한 성경 번역의 오류를 바로잡고 율법과 천국에 대한 예수의 생각을 정확히 짚어보기로 하자. 예수가 메시아를 선포한 구절에는 천국에 들어가는 방법을 묘사한 중요한 문구가 있는데 의미 전달이 불분명하여 영어

성경과 대조하여 보니 한글성경과는 뜻이 상당히 달랐으며 영어 성경도 문맥이 부자연스러운 것으로 보아서 헬라어에서 영어로 번역되면서 약간의 오역이 있었을 것이라고 추정되지만 그래도 의미를 파악하기에는 큰 문제가 없었다. 신학자들이 오역을 한 이유는 그들이 천국의 참 의미를 몰랐기 때문이다. 앞에서 말했 듯이 예수가 말하는 천국은 하늘에 존재하는 나라가 아니라 하늘의 뜻이 땅에서도 이루어지는 나라, 즉 주권을 회복한 이스라엘을 의미하기 때문에 신학자들이 오역을 할 수밖에 없다. 그리고 예수의 설교는 기본적으로 두 가지 흐름이 있는데 하나는 서기관들과 바리새인들을 포함한 세상의 기득권층을 훈계하는 것이고 다른 하나는 자신의 복음을 전하는 것인데 세상의 일을 말할 때는 훈계하려는 의도가 있기 때문에 기본적으로 비난 내지는 한탄의 의미가 있다는 것을 알아야 한다. 그러므로 영어성경을 참조하여 마태복음 11:12~13절을 바르게 해석하면, 천국(이스라엘의 독립)이 가까이 오고 있으나(예수의 기본 설교인 '회개하라 천국이 가까웠다'는 구절과 상통하는 것을 참조하기 바람) 힘센 자들(제사장이나 서기관과 같은 기득권층으로 해석할 수도 있으나 여기서는 무력으로 독립운동을 하는 세력을 지칭하는 것임)이 회개할 생각은 하지 않고 천국(예수의 왕국, 이스라엘의 독립)이 가까이 오는 것(실현되는 것)을 힘으로 붙들어서 방해한다는 것이다(공동 번역본 및 여러 영어성경의 원문 참조).

유사한 내용을 언급한 누가복음의 구절(16:16)도 앞에서 말한 마태복음과 같은 맥으로 해석이 되어야 한다. 영어 성경에는 모든 사람들이 힘을 사용하여 천국으로 가는 길을 만든다고 되어 있는데 그 말을 한 이유가 그것을 권장하기 위한 것인 아니라 비난하기 위한 것이다. 그런데 신학자들이 이것을 마치 힘으로 천국(천당)에 들어가는 것이 옳은 것처럼 번역하였다. 예수가 무력 쟁취를 비난하는 이유는 다음과 같다. 예수의 생각에는 유대인들이 하나님을 순종하지 않으므로 로마를 도구로 사용하여서 이스라엘을 징치한다는 것이며 따라서 유대인들이 회개하고 하나님의 뜻에 따르기만 하면 굳이 무력적인 독립운동을 하지 않아도 하나님이 심판을 통하여 로마를 멸망시키고 이스라엘의 독립을 이루어줄 것이라고 믿었기 때문에 회개는 하지도 않고 무력 투쟁만 하는 것은 하나님께서 싫어하신다고 생각한 것이다. 그래서 예수가 "회개하라 천국(이스라엘 독립)이 가까웠다"고 외친 것이며 그 외침의 의미는 회개만 하면 이스라엘의 독립은 속히 이루어진다는 것이다. 그러므로 누가복음(16:16)의 구절은, 복음을 실천하면(회개와 순종 그리고 사랑을 통한 비폭력적인 독립운동을 실천하면) 여호와께서 심판을 통하여 적대세력(로마)

을 물리치고 지상천국(이스라엘의 회복과 독립)을 이루게 할 것인데 유대인들이 복음을 멀리하고 오히려 모두가 바라바를 추종하며 힘(무력)으 천국(이스라엘의 독립)을 쟁취하려는 것(무력독립운동)을 비난하기 위한 표현이다.

주기도문에서 (하늘)나라가 임한다는 것은 하나님의 뜻이 땅에서도 이루어지는 나라가 실제로 이스라엘에 세워진다는 것이다. 따라서 예수의 천국(하늘나라)을 죽은 자의 영혼이 들어가는 하늘의 영생나라(천당)와 혼동하면 안 된다. 다시 쉽게 뜻을 분명히 구분하면, 성경에 있는 천국은 메시아(지도자)와 함께 택함을 받은 사람들이 땅 위에 세울 나라이고 우리가 흔히 말하는 천당은 죽은 의인들의 영혼이 머무는 하늘의 처소다. 그래서 성경에는 항상 하나님을 표현할 때는 천국에 계신 아버지라고 하지 않고 하늘에 계신 아버지라고 하였고 사도신경에서도 예수가 천국이 아니라 하늘에 오른다고 하였다. 우리가 일반적으로 사용하는 천당이라는 단어는 성경의 공식 용어가 아니며 천당에 해당하는 성경 용어는 천국이 아니라 하늘(Heaven)이고 그래서 의인에게도 내세에 천국의 상이 아니라 하늘의 상이 있다고 말하는 것이다. 천국은 내세의 나라가 아니라 현세에 세워질 땅 위의 나라, 즉 하늘의 뜻이 땅에서도 이루어지는 나라이며 실제로는 회개하고 주권을 회복하여 하나님 앞에 바로선 이스라엘이고 장차 예수 자신이 세울 자신의 왕국인데 예수가 자신의 왕국을 세우는 데 실패했으므로 결국 예수는 천국에 가지 못한 것이다. 영어 성경(NAB)을 보면 누가복음 16:16절에서 everyone이 있는 문장의 시작 부분에 but이라는 접속사가 있으므로 everyone 앞에 있는 and도 but의 의미를 이어받는 것이며(and 앞의 쉼표가 없으면 의미가 더욱 분명해진다) 이어지는 17절도 일반 신학자들의 해석과는 달리 율법의 필요성을 강조한 것이 아니라 율법의 한 점을 바꾸는 것이 천지를 없애는 것보다 더 어렵다는 율법고수주의를 비난한 것이므로 16절의 문장도 힘으로 천국을 세우려는 것을 비난하는 것으로 해석하는 것이 전체적인 문장의 맥락뿐만 아니라 기독교의 교리는 물론 예수의 평소 언행과도 일치하는 것이다.

그리고 마태복음 5:17~18도 율법에 관한 구절이며 메시아의 선포와 연관된 내용인데 그것 역시 신학자들이 해석을 잘 못한 것이다. 예수가 17절을 말한 취지는 제자들이 예수가 율법을 폐하는 것으로 오해하는 것을 방지하기 위한 말이다. 왜냐하면 평소에 예수가 율법을 무시하는 행동을 빈번히 하여 제자들은 예수가 율법을 폐하는 것으로 생각하고 있었기 때문이다. 성경 번역자가 17절에서 "율법과 선지자를 완전케 하려 함이라"고 번역하였는데 앞에 정관사가 붙은 선지자의 복수는 선지자가 아니라 예언서를 말하며 fulfill은 완전하게 한다는 뜻이 아니라 임무나 역할을 완수한다는 뜻이므로 그 문장은 "율법과 예언을 성취하게 하려고 함이라"고 번역해야 옳다. 이 구절을 처음 보았을 때에 나도 사도 바울의 견해처럼(로마 13:10) 불완전한 율법을 사랑(복음)으로 보완하여 완전하게 한다는 뜻으로 생각했다. 그러나 그것은 이미 죽어버린 선지자들이나 이미 발표된 예언을 나중에 완전하게 한다고 하는 것은 비논리적이므로 적절한 해석이 아니다. 따라서 올바른 의미는, 예언과 율법의 임무(역할)는 메시아의 도래를 준비하는 과도기적인 것이며 이제 메시아인 예수가 와서 새로운 율법(복음)과 통치의 방식이 실현될 것이니 그들(율법과 예언)의 임무는 요한시대에서 끝났고 따라서 율법과 예언은 폐해지는 것이 아니라 임무를 완성하고 영광스럽게 퇴장한다는 뜻이다.

이어지는 18절에서도 신학자들이 부사절의 동사를 마치 주절의 동사처럼 잘못 번역하여 의미를 바꿔놓았다. 18절에서 천지가 없어지는 것과 다 이루는 것은 모두 심판과 종말의 때를 나타내는 부사절이며 따라서 18절은 바리새인들이 종말이 올 때까지 회개하지 않고 복음을 무시하며(예수를 메시아로 인정하지 않고) 율법만 지키고 있을 것을 비난하는 뜻이다. 신학자들이 다음 구절에서 계명을 잘 지키라는 예수의 말을 율법을 잘 지키라는 말과 같은 뜻으로 오해하였기 때문에 전체적인 오역이 생긴 것이며 그래서 19절을 번역하면서 첫머리에 영어성경에는 있지도 않은 접속사 '그러므로'를 첨가하는 오류를 범하였으며 오히려 접속사를 넣으려면 '그러나'를 넣어야 한다. 19절의 의미는 율법이 임무를 다하고 물러나므로 제자들이 계명(십계명)도 그러한 것으로 오해할 것을 염려하여 계명은 잘 지키라는 것이고 오히려 바리새인들보다 더 잘 지켜야 한다고 강조한 것이다. 이어지는 구절들에서 십계명의 진정한 의미와 올바른 이행 방법들을 계속 장황하게 설명하고 있는 것과 영생을 얻으려면 십계명의 5~10항을 잘 지키라는 것을 보면 계명에 대한 예수의 생각을 잘 알 수 있다. 예수가 평소에 바리새인들의 율법주의(새 술인 복음을 멀리하고 묵은 술인 율법만 좋아하는 것)를 비난한 것에서 율법에 대한 예수의 생각이 무엇인지 잘 알 수 있으며 그 점을 고려하여 율법과 계명에 관한 구절을 구분하여 해석해야 성경 전체가 맥이 통하는 것이다. 그렇다고 예수가 율법이 곧 폐해질(임무를 다하고 물러날) 것이니 율법은 지키지 말라고 한 것이 아니라 가까이 다가온 세상의 끝날(종말)까지 율법도 지키라는 것이며 그렇게 말한 이유는 종말이 수년 내에 올 것이라고 믿은 예수가 과도기 동안에는 율법을 적절히 지킴으로써 바리새인들과의 극렬한 분쟁을 피하려는 의도였다.

예수가 승천할 때처럼 처음에 세상에 올 때도 거룩하게 구름을 타고 왔으면 시빗거리도 생기지 않았을 터인데 굳이 겸손함을 보여주려고 일부러 성모 마리아의 자궁 속에 들어갔다가 나왔다고 기독교가 주장하니 그것은 그렇다고 치더라도 무슨 일이 있을 때마다 무엇 하러 전능하며 삼위일체인 예수가 항상 아버지께 기도하여 물어보거나 간구했으며 또 상황에 따라서 평범한 인간처럼 언행이나 신념이 바뀌었을까? 예수가 설교하면서 초기에는 모든 사람들이 자신을 반대하였는데 일부 소수가 반대하지 않는 것이 고마워서 자신을 반대하지 않는 자는 자기를 위하는 자라 하였으나(누가 9:50, 마가 9:40) 점차 추종세력이 많아지고 자신감이 생기면서 태도를 바꾸어서 자신을 따르지 않는 사람을 모두 적으로 몰아세운다(마태 12:30, 누가 11:23). 예수는 공생애 동안에 계속 철저한 민족주의자였으나 마지막에 세계주의자로 변한 것처럼 기록되어 있으나 그것은 성경기록자가 조작한 것이다. 예수가 마지막에 실제로 세계주의자로 변신하였다면 예수의 언행에는 일관성이 결여된 것이고 만약에 그가 민족주의자로 끝까지 남아 있었다면 기독교는 단순한 민족종교에 불과한 것이다. 예수의 민족주의적인 언행은 다음과 같다. 이방인은 이스라엘의 길 잃은 양보다 못하니 그들에게는 전도도 하지 마라(마태 10:5~6). 이스라엘의 잃어버린 양을 구하는 것 외에는 자신의 임무가 아니다(마태 15:24). 그리고 예수가 장차 이스라엘의 12지파를 심판할 12명의 제자만 구성한 것(마태 19:28, 누가 22:30), 세상에 도래할 하나님의 나라가 결국 이스라엘의 회복이었던 것(사도 1:6), 종말심판에서 유대에 있는 사람들만 모두 산으로 대피하라고 한 것(마태 24:16, 누가 21:21), 예수가 이스라엘을 구속할 자라고 한 것(누가 24:21), 그리고 성경 곳곳에서 예수를 이스라엘의 왕이라고 한 것 등이다. 앞에서 열거한 언행에서 잘 나타나듯이 예수가 원하는 구원의 대상은 오직 이스라엘뿐이었다. 지금까지 예수의 인간적인 면모를 살펴보았는데 이제부터는 제자들의 신앙과 행동 그리고 십자가에서의 증거들을 통해서 예수의 기적과 부활의 진실에 대해서 논해보겠다.

베드로는 예수가 붙잡힐 때에 칼을 빼어서 상대의 귀를 자를 만큼 죽음을 두려워하지 않은 사람이었는데 왜 몇 시간 만에 돌변하여 예수를 모른다고 세 번이나 거짓말을 했을까? 베드로가 검으로 상대의 팔을 자르거나 몸을 찌르는 것은 가능하지만 설혹 그가 훌륭한 검술사라 하더라도 모자(투구)나 머리칼로 덮여 있을 귀를 잘라내는 것은 기술적으로 불가능할 뿐만 아니라 정말로 귀를 잘랐다면 당연히 예수와 함께 붙잡혀 갔을 것이다. 베드로가 칼로 귀를 잘랐다는 것은 기술적으로 보아도 불가능할 뿐만 아니라 실제로 그 다음에 행한 베드로의 행위들을 보면 전혀 타당성이 없다. 베드로는 스승이 잡혀갈 때는 일단 도망쳤다가(마태 26:56, 마가 14:50) 걱정이 되어서 다시 뒤를 따라간 것이며 제사장의 하인들이 뜰에서 모닥불을 쪼이는 베드로를 보고 단순한 호기심으로 그에게 예수를 아느냐고 물어본 것인데 베드로가 혹시나 무슨 해를 입을까 하여 예수(스승)를 부인한다. 예수를 지키려고 검으로 병사를 상해한 사람에게 예수와 아는 사이냐고 물어본다는 것과 그런 성품의 사람이 겁이 나서 예수를 부인했다는 것은 둘 다 모순이며 따라서 앞뒤 정황과 모순들을 고려하면 귀를 자르는 일은 없었음을 충분히 짐작할 수 있다.

십자가 사건의 전후에 일어난 제자들의 행동을 보면 제자들은 목숨을 걸고 예수를 지킬 만큼 그를 존경하거나 신뢰하지 않았음을 명확하게 보여준다. 예수가 붙들려갈 위험을 간파하고 피와 땀을 흘리며 겟세마네 동산에서 간절히 심야기도를 하고 있을 때에도 제자들은 아랑곳하지 않고 잠을 자고 있었으며, 예수가 붙들려가자마자 뿔뿔이 흩어져서 대부분 고향으로 돌아갔고 예루살렘에 남아 있던 일부 제자들도 부활 예정일의 새벽에 아무도 예수의 무덤에 가보지 않았다. 성경은 그런 상황을 합리화하려고 예수가 부활 후에 갈릴리에서 제자들을 만나자고 해서 제자들이 고향으로 미리 간 것처럼 기록하였으나 그것은 명백한 조작이다. 제자들은 예수가 부활하였다는 소식을 듣고도 계속 믿지 않았고(마태 28:17, 누가 24:11) 심지어는 예수의 옆구리 상처를 보고서야 믿었다는 기록이 있을 만큼 예수는 제자들에게 신뢰받지 못했으므로 제자들이 예수의 명령에 따라서 갈릴리로 미리 간 것이 아니라 예수를 버리고 자발적으로 고향으로 간 것이다. 앞에서 언급하였듯이 제자들은 예수가 이스라엘의 왕이 되어서 로마의 압제로부터 이스라엘을 구할 정치지도자(구약이 예언한 메시아)가 될 것으로 생각하고 추종하였는데 아무 권능도 발휘하지 못하고 무력하게 잡혀가는 예수에게 실망하여 제자들이 모두 흩어진 것이다. 왜냐하면 진정한 종교지도자는 그가 잡혀가도 구원(부활, 영생)이 있으므로 제자들이 흩어지지 않고 기다리지만 정치지도자가 잡혀가면 모든 것이 끝이기 때문에 추종자들은 오히려 허탈감 내지는 배신감마저도 느낄 수 있기 때문이다. 제자들은 예수가 부활하기 전에는 예수를 단순히 정치적인 추종만 했을 뿐 단 한 번도 종교적인 기도를 했다는 기록이 성경에는 없다는 것을 참고하기 바란다.

그런데 예수에 대한 제자들의 신뢰나 믿음이 아무리 약하다고 해도 왜 그들은 예수가 심야기도를 할 때에 잠을 자고 예수가 붙잡힐 때도 도망가고 3일 만에 부활한다고 하였는데도 무덤에 가 보지도 않고 서둘러 흩어졌을까? 그것은 제자들이 그렇게 비인간적이거나 예수에 대한 신뢰가 전혀 없어서 그런 것이 아니고 예수의 붙잡힘이나 사망 그리고 3일 후의 부활이 실제로는 예언되어 있지 않아서 제자들이 그런 것들을 모르고 있었기 때문이다. 3일 후에 부활할 것을 제자들이 미리 알았다면 그들은 예수에게 실망하여 도망가거나 흩어지지도 않았을 것이다. 예수가 3일 만에 부활한 것은 사형 집행자의 실수로 예수를 완전히 죽이지 않아서 다시 깨어난 사고에 불과하다. 정말로 부활이 예정되어 있었다면 예수가 사형장에 끌려갈 때에 영원히 죽으러 가는 것이 아니기 때문에 여인들이 그렇게 슬피 울 이유가 없었으며 무덤에 갈 때도 장례용품을 가져갈 것이 아니라 갈아입을 옷과 먹을 음식을 가지고 갔어야 했고 또 예수가 살아난 것을 보고 예정대로 부활한 것을 반가워했어야 하는데 오히려 놀라 떨며 무덤에서 도망칠(마가 16:8) 이유가 전혀 없었다. 부활뿐만 아니라 부활의 원인이 된 십자가 사건 자체가 예정되어 있지 않았다는 것이 예수의 사건 전후의 언행과 상황을 보면 쉽게 확인된다. 예를 들면, 예수가 제자들에게 자금과 무기를 소지하게 하여 자신을 보호하려 했다는 것(누가 22:36), 마지막까지 "될 수만 있으면 이 잔을 피하게 하여 주옵소서" 하고 기도했다는 것, 예수를 잡아갈 때에 제자들이 잠을 자거나 무방비 상태로 있었다는 것, 예수가 십자가에서 "아버지여 왜 나를 버리셨나이까?"라고 원망했다는 것 등인데, 이러한 사실들은 예수가 붙잡혀 가고 싶지 않았으며 또 잡혀가는 시기도 정확히 모르고 있었다는 것을 짐작하게 한다. 예수가 잡혀갈 때는 예수를 잡으려고 하는 소문이 이미 예루살렘에 퍼졌기 때문에(요한 11:57 참조) 예수도 십자가 사건에 대해서 예측은 했을 것이나 적어도 그것이 하나님과의 합의하에 예정되어 있었던 것이 전혀 아니라는 것은 너무나도 명백하다.

제자들은 예수의 부활 이전에는 예수에 대한 믿음이 전혀 없었는데, 부활을 확인한 후에야 믿음이 생겼다는 것을 역으로 해석하면, 부활 이전에는 죽은 나사로를 살리는 것이나 5병2어와 같은 기적들을 못 보았기 때문에 믿음이 없었던 것이며, 따라서 성경에 기록된 예수의 모든 기적은 실제로는 없었다는 것을 명확하게 반증하고 있다. 제자들이 목격자들로부터 예수의 부활을 전해 듣고도 전혀 믿지 않았다는 것은 예수가 죽은 자를 살려내는 능력이 있음을 과거에 보지 못했기 때문이다. 제자들이 죽은 자를 살려내는 예수의 능력을 십자가 사건 이전에 보았다면 예수의 부활 소식을 들었을 때에 어찌 예수의 부활을 의심하였겠는가?

5병2어의 기적에서 일일이 빵과 고기를 뜯어서 나누어주려면 (성경에도 그렇게 묘사되어 있고 또 그래야 다시 부풀어 올라서 원상이 복구되면 계속 나누어 줄 수 있다) 다시 부풀어 오른 다음에 뜯어주는 시간을 고려하여 배식시간을 1인당 5초씩만 계산하여도 무려 7시간이나 걸리는데 기왕 능력을 보이려면 한꺼번에 도시락을 5,000개로 복제하여 나누어주었어야 마땅하고 또 광야에서 구하기 힘든 바구니를 굳이 12개나 구해서 남은 음식을 청소할 것이 아니라 기적으로 만든 음식이므로 기적으로 없애버리면 된다. 또 제자가 200데나리온으로 음식을 사오겠다는 것도 있을 수 없는 이야기다. 외식 산업이 발달한 오늘날에도 미리 예약하지 않으면 단 50명분의 식사도 쉽게 구하기 힘든데 물류나 외식업이 거의 없던 2,000년 전의 농경사회에서 어디서 갑자기 5,000명분(여자와 어린이까지 포함하면 만 명 정도)의 음식을 구하며 어떻게 운송하고 배식할 수 있단 말인가? 그리고 예수가 그런 창조능력이 있다면 왜 제자들이 배가 고파서 안식일에 율법을 어기면서까지 남의 밭에 있는 밀 이삭을 비벼먹었을까? 실제로 예수가 5병2어와 같은 표적을 보였으면 아마 설교가 끝난 다음에 군중이 집으로 돌아가지도 않았을 것이고 오히려 늘어났을 것이다. 사실은 예수가 표적을 보여주지 못하였으므로 제사장들도 자신 있게 그를 고소하여 십자가에 매단 것이며 만일 예수가 표적을 보여 주었다면 누가 감히 그를 처벌하자고 하며 또 빌라도가 예수를 구해줄려고 군중들에게 질문하였을 때도 그들이 주저 없이 예수의 처형에 찬성하였겠는가?

성경에 나오는 표적(기적)은 약간의 병 고침을 제외하고는 모두 진실이 아니며 예수와 바울이 스스로 그것을 인정한 말이 성경에 있다. 바리새인들이 예수에게서 표적을 원하였을 때에 예수가 자신이 보여줄 표적은 없고 오직 요나의 표적밖에 없다고 하였고, 또 바울이 고린도전서 1장 22~23절에서 표적을 원하는 유대인과 지혜(여기서 말하는 지혜는 그 당시 학문적으로 매우 앞서가던 그리스의 지성인들이 요구하는 철학적이거나 자연과학적인 지식을 말하는 것으로서 예수에게는 그것이 없었다)를 원하는 헬라인에게 예수를 전도하는 것은 미련한 짓이라고 한 것은 예수에게는 십자가의 도만 있을 뿐 지혜와 표적이 없어서 그것을 보여주지 못한다는 것을 인정한 것이다. 성경에서는 바리새인들이 표적을 요구했을 때에 그들이 악하여 표적을 보여주지 않겠다고 하거나 표적을 보여주어도 믿지 않을 것이기 때문에 안 보여주겠다고 변명하는데, 악한 자(믿지 않는 자)일수록 그들에게 표적을 보여주어서 회개하고 믿게 만들려고 하는 것이 표적의 본래 목적인데 표적을 보여주지 않겠다는 것은 전도를 하지 않겠다는 뜻이며 사실은 표적을 보여주지 못함에 대한 궁색한 변명에 불과하다. 그리고 바리새인들이 표적을 요구했다는 것은 그전에는 표적이 없었다는 것을 의미하는 것이고 예수 스스로도 표적이 없다고 하였고 예수 이후 최고의 사도인 바울도 예수에게 표적이 없다고 하였다. 유일하게 부활의 표적이 있었으나 그것은 예수가 제자들 외에는 아무에게도 자신의 모습을 보여주지 않고 사라졌으므로 제3자에게 주장할 만한 표적이 못 된다. 그리고 바울이 성경에서 많은 은사에 대해서 기록하고 있으나 그것들을 감히 표적이라고 말하지 못하는 이유가 있다. 왜냐하면 그런 정도는 옛날이나 오늘이나 모든 종교와 무속에서도 흔히 일어나고 있었으므로 자기들만의 표적이라고 말할 수 없었던 것이다. 오늘날의 기도원장이나 유명한 목사들처럼 예수도 약간의 초능력(오늘날의 은사, '신유와 방언' 참조)이 있었는데 제자들이 예수를 신격화하여 전도를 용이하게 하려고 그것들을 마치 표적(기적)의 수준으로 과장하여 성경에 기록했던 것이며 사람들은 부활할 수 있는 능력을 가진 예수가 그런 것쯤은 능히 하였을 것이라고 믿게 된 것이다.

지금부터 십자가 사건의 진실과 메시아의 진정한 의미에 대해 심도 있게 논해보겠다.

십자가 형벌은 사형수를 즉시 죽이는 것이 아니라 고통과 굶주림으로 서서히 죽게 하면서 사람들이 그런 죄(반역이나 흉악 죄)를 범하지 말도록 교육하기 위한 것이다. 예수는 40일간을 금식하는 대단히 건강한 신체를 가지고 있었으므로 십자가에서 몇 시간(제 3시부터 9시까지 약 6시간) 고생했다고 쉽게 죽을 사람이 아니며 빌라도도 그것을 의심하였다(마가 15:44). 요한복음에 따르면 예수의 시체를 병사가 창으로 옆구리를 찌르니 곧바로 피가 나왔다고 하였는데 그것은 예수가 그때까지 아직 죽지 않았음을 증명하는 것이다. 예수가 몇 시간 만에 정말로 죽었다면 사망 원인은 오직 하나뿐이며 그것은 과다출혈인데, 많은 양의 피가 이미 몸 밖으로 나왔을 뿐만 아니라, 교수형처럼 갑자기 죽은 것이 아니고 서서히 죽은 것이므로 남은 피도 이미 굳어 있어서 동맥을 의도적으로 자르면 조금 피가 나올지 모르나 옆구리를 찔러서 멀리서 눈에 띌 만큼 겉옷 밖으로 피가 많이 나올 수 없다. 더군다나 온몸에 매를 맞아서 피가 옷에 묻어 있었으며 십자가에 못 박은 곳에서도 피가 흘러 내려 이미 피투성이가 되어 있었을 터인데, 찔러서 피가 나오는 것이 멀리서 쉽게 확인될 정도면 상당히 많은 양의 피가 나왔다는 것이며, 그것은 죽은 자의 피가 아님을 알 수 있다.

예수는 평소에 포도주를 매우 좋아했는데(마태 11:19, 누가 7:34, 예수와 제자들을 본받아서 초대교회에서는 술에 취하는 일이 흔히 있었다. 고전 11:21 참조) 하나님의 나라를 세울 때까지 다시는 마시지 않겠다고 선포하였으나(마태 26:29, 누가 22:18, 중요한 순간에 금주를 선포할 정도면 알코올 중독에 가까운 수준이었을 것으로 추정됨) 십자가에서 굶주리고 목이 마른 예수가 단 하루 만에 금주의 언약을 깨고 해융에 적신 포도주를 먹고 혼절하였다가 깨어났는데(성경에서처럼 3일 만에 부활한 것이 아니라 정확히는 금요일 밤부터 일요일 새벽 사이에 깨어났으므로 최대로 계산해도 하루 반이고 아마 그전에 깨어났을 것이다) 다시 잡히는 것이 두려워서 공식 석상에는 나타나지도 못하고 제자와 친한 여인들만 은밀히 만나보고 멀리 안전한 곳으로 피신하였을 것으로 보인다. 예수가 다시 안 잡히려고 얼마나 조심했는지는 누가복음에 잘 나타나 있는데, 엠마오로 가는 길에서 슬쩍 나타나 자신의 신분을 감추고 대화하고 또 그들이 함께 유하기를 강권하였으나 떡만 취하고 말도 없이 사라져버린다. 제자들 앞에 나타나서 자신의 상처를 그들에게 만지게까지 하면서 부활을 확인시키려고 애썼던 예수가 정말로 신적인 능력을 가진 메시아였다면 뭐가 두려워서 빌라도와 제사장들 앞에 다시 당당히 나타나서 그들에게 메시아의 부활을 보여주지 못했겠는가? 예수가 부활 후에는 단 한 번도 공식 모임이나 행사를 하지 않았으며 제자들을 만날 때도 남몰래 조용히 만나보았다는 것은 붙잡히지 않으려고 숨어 다녔다는 것이고(예수는 붙잡히기 전에도 숨어 있었다. 요한 12:36) 또 슬며시 나타난 예수를 제자들이 처음에는 몰라봤다는 기록들이 있는데 그것은 예수가 변장(다른 모양)을 하고(마가 16:12) 다녔기 때문이다.

십자가에서 혼절하였다가 깨어난 예수가 피신하면서 아버지로부터 왕권(메시아의 권능)을 받아서 돌아올 생각으로 제자들에게 곧 오겠다고 재림을 약속하면서 안전한 곳으로 잠적하였으나 권능을 주기로 한 아버지의 약속(사실은 예수 자신이 만든 기도의 응답)이 지켜지지 않았으므로 예수가 재림 약속을 지키지 못했을 것이다. 제자들은 예수가 곧 돌아오면 하나님의 나라, 즉 예수의 왕국이 실현된다는 희망찬 꿈을 갖고 기다리다가 예수가 돌아오지 않으므로 추종자들을 무마하기 위하여 구약에는 있지도 않은 메시아의 재림이라는 새로운 약속(신약)을 만든 것이다. 성경 곳곳에서 잘 나타나듯이 예수는 종말과 심판이 수년 내에 있을 것이라고 생각하였으며 더구나 자신의 망명은 예상하지 못했으므로 수십 년의 시간과 막대한 돈이 소요되는 성전이나 회당의 건축에는 관심이 없었고 따라서 다락방과 같은 기존 시설을 이용하여 종말이 올 때까지 복음을 전파하려고 생각한 것이다. 이런 행태는 요즈음에도 종말이 수년 내로 온다며 신도들을 모으고 있는 사이비 종교나 이단들의 모습과 유사한 것이며 또 예수가 살았던 당시에도 예수와 비슷한 사람들이 많이 있었으나 모두 실패하고(사도 5:36~37) 예수만 사도 바울의 뛰어난 전도능력 덕분에 유일하게 성공한 것이다.

바울은 예수가 부활한 것으로 착각하고 그를 구주로 받아들였다. 예수의 십자가 사건은 예수가 메시아로서 임무를 완성한 것이 아니라 임무에 실패함으로써 나타난 비참한 결과에 불과하다. 그러나 예수는 악의 세력에 대한 심판과 지상천국의 실현에 대한 희망을 버리지 않고 재기(재림)를 노렸으나 상황이 여의치 못해서 망명 후에 돌아오지 못했는데 바울이 예수의 재림을 믿고 이스라엘의 재건(예수의 왕국 건설)을 위해서 이방에 나가 있는 유대인을 중심으로 조직(교회)을 만들고 건국자금(헌금)을 독려하기 위하여 예수를 전도한 것이 오늘날의 기독교로 발전하게 된 것이다. 예수가 등불을 켜고 잠들지 말고 있으라고 한 것은 자신의 재림과 왕국의 실현을 2,000년 동안이나 그렇게 오랫동안 기다리라는 뜻은 아니었으며 바울도 예수가 곧 재림해서(고전 1:7, 4:5, 10:11, 디후 4:8, 빌립 2:16) 왕국을 건설할 것으로 믿었기 때문에(고전 15: 25) 자신이 베드로를 제치고 국무총리가 되려는 욕심으로 사도 중에서 제일 열심히(고전 15:10) 교회를 조직하고 헌금을 모은 것이다. 바울은 임박한 환난(마태 24:19, 누가 21:23)에 대비해서 처녀들에게 결혼을 하지 말 것을 권하고(고전 7:26) 또 남편들도 때가 이르렀으므로 부부관계를 하지 말라고 할 만큼(고전 7:29) 종말이 눈앞에 온 것으로 착각했고 그래서 자신도 큰 일꾼(국무총리)이 되려고 결혼하지 않고 열심히 전도한 것이다.

예수가 정말로 구름을 타고 승천했다면 최후 그리고 최고의 표적인 승천의 장소와 시기 그리고 방법이 성경에 명확히 기록되어 있어야 하는데 그렇지 못하다. 누가와 마가복음에 의하면 제자들이 승천의 목격자로 되어 있는데 오히려 목격자인 마태와 요한의 복음에는 그 중요한 승천의 모습에 대해서 아무런 기록이 없다는 것은 결정적인 모순이며, 이것은 직접 본 자와 전해들은 자의 기록에는 상당한 차이가 날 수 있음을 잘 보여주고 있다. 안전지대로 피신한 예수가 돌아오기를 손꼽아 기다리던 제자들이 예수가 돌아오지 않는다는 것을 깨닫고 그때서야 서둘러 예수에 대한 기록을 쏟아내기 시작한 것이 소위 신약이다. 예수의 승천이 사실이라면 기록을 유난히 좋아하는 유대인들이 승천 직후부터 기억에서 지워지기 전에 신약(스승의 언행록)을 만들었어야 하는데도 불구하고 예수가 승천한 후 30년이 지난 다음에야 만들기 시작했다는 것은 그럴만한 이유가 있었기 때문이다. 제자들이 평소에 과장하여 소문을 낸 예수의 기적들을 기록에 섣불리 넣으면 예수가 재림하여 꾸중할 것이고 그렇다고 아무 기적도 없었다고 공식적으로 기록하면 전도가 되지 않을 터이니 선뜻 언행록의 제작에 착수하지 못한 것이다. 예수가 살아 있고 또 곧 돌아와서 예수의 왕국을 건설한다고 하였는데 누가 감히 예수의 언행록을 용감하게 가짜로 편찬할 수 있겠는가? 그래서 기다리다가 예수가 돌아오지 않는다는 확신이 생긴 이후에야 부랴부랴 기록에 착수한 것으로 보인다. 예수가 성경의 기록처럼 하늘로 승천하였다면 언제 다시 같은 방식으로 재림할지 알 수 없기 때문에 돌아오지 않는다는 확신을 아무도 가질 수 없으나 그래도 확신을 가질 수 있는 것은 그럴만한 이유가 있기 때문이다.

그 이유는 예수가 단순히 잠적하였을 뿐 승천하지 않았고 따라서 인간으로서 더 이상 살아 있을 리가 없으며 설혹 살아 있어도 30년이 지나도 오지 않는다는 것은 그가 돌아올 생각이 없다는 것이 확실하기 때문이다. 제자들이 초기에는 예수가 돌아오면 이스라엘의 왕이 될 것을 꿈꾸며 굳건히 버텼으나 이스라엘이 완전히 멸망해버릴 때까지 예수가 돌아오지 않았으므로 사실상 예수의 재림을 기대할 수 없게 되었고 그래서 그때까지 살아 있던 사도 요한이 추종자들을 달래려고 요한복음을 만들면서 예수를 이스라엘의 왕(이스라엘을 구원할 메시아)이 아니라 지구를 구원할 전능한 신적인 메시아로 업그레이드하고 재림의 시기도 먼 훗날로 연기하였다. 만약에 그렇게 하지 않았으면 요한은 화가 난 추종자들로부터 목숨을 부지하기 어려웠을 것이다.

메시아에 관한 구약의 여러 예언들을 보면 미세한 표현의 차이는 있지만 대체로 이스라엘의 적대 세력을 진멸하고 영광스러운 이스라엘의 시대를 열기위하여 메시아가 온다고 하였으며, 예수도 실제로 종말 심판으로 로마가 멸망하고 이스라엘이 독립하여 지상천국이 될 것이라고 믿었고 또 그렇게 하려고 노력했다. 그런데 신약 성경에서는 소위 메시아라는 예수가 악의 세력을 제거하기는커녕 그들을 피해서 도망 다니다가 그들에게 붙잡혀 죽은 무능함을 오히려 예수의 사랑이라고 변명하고 심지어는 구약의 예언을 이루려고 의도적으로 십자가에서 희생했다고 말하는데 예어의 중요한 줄기는 하나도 이루지 못한 예수를 사소한 가지에 맞추어서 메시아임을 증명하려는 신약 성경의 시도는 무모하다기보다 차라리 안쓰럽다. 예를 하나 들어 보면, 다윗이 예수를 자신의 주라고 칭하였다고 하는데(마태 22:45, 누가 20:44) 성경 기록자가 예수의 격을 높이려고 잘못 삽입했을 것이다. 시편에서 다윗이 자신의 주라고 칭한 것은 예수가 아니라 자신의 왕인 사울을 말한 것이다(삼상 24: 8~10). 영어성경에서 시편 110장을 보면 여호와와 다윗이 다윗의 주를 똑같이 사람을 의미하는 you라고 표현한 것을 보면 다윗의 주는 예수가 아니라 사울임이 분명하다. 시편 110:1에서 여호와가 다윗의 주에게 우편에 앉으라고 한 것은 사울이 여호와에게 불순종하므로 순종하라는 뜻이고 순종하면 여호와께서 그 다음의 일들을 모두 알아서 하신다는 것이다. 참고로 시편에서 우편이라는 것은 공간적인 위치를 말하는 것이 아니라 우호관계(같은 편)를 말하며 따라서 여호와가 나의 우편(자신은 여호와의 좌편)에 있다는 것은 여호와가 자신을 보호해주는 관계라는 뜻이고(시편 16:8, 121: 5) 반대로 여호와의 우편(여호와는 자신의 좌편)에 앉으라는 것은 이방신이나 미신을 믿지 말고 여호와에게 순종하라는 뜻이다. 여기서 중요한 것은 우편에 있다는 것은 보호관계를 나타내면서 여호와가 주어가 되는 것이고 우편에 앉는다는 것은 상대에 대한 복종 행위를 나타내는 것으로서 인간이 주어가 되는 것이다. 성경 기록자들이 다윗의 시에서 우편에 앉으라는 표현을 제대로 이해하지 못하여 사도신경을 비롯하여 성경의 여러 곳에서 예수가 하나님의 우편에 앉아있다고 하였는데 그것은 그들이 하늘에서 실제로 예수가 어디에 위치하는지 보지 못했음을 자백하는 표현에 불과하다. 구약 성경에서 우편은 사실적인 위치가 아니라 우호관계를 나타내는 것이므로 사도신경에서처럼 마치 예수가 실제로 우편에 앉아 있는 것 같은 표현은 옳지 않으며 더구나 예수와 여호와가 따로 앉아 있다는 것은 별개의 존재임을 표현하는 것이어서 삼위일체의 개념과도 상충되는 것이다.

예수는 오늘날의 기독교가 주장하는 전능한 신이 아님은 물론 구약에서 예언한 메시아(기름부음을 받은 지도자)도 못 된다. 메시아라고 일컬어지는 예수가 온 다음에 세상이 변한 것은 새로운 종교가 하나 추가된 것 외에는 아무것도 없으며 지구는 여전히 개선되지 않은 채로 예전과 똑같이 폭력, 권력, 금력의 힘으로 움직이고 있고 악인들도 거리를 활보하고 있다. 유대인들이 수천 년을 기다렸던 메시아가 왔으나 악인들을 심판(진멸)하기는커녕 오히려 그들에게 쫓기어 피난가면서 하는 말이 다시 와서 악인들을 심판하겠다고 하는 것을 어떻게 이해하란 말인가? 성경은 예수를 거룩한 메시아로 만들려고 왕족의 족보에 억지로 끼워 넣고 그가 탄생할 때에도 여러 가지 계시가 있었던 것처럼 하지만 예수는 동정녀에게서 태어났으므로 예수의 아버지 요셉이 실제로 왕족의 후예라 하여도 예수는 요셉의 족보와는 아무런 상관도 없을 뿐만 아니라 그가 태어날 때에 천사들의 계시도 전혀 없었음이 성경이 스스로 증명하고 있다. 성경에는 예수가 성령으로 태어난 하나님의 자식이라는 것을 천사들이 예수의 부모와 동방박사 그리고 양치는 목동들에게 알려주었다고 하지만 실제로 예수의 가족들 중에서는 예수가 부활하기 이전에는 아무도 예수를 믿고 따르는 사람이 없었다는 것만 보아도 그런 것이 거짓이었음을 알 수 있다. 가족들이 하나님의 계시를 받았다면 어찌 예수를 따르지 않았으며 심지어는 예수를 정신병자로 취급하며 찾으러(마가 3:21, 31) 갔겠는가? 누가복음 2:41~50에 나오는 소년 예수의 이야기를 보면, 동방박사가 그에게 경배하고 꿈에서 하나님의 사자가 나타나 그의 탄생을 예고하고 헤롯왕이 수많은 어린아이를 죽이면서까지 그를 없애려고 했던 그런 대단한 존재인 예수가 없어진 것을 하루가 지나도 모를 정도로 예수의 부모가 예수에 대해서 무관심했으며, 게다가 예수가 성전에서 자신이 하나님의 아들인 것처럼 말하였는데 그 말을 부모가 깨닫지 못했다고 한 것(누가 2:50)으로 보아서 예수가 탄생할 때에 하나님의 계시가 부모에게 없었던 것이 분명하다.

그리고 예수가 어떻게 계시적으로 태어났는가가 중요한 것이 아니라 무엇을 계시적으로 행하였는가가 더욱 중요하다. 예수가 십자가의 보혈로 인류를 구했다고 하는데 악인을 단 한 명도 징치하지 못하는 능력으로 온 세상을 구원했다는 것은 참으로 가소로운 주장이다. 악인을 제압할 능력이 없으면 의인을 구원할 능력도 똑같이 없다고 보아야 하며 따라서 현세에서 악인을 진멸하는 능력을 보여주지 못하면 이미 구약에서 예언한 메시아가 아닐 뿐만 아니라 내세에서 우리의 영혼을 구할 능력도 없다고 봐야 한다. 자신의 능력을 나중에 재림해서 보여주겠다고 하는 것은 마치 무술실력이 없어서 불량배로부터 지금은 보호해주지 못하지만 대신에 의술을 공부하여 나중에 잘 치료해줄 터이니 걱정하지 말고 두들겨 맞고 있으라는 것과 같다. 전지전능하다는 것은 나중에 치료해주는 것이 아니라 지금 보호해주는 것이며, 그것보다 더 좋은 것은 보호해줄 일조차 생기지 않게 하는 것이며 그것이야말로 진정한 전지전능이다.

예수는 자신이 하나님이나 성령과는 전혀 다른 존재임을 스스로 수없이 언급했다. 예수가 한 말이나 그런 표현 중에서 몇 개의 예를 들면, '아버지만 알 뿐 아들도 모르는', '아버지께서 그런 권세를 인자에게 주어', '어찌하여 나를 선한 자라 일컫느냐 하나님 한 분 외에는 선한 이가 없느니라.' '인자의 말은 거역해도 용서되지만 성령의 말은 거역하면', '성령이 비둘기 같이 내려 자기(예수) 위에 임하심을 보시더니', '예수께서 성령에게 이끌리어 마귀에게', '아버지께서는 나보다 크심이니', '아버지의 명하시는 대로', '오직 아버지께서 가르치시는 대로', '나는 스스로 온 것이 아니요 아버지께서 보내신', '아버지여 왜 나를 버리셨나이까?' 등 수없이 많은데 제자들이 나중에 예수를 신격화하고 심지어는 유일신으로까지 진급시켰다. 삼위일체 교리가 정립됨으로써 오늘날에는 메시아(그리스도)가 마치 신인 것처럼 당연시 여기고 있으나 사실은 구약에서 말한 메시아는 전능한 신이 아니라 주변의 열강으로부터 항상 억압받아왔던 약소국 이스라엘을 세계 최강의 국가로 만들어낼 위대한 지도자, 즉 모세와 다윗을 합해놓은 것 같은 능력 있는 지도자를 의미한 것이며 이것은 우리나라의 예언서인 『정감록』의 정 도령과 유사한 것이다. 따라서 예수가 자신을 메시아(그리스도)인 것처럼 말한 것도 자신이 신이기 때문에 그런 것이 아니라 가까운 장래에 여호와로부터 권능

(기름부음)을 받아서 이스라엘을 회복할 지도자(왕)가 될 것이라는 뜻이었는데 바울을 비롯한 추종자들이 예수가 부활한 것으로 착각하여 그를 메시아로 섬긴 것이 오늘날의 기독교가 되어버린 것이다. 예수의 추종자들은 예수를 여호와와 별도로 신격화하면 '나 외에 다른 신을 두지 마라'는 십계명의 1항에 위배되니 어쩔 수 없이 하나님과 동일시하였고 성령도 별도의 신이라고 할수 없어서 모두 묶어서 만화 영화의 로봇처럼 셋이 하나로 합체도 되고 분리도 되는 기묘한 존재로 설정한 것이다.

예수의 제자들은 예수가 다시 붙잡힐 것이 두려워서 몰래 사라졌는데 오히려 그를 종말심판을 하러 다시 올 메시아로 둔갑시키려고 원래의 성경인 구약에는 있지도 않은 메시아의 재림 언약을 새로 만들고 구약의 언약은 이미 예수에 의해서 이루어졌으며 다시 오겠다는 약속을 신약이라고 이름 짓고 용감하게 구약성경과 합본하여 새로운 성경전서를 만들었다. 메시아가 세상에 한번 왔으면 지구를 깨끗이 청소(심판)하고 가면 되는데 왜 다시와서 그 일을 한다면서 사라진단 말인가? 여호와가 수많은 선지자들을 세상에 보내어서 회개할 것을 경고하였으나 먹히지 않아서 본인(창조자)이 직접 왔다면, 겨자씨만한 믿음만 있어도 산을 옮겨 호수를 메울 수 있다는 자신의 설교대로 갈릴리 호수를 육지로 바꾸어서 확실한 표적을 보여주었어야 하는데 겨우 유언비어로 남을 만한 수준의 표적이나 보여주려고 창조자가 지구까지 직접 왔다는 것인가? 그리고 전지전능한 창조자라면 굳이 자신의 모습을 세상에 드러낼 필요도 없이 천사들을 시켜서 하면 될 사소한 일을(천지창조에 비하면 지구개조는 매우 작은 일이다) 위해서 왜 한 번도 부족하여 몸소 재림까지 한다는 말인가? 그리고 예수가 미래의 일인 종말을 이야기할 때에 구약은 이미 자신에 의해 성취되었으므로 종말은 자신의 새로운 언약(신약, 새 계시)에 따라서 이루어진다고 하였어야 하는데 자신이 승천한 후에 올 종말을 언급하면서 여전히 구약의 다니엘서를 인용한 것은(마태 24:15) 구약의 예언(종말과 메시아의 도래)이 아직 성취되지 않았음을 인정한 것이고 따라서 예수 자신은 구약에서 예언한 메시아가 아직은 아니라는 것을 공표한 것이다. 실제로는 예수가 여호와로부터 메시아의 권능을 받을 것이라는 기도의 응답을 받고 기름부음과 성령세례를 받아서 메시아가 될 것을 기다리는 중이었으며(예수는 그때까지 아직 성령세례를 받지 못하였음, '계시의 실체' 참조) 그래서 예수가 자신이 곧 메시아가 될 것을 예상하고 종말이 속히 온다고 한 것인데 십자가 사건과 망명 이후에도 끝내 아버지로부터 권능(기름부음)을 받지 못하여 재림하지 못하고 종말심판도 무한정 연기되었으며 따라서 아직도 구약이 성취되지 못했으므로 엄밀히 말하면 오늘날도 여전히 구약시대인 것이다.

성경에는 예수의 부모가 헤롯왕의 박해를 피해서 애급으로 갔다고 하지만 내 생각으로는 마리아와 요셉이 자신들의 부적절한 관계를 감추려고 애급에서 살았을 것으로 추정되며 그 이유는 다음과 같다. 예수의 어머니인 마리아가 세례요한의 집에서 오래 머물렀다는 성경기록과 요한의 아버지인 제사장 사가랴의 집안 사정 등으로 보아서 예수는 요한의 이복동생일 가능성이 많다. 제사장 사가랴는 부인 엘리사벳이 수태를 못하자(누가 1:5) 마리아를 후처로 취했을 가능성(누가 1:40)이 있는데 먼저 임신한 본부인이 아들(세례요한)을 낳았으므로 마리아가 본부인으로부터 박해를 받았거나 받을 것이 두려워서 자기와 친한 요셉과 야반도주했을 것이다. 마리아는 사정이 매우 급하여 만삭임에도 불구하고 여행길에 올랐고 그러다가 길거리(마구간)에서 출산하였을 것으로 보인다. 성경에는 호적신고를 위해서 여행을 갔다고 하지만 호적신고는 가문의 대표가 하는 것이며 더구나 아직 결혼도 안한 만삭의 처녀를 데리고 날씨도 안 좋은 12월 하순에(마태 24:20에서 겨울은 이동하기 매우 불편한 날씨라고 기록하고 있다) 호적을 하러 여행을 갔을 리는 전혀 없다. 게다가 로마 황제의 호적 명령을 시행하였다는 구렌요 총독은 예수가 탄생하고 몇 년 후에 부임하였다는 기록이 있다고 하는데 그것이 사실이라면 요셉과 마리아가 호적 때문에 여행을 한 것이 아니라는 것은 역사적인 사실에서도 증명이 된다. 예수가 요한에게 세례를 받고 또 그가 잡혀간 직후에 그의 뒤를 이어서 지도자(선생)가 된 이유가 그들의 혈연적인 관계에서 연유했을 가능성이 있으며 육친의 아버지를 직접 대하지 못하는 예수의 콤플렉스가 친아버지 대신에 하나님을 아버지라고 부르게 만들었을 가능성이 많다. 생물학적인 견해로 볼 때도 예수의 뛰어난 능력은 목수인 요셉의 유전자보다는 제사장인 사가랴의 유전자에서 비롯되었을 가능성이 훨씬 높다. 나의 추정이 일부 틀릴 수도 있지만 적어도 마리아와 요셉은 부적절한 관계였으며 그것을 감추려고 먼 곳으로 도망갔던 것만은 의심의 여지가 거의 없고 또 예수가 인간이라면 예수는 사생아일 수밖에 없는 것이며 그렇다면 앞뒤 정황으로 보아서 제사장 사가랴의 자식일 확률이 매우 높다는 것이다.

예수의 십자가는 메시아 임무의 완성의 상징이 아니라 실패의 결과다. 예수가 십자가에서 말한 마지막 말들이 복음서마다 서로 다른데 그것이 다른 것 자체도 모순이지만 그 말들이 모두 살아서 곧 돌아올 사람이 할 수 있는 인사의 말은 하나도 없고 모두 영원한 이별을 의미하는 말뿐인 것으로 보아서 예수도 자신의 부활을 예상하지 못했음이 분명하다.

계시의 실체

유대교가 초기에는 여호와를 순종하면 복을 받는다고 가르쳤는데 열심히 순종하여도 화를 입는 경우가 계속하여 발생하므로 사람들이 여호와의 능력을 의심하게 되었다. 이에 선지자들이 욥기라는 성경을 만들어서 시련이 올수록 믿음이 더욱 강해져야 더 큰 복이 온다면서 오히려 백성들의 믿음이 약한 것을 훈계함으로써 여호와의 능력에 대한 의심을 무마했다. 그러나 욥기의 내용과는 다르게 이스라엘이 바빌론에 망한 후에 오랫동안 여러 강대국의 식민지를 벗어나지 못한 채로 시련이 계속되었으므로 유대인들은 자신들의 수호신인 여호와에 대한 믿음이 약하게 되었고 그래서 수백 년간 신앙의 암흑기가 지속되던 중에 예수와 그의 추종자들이 하늘나라(하나님의 나라)가 임하면 사회적인 약자도 신분의 차별이 없이 모두 평등한 하나님의 자녀가 된다는 희망찬 소식(복음)을 전하면서 기독교가 태동하였다. 모든 조직이 시간이 흐르면 그러하듯이 예수를 따르던 천주교의 사제들도 역시 유대교의 제사장들처럼 부패하였고 그래서 다시 루터와 칼뱅이 예수의 순수한 정신으로 돌아가자고 개혁을 외쳤으나 이들을 이어받은 목사들도 세월이 흐르면서 예수의 정신(사랑)은 팽개치고 다시 유대교 제사장이 하던 제사(예배)에만 치중하며 기득권에 안주하여 부패하기 시작한 것이 오늘날의 개신교다. 개신교는 수많은 종파뿐만 아니라 각 교회 안에서도 파벌을 만들어서 신도들이 서로 다툰다. 성경을 가슴에 안고 다니는 그들이 인간의 지혜가 아니라 성령의 감동과 감화로 성경을 해석한다는데 어찌하여 서로 다른 해석이 나와서 천주교와 갈라지고 또다시 자기들끼리도 교파가 갈라지는 것일까? 개신교는 천주교와 차별화하려고 거룩해야 할 예배시간에 하나님의 말씀을 빙자한 장황한 설교를 하지만 목회자들은 자신의 생각이 마치 하나님의 말씀인 것처럼 하면서 성도들을 세뇌시키고 조직화하여 파벌과 종파를 형성하면서 지금은 자신들이 개혁의 대상으로 삼았던 천주교보다도 더욱 부패하였다.

성경을 보면 수많은 싸움의 기록이 있는데 악한 자는 멸망하고 의로운 자(하나님을 순종하는 자)는 결국 이긴다는 논리로 되어 있다. 그런데 잘 들여다보면, 의로운 자가 이기는 것이 아니라 이긴 자가 의롭다는 것을 말해주는 대목이 대부분이다. 역사의 기록이 모두 그러하듯이 성경도 역시 이긴 자들을 의한, 이긴 자들을 위한, 이긴 자들의 기록이다. 다윗과 남자들이 그 대표적인 이긴 자들이며 그래서 공평하게 중성이어야 할 하나님도 자기들 편인 남성이라고 우긴다. 누가 감히 하나님의 누드를 관찰하고 그가 남성이라는 것을 확인했겠는가? 사울은 수십 년 동안 이스라엘을 잘 다스렸다. 그런데 사울의 사위인 다윗이 힘이 강해져서 사울의 왕권을 빼앗으면서 그것을 하나님이 시켜서 그랬다고 말하지만 사실은 사울 왕이 선지자 사무엘의 권고를 무시하였으므로 사무엘이 여호와의 이름을 빌려 다윗의 편을 든 것에 불과하다. 구약의 사무엘상 15:35에 보면 여호와가 사울을 왕으로 세운 것을 후회했다고 되어 있는데 어찌 여호와가 가까운 장래의 일을 예상하지 못하고 후회할 일을 했단 말인가? 그것은 단지 사무엘이 미래를 내다보지 못하고 사울을 도운 것을 후회한 것에 불과하며 '신유와 방언'에서 설명하였듯이 선지자(예언자)는 무당의 일종이므로 무당이 자기 생각을 귀신이 준 것처럼 하듯이 선지자도 자기 생각을 여호와의 뜻이라고 하는 것이다. 권력의 세계에서 누가 더 도덕적인지 아닌지를 가리는 것이 우스운 일이라서 누가 더 의롭다고 말하는 것 자체가 아무 의미가 없지만 그래도 굳이 따지자면 다윗의 악행이 사울과 비교할 수도 없을 만큼 더 많은데 성경은 다윗을 의로운 자라고 말한다. 성경에서는 여자와 남자가 대등한 인격적인 존재가 아니라 여자는 하인이며 일종의 재산에 불과하기 때문에 사람 숫자를 파악할 때도 여자는 숫자에 넣지도 않는다. 기독교 문화가 서양에 영향을 미쳐서 여자가 시집가면 새 주인을 따라서 성을 바꾸고 언어도 남성명사에 접미사를 붙여서 여성명사를 만들었다. 남자들이 힘을 이용하여 여자들을 눌러서 모든 사회 구조를 남자 중심으로 만들어놓고서 기독교에서는 그것이 하나님의 뜻이라고 우긴다.

성경은 대개가 수구적인 제사장들에게 대항하여 개혁을 부르짖는 선지자(예언자, 자칭 의인)들의 작품이다. 그런데 그들의 생각이 마치 여호와의 뜻인 것처럼 기록하다보니 가끔 실수가 나타난다. 앞에서 언급하였듯이 여호와가 사울을 왕으로 삼은 것을 후회했다는 표현이 그 대표적인 증거다. 제사장이나 왕은 선지자들을 이용하여 기름부음의 의식을 함으로써 자신들의 권력이 마치 하늘로부터 온 것처럼 하였고 선지자들도 자기도취에 빠져서 자신들이 하늘의 명을 전하는 사람인 것처럼 행세했다. 출애굽기를 보면 모세가 여호와의 명을 받아서 아론을 제사장으로 임명한 것처럼 기록되어 있지만 실제로 그랬을 가능성은 거의 없다. 왜냐하면 금송아지 문제로 아론과 모세가 수천 명의 사람을 죽일 만큼 싸운 것을 보면 제정일치시대의 절대 권력자인 제사장의 자리를 서로 차지하려고 아론과 경쟁관계였던 모세가 권력다툼을 한 것으로 추정되고 그래서 아론의 지지자들에 의하여 모세는 암살되었을 가능성이 다분하다. 모세가 피살되었다고 보는 이유는 다음과 같다. 신명기의 기록에 의하면 유대인들이 30일 기한이 다할 때까지 모세의 죽음을 애곡하였다고 되어 있다. 그리고 모세는 죽을 당시까지 매우 건강했는데 정작 어떻게 죽었는지에 대한 기록은 없다. 유대인들이 오랫동안 슬퍼했다는 것과 사망 원인에 대한 기록이 없는 으로 보아서 그의 죽음이 어느 정도 예상됐던 지병이나 노쇠에 의한 사망이 아니라 돌연사였음이 예상되고 또 민족을 구한 위대한 선지자의 무덤이 처음부터 없었다는 것은 모세의 시신이 없었음을 추정하게 한다. 아론은 암살당한 모세의 시신을 백성들에게 보여줄 수 없으므로 백성들에게는 모세가 사나운 짐승에게 변을 당하여 시신도 없어졌다고 공표하고 시신을 감추었을 것으로 보인다. 모든 나라의 역사에서 보면 종교나 국가를 비롯하여 어떤 조직이 태동하면서 권력화하는 단계에서는 항상 암투가 심했고 그래서 살상이 빈번하였다는 것을 감안하면 모세의 암살 가능성과 뒤에서 상세히 언급할 유다의 피살은 매우 당연한 것이다. 이와 같이 제사장(보수 여당 대표)과 선지자(진보 야당 대표) 사이에는 항상 갈등이 있었고 그러던 중에 나타난 새로운 선지자가 소위 예수다.

공관복음의 작성 목적은 이스라엘이 위기에 처해도 여호와의 심판으로 적대세력들을 물리치고 예수가 재림하여 하나님의 나라(예수의 왕국)를 세운다는 희망을 유대인들에게 주려고 한 것인데 이스라엘이 멸망할 때까지(AD 70년) 예수가 재림하지 않으므로 사도 요한이 메시아와 종말심판에 대한 개념을 바꿔 전혀 새로운 성경을 제작하였다. 다른 사도들이 모두 순교하였지만 혼자만 살아남은 요한이 자신의 목숨을 지키고 또 그것을 합리화할 뿐만 아니라 예수의 후광을 독차지하려고 복음을 조작하고 거짓 계시록을 만든 것이다. 요한의 성경 조작을 논하기 전에 그와 관련된 유다의 죽음을 먼저 짚고 넘어가자. 마태복음에서는 예수가 잡혀가서 옥중에 있을 때에 유다가 후회하면서 은 30냥을 반환하고 목매어 자살하였다고 기록되어 있다(마태 27:3~5). 그런데 사도행전(1:18~19)에서는 유다가 돈을 반납한 것이 아니라 그 돈으로 밭을 샀으며 목매어 자살한 것이 아니라 매수한 밭에서 넘어지면서 배가 터져서 창자가 흘러나온 채로 죽었고 유혈이 낭자하여 그 밭을 피밭이라고 불렀다는 것이다. 이 상반된 기록과 당시의 정황들을 참고하여 유다의 죽음이 자살인지 아니면 타살인지를 분석해보자.

유다가 자살했다면 먼저 자살의 원인이 된 예수의 인신매매가 성립이 돼야한다. 요한복음에 의하면 유다는 돈궤를 관리하였는데(요한 12:39) 이것은 예수가 유다를 매우 신임했다는 것을 증명한다. 그렇다면 유다의 입장에서는 예수가 정상적으로 계속 활동하면 은화 30냥(120 데나리온)보다 훨씬 많은 공금을 횡령 혹은 유용할 수가 있으며(요한 12:6) 더구나 예수가 왕이 되면 막대한 부를 축적할 수 있으므로 무리하게 목숨과 명예를 걸고 적은 돈을 위해 예수를 팔아야 할 이유가 전혀 없었다. 제자들 사이에는 예수가 왕이 될 것으로 기대하고 2인자를 위한 권력암투가 심했는데(마태 20:24, 누가 22:24) 예수가 나중에 된 자가 먼저 될 수도 있으며(마태 19:30) 큰 자가 되려면 젊은 자처럼 해야 된다고 하면서(누가 22:26) 젊은 후배이며 나중에 제자가 된 유다를 총애하고(여기서 예수가 한 말들은 고참 제자들이 기득권에 안주하여 교만해져 있으므로 그것을 깨뜨릴 뿐만 아니라

고참과 신참의 경쟁을 유도하여 더욱 충성스러운 조직을 만들기 위한 정치적인 수사이며 영생이나 구원과 관련된 종교적인 발언이 전혀 아님을 유의해야한다. 만약에 나중에 참여한 자가 먼저 구원을 얻는다면 모든 사람들은 굳이 평상시에 교회에 다닐 필요가 없으며 죽기 직전에 회개하고 잠깐 교회에 나가면 되는 모순이 발생한다. 예수의 말 중에서 젊은 자는 겸손한 신참 제자를 지칭하는 것이고 큰 자는 예수가 왕이 되면 높은 직위를 받아 지도자가 될 사람을 뜻하며 따라서 예수의 말을 알기 쉽게 풀이하면 나중에 참여한 젊은 제자가 더 높은 직위에 올라갈 수도 있다는 것을 고참 제자들에게 경고하여 고참들의 분발을 요구하는 것이다) 그에게 돈궤를 맡겼으므로 선임 제자들이 분하게 여겼을 것이고 이를 뒤집을 기회를 호시탐탐 노리다가 유다를 살해하고 오히려 유다가 예수를 팔고 자살하거나 징벌로 죽은 것처럼 소문을 냈을 것이다. 예수는 제사장들이 자신을 잡으려 한다는 소문을 들었으나(요한 11:57) 왕이 된다고 큰소리친 예수가 체면상 멀리 도망가지도 못하고 은밀한 곳에 숨어서(요한 12:36) 기적이나 권능이 나타나기를 기대하고 밤중까지 기도하였는데 재정을 맡은 유다가 필요한 것을 구입하기 위하여 만찬 후에 외출했다가(요한 13:29) 돌아와서 스승에게 예를 표하였으므로 유다를 미행했던 병사들이 그가 예수인 줄 알고 붙들어 갔을 것이다. 천하의 바보가 아니면 겨우 은화 삼십에 생명의 위험을 무릅쓰고 자신이 배신자라는 것을 공개적으로 노출하면서 예수를 팔겠는가? 유다가 배신도 하지 않았고 또 자살도 하지 않았음을 보여주는 정황증거들은 매우 많으며 다음과 같다.

유다에 관한 기록을 종합적으로 분석해보면 그의 죽음은 마태복음에서처럼 예수가 옥중에 있을 때가 아니라 예수가 부활하여 다시 잠적한 직후에 일어난 것으로 추정된다. 오순절이 되기 전날 제자들의 공식 첫 모임에서 죽은 유다로 인해서 결원이 된 사도를 보충하는 것이 주요 안건이었는데 그 안건을 첫 모임에서 신속하게 처리한 것을 보면(사도 1:15~26) 그 일이 매우 중요하고 긴급한 것임이 분명하다. 그런데 마태복음에서 기록한 것처럼 예수가 잡혀가자마자 유다가 후회하고 죽었다면 제자들은 부활한 예수에게 그렇게 긴급한 유다의 보충 문제를 즉시 상의했어야 하는데 굳이 예수가 머무른 40여 일을 잠자코 있다가 그가 잠적한 후에야 자기들끼리 신속히 결정하였다는 것은 정상적인 행동이 아니다. 그것을 뒤집어 해석하면, 예수가 사라진 다음에 유다의 결원 보충에 대한 회의를 한 것은 예수가 사라진 다음에 유다도 죽었다는 것이며 또 오늘날의 장관이나 도지사를 선출하는 것과 같은 매우 중요한 안건을 아무런 분쟁도 없이 단번에 결정했다는 것은 유다가 죽을 것을 미리 알고 누구를 후임으로 세울 것인지에 대해서 사전 정지작업이 있었음을 짐작할 수 있다. 그리고 마태복음을 제외한 다른 복음서에는 중요한 유다의 죽음에 대해서 전혀 언급이 없으며(마태가 복음에서 유다의 죽음을 언급한 이유는 뒤에서 설명한다) 또 공관복음에는 예수가 부활 후에 2명의 제자와 길에서 마주친 것을 제외하고는 공식적으로 제자들과 만난 것은 한 번밖에 없으며 그때에 11명의 제자들이 함께 예수를 만났다고 명시되어 있는데 요한복음 20:24절에 보면 제자 중에서 도마는 참석치 못하여 예수의 부활을 믿지 못했다고 한 것과 함께 비교해보면 공관복음의 11명의 모임에는 도마는 빠지고 유다는 참석하였다는 것이며 따라서 유다는 마태복음에서처럼 예수가 잡혀간 직후에 자살한 것이 아니라 그 뒤에도 여전히 살아 있었다는 결론이 나온다. 십자가에서 원수도 용서했던 예수가 비록 자신을 배신하였다 하여도 아끼던 제자의 죽음에 대해서 부활 후에 아무런 말이 없었다는 것을 보아도 유다는 예수가 잠적하기 전까지는 살아 있었다는 것을 추정할 수 있다. 그리고 공관복음서보다 먼저 작성된 고린도전서에는 유다와 도마를 포함한 12명의 사도들 모두가 예수의 부활을 확인하였다는 명확한 기록이 있는데(고전 15:4~6) 이것은 예수가 부활한 이후에도 유다가 살아 있었다는 움직일 수 없는 증거다.

예수의 제자들은 예수가 부활한 후에 정말로 이제는 예수가 왕이 되는 것으로 착각하고 어린 후배 유다가 2인자가 되는 것을 막기 위하여 선임들(베드로, 요한, 마태 등)이 이심전심으로 뭉쳤을 것이며 이들이 뭉칠 수밖에 없는 이유는 다음과 같다. 베드로와 요한은 원래 동업자였으며(누가 5:10) 서로 2인자의 자리를 탐내고 있었을 것이고 그리고 아마도 세리 출신인 마태도 재정을 담당하는 유다의 자리를 노렸을 것이므로 유다를 제거하는 것에 동참 혹은 묵인하였을 것이다. 그들이 동참하였을 것으로 보는 근거는, 마태가 자신이 작성한 성경에 유다가 자살한 것으로 조작했고, 베드로는 오순절 회의석상에서 유다의 죽음을 배신의 대가라고 공개 선언하였으며, 그리고 요한은 유다가 유월절 직전에 사탄의 유혹에 빠져서 예수를 팔았다는 공관복음의 기록과는 다르게 유다가 제자로 택함을 받을 때부터 마귀였다고 (요한 6:70) 유다를 원천적으로 폄하한 것 등이다. 유다의 죽음은 오늘날에도 종교의 발생 초기에 추종자들 사이에 갈등과 세력다툼으로 살인이 허다하게 생기는 것과 유사한 현상이라고 보면 된다.

앞에서 한 것과 좀 다른 추론을 하여보면, 예수가 잡혀가서 죽은 것으로 착각한 유다가 돈궤를 가지고 잠적하였는데 단순히 금품을 노린 강도에 의해서 살해되었거나 혹은 제자들이 돈궤를 회수하려고 추적하여 살해하였을 가능성도 있지만 어쨌든 앞뒤 정황으로 보아서 유다가 죽은 이유가 금품 때문인지 아니면 권력다툼 때문인지는 정확히 알 수는 없으나 당시 상황과 자료로 보아서 분명한 것은 유다가 예수를 팔지 않았고 따라서 적어도 자살한 것은 아니라는 것이다.

요한이 유다의 죽음에 관련이 있을 거라는 것은 나의 추정이다. 그러나 성경 여러 곳에 나타난 요한의 성품과 수많은 성경 조작의 내용을 보면 요한은 살인보다 더한 짓도 능히 할 만한 인물이라는 것이 적나라하게 나타난다. 요한이 성경에 자신을 표현할 때는 자신이 바로 '예수의 사랑하시는 그 제자'라고 하였는데(요한 13:23, 19:26, 20:2, 21:7, 21:20) 이것은 예수가 수석제자인 베드로나 재정을 맡은 유다보다 자신을 더 사랑하였다는 허위 주장을 한 것이며 최후의 만찬에서도 예수의 품을 독차지할 만큼(요한 13:23, 25) 욕심이 많은 자로서 동료들과 2인자의 자리를 서로 차지하기 위한 권력다툼을 일으키기도 하였다(마태 20:20~24, 마가 10:35~41). 공관복음에는 예수가 잡혀갈 때에 제자들은 모두 도망가고 사형집행을 할 때에도 여인들만 참여하고 제자들은 함께했다는 기록이 없는데 요한은 자신이 사형장에 참여한 것으로 기록했을 뿐만 아니라(요한 19:26) 예수의 무덤에도 여인들의 말을 듣고 다른 사도는 의심하며 가지 않고 베드로만 혼자 가서 확인했다고 하였는데(누가 24:11~12) 요한은 자신이 제일 먼저 무덤에 이르렀다고 주장하고(요한 20:4) 그리고 공관복음에는 예수가 부활 후에 갈릴리 바닷가에 간 기록이 없으나 요한은 예수가 갈릴리 해변에 왔을 때에 자신이 먼저 예수를 알아봤다고 기록한다(요한 21:7). 그런데 요한복음 20장의 마지막 두 구절을 보면 마치 복음이 분명히 끝난 모양새를 취했으나 다시 21장을 나중에 추가한 것처럼 보이는데 거기에는 그럴만한 중요한 이유가 있다. 21장의 전반부는 후반부를 위한 도입이며 후반부에서 베드로는 순교하고(요한 21:18) 자신은 생존한다는 것을 암시하기 위한 것이다. 사도들이 모두 순교하였는데도 유독 자신만 순교하지 않은 이유를 합리화하기 위하여 마치 예수가 깊은 뜻이 있어서 일부러 요한을 죽지 않도록 한 것과 같은 문구(요한 21:21~22)를 넣어놨는데, 그것은 예수가 장차 진리의 영을 자신에게 넣어주어서 계시록을 작성하게 하고 자신을 보혜사로 만들려고 그랬다는 것을 암시하는 엄청난 복선이다. 요한복음에서 예수의 설교에 대한 핵심은 14~16장인데 각 장마다 보혜사를 반복하여 거론하고 있다는 것은 그토록 장황한 예수의 설교가 결국 보혜사를 언급하기 위한 들러리에 불과한 것임을 알 수 있다.

그런데 보혜사의 임무 중에 장래 일을 알게 한다는 것은(요한 16: 13) 보혜사가 계시를 한다는 뜻인데 계시록 10장 11절에서 요한에게 작은 책을 주어서 예언하게(계시록을 작성하게) 하였다고 함으로써 결국 요한 자신이 보혜사라는 것이다.

보혜사는 신학자들이 해석하는 것처럼 성령의 다른 이름이 아니라 육신의 몸을 가진 실체적인 존재다. 보혜사는 예수가 승천한 다음에 올 새로운 존재이며 성령은 태초부터 이미 만유에 존재하였으므로 새롭게 오는 존재가 아니다. 그리고 요한 자신이 만든 요한복음 20장 22절에 보면 창세기에서 여호와가 아담의 코에 생기를 불어넣듯이 예수가 승천하기 전에 입김으로 이미 제자들에게 성령을 불어넣어 주었으므로 예수가 승천한 다음에 보내주기로 약속한 보혜사는 성령과는 전혀 다른 것이다. 성경에 나타난 보혜사의 역할 중에서 마지막으로 언급한 것이 장래 일을 알게 하는 것(계시록을 작성하게 하는 것)이다(요한 16:13). 성성에는 보혜사가 할 일들이 마치 예언처럼 되어 있지만 실제로는 그것들이 모두 성취된 다음에 요한이 성경을 작성했다는 것과 다른 복음에는 전혀 사용되지 않은 용어(보혜사)를 요한이 첨가하였다는 것 그리고 요한이 보혜사의 임무 전부를 실제로 했다는 것을 종합하여 생각해보면 보혜사가 누구인지 자명해진다.

요한은 자신이 작성할 계시록의 권위를 높이기 위하여 미리 요한복음 16: 12~14에서 예수가 할 말을 다하지 않고 중요한 장래 일(계시)은 보혜사에게 미루었으며 보혜사는 오직 들은 것만 말한다고 함으로써 보혜사(요한)의 계시가 곧 예수의 말임을 복음서에서 명시하여 놓았을 뿐만 아니라 요한복음을 20장에서 끝맺음을 해놓고 다시 21장을 추가하여 자신은 순교하지 않고 살아서 중요한 임무(계시록 작성)를 수행하게 될 것을 암시해놓은 것 등으로 보아서 요한복음 자체가 계시록의 신빙성과 당위성을 확보하기 위하여 조작된 작업 문서에 불과함이 너무나도 확연하게 드러난다. 요한이 성령이라는 공식 단어를 놔두고 굳이 보혜사란 용어를 왜 별도로 사용했는지를 생각해보면 보혜사가 성령이 아니라는 것은 분명하다. 요한이 말하는 보혜사는 평범한 육적인 존재였던 예수도 세례를 받은 후에 성령이 들어와 능력이 나타나면서 메시아로 받들어진 것처럼 요한 자신도 진리의 영이 들어와서 예수처럼 능력 있는 존재(보혜사)로 바뀐다는 것이다.

그리고 보혜사라고 번역한 영어성경(NIV)의 counselor라는 단어를 구약이나 로마서에서는 모사(지혜를 가진 사람, 지략가)로 번역하였는데 요한복음에서는 그것을 성령으로 오인하여 사람의 의미를 가진 모사라는 단어를 사용하지 못하고 신조어를 만들어서 보혜사라고 번역한 것이다. 그리고 NAB를 비롯한 다른 영어성경에서는 보혜사에 해당되는 단어가 advocate, comforter, helper 등으로 되어 있는데 이런 단어들도 보혜사로만 쓰인 것이 아니라 성경 다른 곳에서 보호자, 조력자, 대언자, 반려자, 안위자, 동역자, 수종자, 협조자 등을 의미하는 다양한 단어들로 사용되었다. 따라서 요한복음의 기록자도 보혜사를 나타내는 단어가 성경의 다른 곳에서 일반적인 사람을 의미하는 단어로 사용되었다는 것을 알고서 사용한 것이며 그러므로 요한복음에 사용된 보혜사라는 단어는 육체를 가진 존재를 의미한 것이고 실제로는 요한 자신을 의미하는 암호였는데 신학자들이 영적인 존재로 오해한 것이다. 이것은 구약에서는 분명히 사람을 뜻했던 인자라는 단어를 신약에서는 신적인 존재로 해석하는 것과 같은 매우 중대한 오류다. 기독교에서 성령이라고 생각하는 보혜사가 나에게는 요한복음과 계시록이 허구라는 것뿐만 아니라 공관복음의 중요한 내용들을 다시 해석해보게 만들어준 훌륭한 스승이 되었다.

요한이 성경을 조작한 내용을 몇 가지 더 살펴보자. 요한은 보혜사에 대한 예언과 함께 또 하나의 중요한 예언을 복음서에서 하고 있다. 그것은 기독교의 중심지가 이스라엘에서 다른 곳(이방)으로 바뀐다는 것이다. 요한복음 4장에서 참된 예배를 설명하기 위하여 사마리아 여인을 등장시키는데 여인이 물 긷는 도구가 없는 깊은 우물에 물동이만 가지고 왔다는 것에서 그 이야기는 저자가 어떤 메시지를 전하기 위해서 설정한 것임이 드러난다. 그런데 그 여인과의 대화에서 이 산도 아니고 예루살렘도 아닌 곳에서 예배를 드릴 때가 온다고 하였는데, 그것은 기독교의 중심지가 이스라엘에서 이방으로 바뀔 것이라는 것을 암시하는 말이다. 그런데 요한이 성경을 작성할 당시에 이스라엘은 벌써 멸망하여 소위 디아스포라가 일어난 이후이므로 이 말은 요한이 결과를 이미 알면서 마치 예언인 것처럼 조작한 말에 불과하며 실제로 나중에 로마의 바티칸(교황청)이 기독교의 새로운 예배 중심지가 되었는데 한 가지 흥미로운 것은 265명의 교황들 중에서 요한으로 개명한 사람이 무려 23명으로 제일 많다는 것이다. 그 이유는, 악착같이 오래 살면서 땅 위에서 영화를 누리고 싶은 마음을 가진 교황들이 순교하지 않고 끝까지 살아남은 요한을 닮고 싶었기 때문이다. 우리나라의 어느 유명한 목사도 목회 초창기에는 자신을 바울이라고 칭하다가 권세를 얻은 다음에는 다윗이라고 부르는 것과 마찬가지로 대부분의 성직자들은 입으로는 순교자였던 베드로와 바울을 존경한다고 말하지만 실제로는 다윗이나 요한처럼 세상의 영화를 누리거나 오래오래 살고 싶어

한다. 요한은 그 다음 구절에서 참된 예배는 영(신령)과 진리(진정)로 드린다고 말하는데, 그것은 기존의 유대교가 예배를 물질과 외식으로 드리는 것을 비판하면서 기독교의 새로운 예배원리를 밝히는 것인데, 이런 중대한 주제(예배 중심지와 예배원리)를 예수가 지능적이나 윤리적으로 매우 저급한 여인과 우물가에서 논했다는 것은 마치 우리나라 대통령이 정신지체 아주머니와 약수터에서 국가전략을 논의했다는 것만큼이나 부자연스러운 이야기다. 예수는 '부활의 진실'에서 설명하였듯이 하나님의 나라를 오직 이스라엘에 세우기를 원했고 따라서 기독교의 중심지가 이방으로 옮겨가는 것을 원치 않았기 때문에 요한복음 4장의 이야기는 변화된 상황에 맞추어서 요한이 조작한 것이다.

요한은 요한복음의 첫머리(1:1~18)에 하나님과 예수의 관계에 관한 총론적인 선언문을 넣었는데 신학자들은 이 서두에 대단한 의미를 부여하고 있으나 그것은 예수가 한 말이 아니라 요한 자신이 만든 말이며 또 요한은 이어지는 본문에서도 예수의 이름을 빌려서 줄곧 자신의 생각을 복음에 끼워 넣었다. 요한이 서두의 총론에서 말씀이 곧 하나님이라고 표현한 것은 자신의 말(요한복음과 계시록)은 하나님으로부터 오는 말씀, 즉 하나님 자체이기 때문에 자신의 말을 하나님처럼 받들게 하기 위한 교묘한 언어적인 유희일 뿐만 아니라 요한이 하나님의 존재(실체)를 실증적인 표적으로 증명하지 못하고 오직 말씀(언어)으로 하나님의 존재를 주장할 수밖에 없는 한계를 스스로 보여주는 표현에 불과하다. 이어지는 본문에서도 공관복음에는 없는 내용이나 단어들(독생자, 보혜사)이 첨가되었는데 이런 내용에 대해서 증인이 될 만한 사람들이 모두 죽은 다음에 요한복음이 작성되었다는 점에서 요한복음의 신빙성이 더욱 떨어지며 더구나 복음서의 마지막 장을 필요에 따라 추가한 것을 보면 요한복음은 예수를 위해서 쓴 것이 아니라 자신을 위해서 쓴 것임이 확연히 드러난다.

공관복음에서는 세례요한이 잡혀간 후에 예수가 갈릴리로 피신하여 처음 설교를 시작하였다고 분명히 밝히고 있는데(마태 4:12~17) 요한복음은 예수가 제자들을 모으고 상당히 많은 이적을 보이며 세례를 주고 있을 때에도 아직 세례요한이 잡혀가지 않았다고 기록한다(요한 3:22~24). 그렇게 기록한 이유는 요한이 예수를 신격화하기 위하여 세례요한과 예수의 관계를 실제(스승과 제자; '부활의 진실' 참조)와 다른 모습으로 보여주기 위한 것이며 십자가에서 예수의 마지막 말도 '다 이루었다'고 함으로써 예수의 완전성을 나타내려고 고의적으로 공관복음과 다르게 조작하였는데 정말로 모두 이루었으면 예수가 부활이나 재림도 할 필요가 전혀 없는 것이다.

공관복음에는 예수가 새벽기도와 산중기도를 했다는 내용이 있는데 요한복음에는 복음 전체에 아예 기도라는 단어가 없다. 예수가 무엇인가를 갈구하며 기도한다는 것은 예수의 인간적인 모습을 보여주는 것이며 따라서 신격화에 지장을 주기 때문에 고의적으로 기도하는 내용을 삭제한 것이다. 그리고 공관복음에는 최후의 만찬 후에 겟세마네(감람산)에서 피와 땀을 흘리는 심야기도 장면과 내용이 나오는데 그에 상응하는 내용이 요한복음 17장에서는 전혀 다르게 나온다. 공관복음에는 예수가 기도할 때 얼굴을 땅에 대고 엎드리거나 무릎을 꿇었다고 하였는데 요한복음은 눈을 들어 하늘을 우러렀다고 되어 있다. 이것은 예수가 기도한 것이 아니라 하나님과 대등한 존재로서 상호 대화를 한 것처럼 하기 위한 것이다. 그리고 공관복음의 기도 내용은 십자가를 피하게 해달라는 내용인데 요한복음은 반대로 십자가를 통하여 영광을 나타내게 하여달라는 것으로 되어 있다. 요한이 이렇게 기도의 방식과 내용을 정반대로 기록한 이유는 예수가 피땀을 흘리면서 간절히 기도하였다는 것은 무엇인가 변화를 갈구하였다는 것이고 그것은 예수의 인간적인 불완전성을 나타냄으로써 예수의 신성뿐만 아니라 십자가 및 보혈의 구속도 예정이 아니라 사고라는 것을 암시하게 되므로 기도의 내용과 형식을 의도적으로 바꾼 것이다. 사실은 예수가 기도할 때에 조용한 곳을 찾는 평소의 습관대로 제자들과 상당한 거리(돌을 던질만한 거리, 누가 22:41)를 떨어졌을 뿐만 아니라 더구나 제자들은 곤히 자고 있었으므로 요한이 예수의 기도내용을 자세하게 들었을 리가 없으며 따라서 잠에서 깨어난 제자들이 땀에 젖은 예수의 모습을 보고 무슨 기도를 그렇게 열심히 했느냐고 물었을 것이고 예수가 간략하게 공관복음의 내용처럼 말해주었을 것이므로(당시의 심각한 분위기였을 뿐만 아니라 자고 있는 제자들에게 더구나 늦은 밤에 요한복음의 17장처럼 장황한 내용을 예수가 말했을 리가 전혀 없다) 요한복음 17장에서 '가라사대(이르시되)'로 시작하는 중언부언하는 긴 문장은 요한의 창작이 분명하다.

공관계시록에는 종말과 메시아의 재림 그리고 하나님의 나라를 건설하는 시기를 모두 로마가 침공할 때(예루살렘이 군대들에게 에워싸일 때; 누가 21:20, 멸망의 가증한 것이 예루살렘에 설 때; 마태 24:15)로 예언하고 있었는데 실제로 로마가 침공하여 이스라엘이 멸망해도 예수의 재림이 이루어지지 않았으므로 요한이 시대 상황에 맞추어 새로운 내용의 복음과 계시록을 만든 것이다('종교와 종말' 참조). 그러므로 요한의 계시록은 거짓이며 그것을 증명하는 구절이 계시록의 본문 내용에도 들어 있어서 스스로 허구라는 것을 노출하고 있다. 계시록 1장 1절에 보면 예수가 천사를 보내어 계시(일어날 일들)를 알게 하였다고 하였으나 계시를 보여주고 기록을 지시한 실제 장면을 보면(1:10~20) 예수로 추정되는 큰 음성을 가진 존재가 직접 모든 것을 보여주고 지시한 것으로(11, 19절 참조) 되어 있으며 또 계시록의 마지막인 22장 20절에서도 다시 예수가 계시를 증언하였다고 되어 있다. 계시록을 사실대로 기록한 것이 아니기 때문에 그런 실수가 나타나게 된 것이다. 계시록은 구약의 예언서들에서 모티프를 얻어서 그것을 장황하게 부풀린 요한의 문학적인 작품이다.

요한은 다른 성경에서는 사용하지도 않은 '진실로진실로'라는 표현을 무려 25회를 반복하고 또 자기의 복음이 참된 것이라고 자기 손으로 성경에 기록하였는데(요한 21:24) 이는 마치 '도둑이 제 발 저리다'는 말처럼 자신의 성경이 거짓임을 스스로 공표한 것이나 마찬가지다. 그러므로 요한이 강조하여 주장하는 것은 역으로 생각하면 오히려 진실에 더 가까워진다. 예를 들면 예수가 빌라도에게 "자신의 나라는 세상에 속하는 것이 아니라"고 말했는데(공관복음에는 없는 내용임을 참조하기 바람) 그것은 역으로 예수가 평소에 자신의 왕국이 세상의 나라인 것처럼 말했고 추종자들도 그렇게 알고 있었으며 그래서 빌라도가 그 것을 추궁했다는 것을 반증하는 말이다. 따라서 예수가 빌라도 에게 한 대답은 예수가 원하는 하나님의 나라는 땅의 나라였음 을 역설하는 것에 불과하다. 그런데 그보다 더욱 가관인 것은, 스스로 성경을 조작한 요한이 남들에게는 자신의 성경에 첨삭 을 하면 천벌을 받고 지옥에 간다고 겁을 주었다는 것이다(계시 22:18~19). 그러나 요한의 공갈협박에도 불구하고 일반 성경은 물론 요한복음과 계시록에도 여러 곳에서 성경을 첨삭한 흔적 이 있다. 성경을 읽다보면 내용을 괄호로 묶은 부분이 있는데 그 것은 일부 원본 성경에는 없는 부분이고 그렇다면 다른 성경에 서 보충을 하였거나 반대로 문제되는 내용을 삭제한 것이며 또 어떤 곳은 전부 삭제하여 아예 내용이 없는 곳도 있는데 그런 곳 은 아마 심각하게 문제가 되는 내용이었을 것으로 추정된다.

요한은 자신이 작성한 계시록의 신뢰와 권위를 높이기 위하여 예수가 보혜사를 보내어서 계시록을 작성하도록 요한복음에 미 리 예정하여 놓았는데 오히려 그것이 계시록이 조작이라는 것을 더욱 의심하게 만들었다. 진실은 굳이 트릭(요한 자신이 순교하 지 않은 것은 예수의 뜻이라고 복음의 말미에 추가한 것)이나 가 식적인 수식('진실로'를 두 번 사용하는 것) 혹은 장황한 묘사(요한 17장의 기도문)가 필요치 않는 것이다. 요한복음과 계시록은 요한을 사이비 종교의 교주 수준으로 끌어올리기 위해 요한이나 그의 제자가 만든 조작문서에 불과하며 요한이 마지막까지 순교하지 않은 이유도 매우 교활한 그가 예수의 부활은 진실이 아님을 알고 있었기 때문에 다른 사도가 모두 순교하여도 자신은 요리조리 피했을지도 모른다. 요즈음에도 목회자들 중에 범법자는 물론 도덕적인 파탄자도 상당수 있듯이 옛날에도 그런 자들이 섞여 있었을 것이다. 요한복음이나 계시록과 같은 가짜 성경이 2,000년 동안이나 거룩해야 할 성경 속에 가라지로 섞여 있었다는 것은 성령의 감동과 감화로 성경을 쓰고 해석한다는 기독교인들의 주장이 얼마나 터무니없는가를 잘 설명해주는 것이다. 기독교인들은 예수가 말한 가라지가 교회 밖에는 물론 교회 내부뿐만 아니라 성경 속에도 있다는 것과 그래서 한국의 모든 사이비나 이단 기독교가 요한의 가짜 복음과 거짓 계시록을 근거로 하여 탄생한다는 것을 알아야 한다. 가짜 성경과 부패한 한국 기독교가 합력하여 이단들을 배양하는 훌륭한 토양을 제공하고 있는 것이다.

예수는 자신이 메시아라는 착오를 일으켰지만 악의는 없었고 바울도 예수를 메시아로 착각하여 많은 성도들을 오해하게 하였지만 그 역시 악의는 없어 보이며 다른 제자들도 예수를 믿게 하려는 마음으로 기적을 과장하였으나 적어도 개인적인 영욕을 위한 것은 아닌 것으로 추정된다. 그런데 요한은 자신의 영광을 위해 고의로 거짓을 기록하였으므로 그의 죄질은 매우 나쁘다. 그래서 나는 요한 자신을 비판하기 위해 요한복음의 내용을 주로 인용하였지만 예수를 분석할 때는 진실성이 부족한 요한복음의 문구를 될 수 있으면 사용하지 않았고 주로 마태와 누가복음을 인용하였다(마가복음은 마태복음과 대부분 중첩되었으므로 대표로 마태복음을 인용하였음). 문명이 발달한 오늘날에도 북한의 공산당은 김일성 장군이 솔방울을 던져서 수류탄으로 변하게 하고 나뭇잎을 타고 강을 건넜다고 신격화하여 자신들의 체제와 권력을 유지하고 있는데 하물며 수천 년 전의 미개한 사회에서는 사실을 조작하는 일이 훨씬 더 쉬웠을 것이다. 요한복음의 목적은 예수의 복음을 전도하기 위한 것이 아니라 요한이 보혜사가 되어서 계시록을 만들 것이라는 것을 예언하여 요한 자신을 높이기 위한 것이며 따라서 요한복음에 있는 온갖 미사여구는 요한의 뛰어난 문학적인 재능의 결과일 뿐이다.

성경은 오류와 조작으로 가득할 뿐만 아니라 정상적인 내용도 신학자들이 올바로 해석하지 못하고 있다. 신약의 핵심이라고 볼 수 있는 소위 산상 설교 8복음에 대해서도 마태복음은 설교를 산에서 하였다고 기록하고 누가복음은 평지에서 하였다고 하면서 설교 내용도 약간 차이가 난다. 그런데 소위 산상설교의 8복음은 사실 8복음이 아니라 거룩한 숫자인 7복음이며, 신학자들이 복과 상 그리고 화와 보상에 대한 개념을 제대로 구분하지 못하여 잘못 해석한 것이다. 소위 8복음 중에서 앞의 7개 항은 예수가 제자들에게 적극적으로 시행하라는 권장 사항과 그 실천에 대한 상으로서 복을 말하고, 8번째 항은 복이 아니라 7개 항을 실천하다보면 일어날 수 있는 화에 대한 보상을 말한다. 8항은 앞의 7개 항에 대한 부연 설명인데 성경 기록자(번역자)가 언어선택과 기록형식을 마치 앞의 7복음의 연장인 것처럼 잘못하였을 뿐이다. 그 다음에 이어지는 2개 구절을 보면 8항과 연속하여 핍박(박해)에 대해서 계속 부연설명하고 있음이 분명히 나타난다. 8항은 앞의 7개 항을 실천할 때 일어날 사고에 대한 보험과 같은 의미이며 그렇다고 보험에 들었으니 의도적으로 사고를 내라는 것(핍박 받으라는 것)이 아니라 보험을 믿고 두려움 없이 7복음을 시행하라는 뜻이다. 7항까지는 스스로 행하는 것이고 8항은 억지로 당하는 것이며, 복은 축하받을 일이지만 화는 위로받을 일로서 성질이 전혀 다르다. 핍박은 결코 복이 아니며 따라서 8항을 이용하여 핍박이 마치 복인 것처럼 설교하는 것은 엄청난 잘못이며 따라서 고의적으로 핍박을 자초하는 행위(반기독교 국가에서 하는 전도행위 같은 것)는 지양되어야 한다.

기독교에서는 성경이 완벽하므로 거기에서 점 하나도 더하거나 빼지 말라고 말하면서 성경의 무오를 주장하지만, 성경을 조금만 유심히 들여다보면 모순되거나 상충되는 부분이 매우 많다. 대표적인 것으로 하나만 지적해 보겠다. 예수가 공생애를 시작하면서 물세례를 받고 마지막에 기름(향유)부음을 받은 매우 의미 있는 두 의식이 있다. 그런데 이 물세례 후에 나타나는 성령의 강림(성령세례)과 하늘의 소리로 예수가 이미 공식적인 메시아로 인식되었는데 요한이 감옥에서 제자를 보내어 예수가 메시아인지를 다시 확인하는 것으로 보아(마태 11:3, 누가 7:20) 물세례를 할 때에 하늘의 소리나 성령강림은 없었음이 분명하고 또 그 후에도 예수가 자신에게 기름부음(구체적으로는 왕권, 즉 나라와 권세와 영광을 받는 것)이나 성령세례도 아직 없었음을 괴로워하고 그것을 기다리고 있음을 나타내는 기록이 있다(누가 12:50). 그래서 기름부음을 애타게 기다리던 예수가 마리아의 향유부음을 매우 기뻐한 것이다. 그런데 복음마다 향유를 부은 장소와 향유를 부은 예수의 신체 부위가 다른데 그런 사소한 차이가 문제가 아니라 기름부음은 원래 선지자가 해주어야 권위가 서지만 아무도 해주지 않았으므로 마리아가 대신 용감하게 행하였고 그래서 성경은 이것을 차마 거룩한 기름부음이라고 말하지 못하고 장사준비라고 얼버무린 것이다. 그런데 장사준비는 기름을 살아있는 사람에게 붓는 것이 아니라 시체에 바르는 것이며 또 앞에서 설명하였듯이 그들은 예수가 죽는다는 것도 모르고 있었고 설혹 알았다 하더라도 3일 만에 부활할 사람의 장사준비를 해야할 아무런 이유가 없었으므로 장사준비라는 것은 억지 변명이고 사실은 마리아가 예수를 왕으로 추대하는 의미로 기름부음의 의식을 한 것이다. 예수가 시몬에게 비싼 향유 대신 싼 감람유마저도 부어주지 않은 것을 질책한 것(누가 7:46)으로 보아서 예수가 기름부음을 얼마나 원했는지 짐작할 수 있다.

종교의 분파 현상은 내가 주장하는 우주의 원리인 분산과 결집의 반복 현상의 하나며 이합집산의 원리는 물질, 생명, 자연, 사회, 경제, 종교에서도 예외 없이 통하는 공통된 우주의 법칙임을 말해준다. 한 군데로 모이면 힘이 생기고 힘이 있는 것은 부패하고 부패하면 다시 분열되는 이합집산이 사회를 멈추지 않고 변하게 하는 순환의 원리인 것이다.

올바른 구원

하나님이 실제로 계시는지 아닌지는 아무도 모른다. 그러나 그 하나님이라는 단어를 인간이 만들었다는 것만은 확실하다. 설혹 하나님이 계시더라도 그분은 선하고 공정하실 것이므로 성실하고 정직하게 살아온 사람은 하나님을 두려워하지 않아도 된다. 기독교에는 파벌이 많아서 사람들이 시험에 들고 있는데도 하나님께서 그것을 방치하시는 것을 보면 하나님은 그들의 주장에 별로 관심이 없는 것이 분명하므로 우리 역시 그들의 주장에 겁먹을 필요가 전혀 없다. 그래서 지금부터 기독교가 주장하는 구원론의 문제점을 짚어보고 올바른 구원에 대해서도 논해보자. 그리고 이 글에서 구원이란 용어는 '천국과 심판'에서처럼 별도의 의미 구분이 없으면 현세의 육적인 구원이 아니라 통상적으로 사용되는 의미, 즉 내세의 영적인 구원인 영혼구원으로 이해하기 바란다.

　죄를 사하여 줄 근본적인 권리는 그 죄로 인해서 피해를 입은 자에게 있다. 주기도문의 중간쯤에 보면 "우리가 우리에게 죄 지은 자를 사하여 준 것 같이 우리 죄를 사하여 주시고"라는 구절이 있다. 앞의 죄는 인간이 인간에게 지은 죄를 말하는 것이고 뒤의 죄는 인간이 하나님께 지은 죄를 말하는데, 주기도문의 뜻대로라면 인간에게 지은 죄는 인간이 용서할 수 있다는 것이므로 개인 간의 합의나 국민으로부터 권리를 위임받은 사법부의 처벌로 죄 사함을 받을 수 있는 것이며, 따라서 인간끼리 서로 용서하면 인간에게 지은 죄는 종교적인 구원과는 아무 상관이 없다. 예수가 설교에서 "형제와 화목하고 그 후에 와서 예물을 드리라"고 한 것과 "땅에서 풀면 하늘에서도 풀리리라"는 등 세상의 화평을 강조하는 말들은 사람 간의 일은 사람끼리 해결하라는 것을 요구한 것이며, 또한 사람들의 일은 하늘에서도 간섭하지 않음을 의미한다.

　사회현상을 설명하는 말 중에 '나비효과'라는 것이 있다. 이는 조그만 나비의 날갯짓이 지구 반대쪽에서는 태풍을 일으킬 수도 있다는 것이며, 그것을 죄에 적용하면 조그만 죄도 결코 사라지지 않고 커다란 피해를 일으킬 수 있으며, 따라서 함부로 죄를 사해주어서는 안 된다는 것을 의미한다. 인간이 인간에게 지은 죄를 용서받으려면 사회의 안정과 평화를 위하여 가해자가 피해자에게 사과하고 보상하는 것이 먼저 기본적으로 이루어져야 한다. 배상이나 처벌 없이 용서해주면 본인은 선하다는 말을 들을지 모르지만 또 다른 제2, 3의 범죄를 유발하는 나비효과가 있을 수 있다. 우주와 자연의 모든 존재는 작용과 반작용이라는 상호 대응하는 힘에 의해 질서와 관계를 유지하고 있다. 이 작용과 반작용을 인간 사회에 적용하면 배신과 응징, 범죄와 처벌, 피해와 배상 같은 것들이 이에 해당되며, 이 중에서 작용에 대한 반작용이 약하여 균형이 깨어지면 사회의 질서가 무너질 수 있는 것이다. 배상이나 처벌 없이 무조건 용서하는 것은 사랑이 아니라 사회 질서를 파괴하는 간접 범죄임을 명심해야 하며, 그것은 개인적 가치인 '선'을 위해서 그보다 더 중요한 사회적 가치인 '의'를 저버리게 되는 것으로서, 개인의 행복을 위해서 사회와 국가의 평화와 질서를 어지럽히는 이기적인 행위임을 알아야 한다. 만약 누군가가 피해자에 대한 사과와 보상도 없이 가해자를 용서한다면 그것이야말로 불특정 다수에게 피해를 입히는 범죄라고 할 수 있다. 성경에서 땅의 문제는 땅에서 풀라고 하였으니 인간과 인간 사이의 죄 사함은 하나님이 관여하지 않으며 따라서 기독교인들처럼 하나님께 기도와 회개만 한다고 죄 사함이 저절로 이루어지는 것이 아니다. 죄 사함은 인간적인 노력, 즉 사과와 배상 및 재발방지를 위한 노력을 보인 후에 참된 회개와 용서가 이루어질 수 있는 것이다.

유대인들의 어처구니없는 선민사상과 도덕률이 오늘날에도 세계 곳곳에서 다른 사람들과 부딪히며 테러와 혼란을 야기한다. 구약성경을 보면 간음과 살인이 그들의 기본 질서라고 할 만큼 자주 나온다. 그런데 피해를 입은 상대들에게 아무런 사과와 보상도 없이 그대로 방치한 채 단순히 회개했다는 이유로 그들이 여호와로부터 용서받았다고 하며, 심지어는 그런 파렴치한 행위 중의 일부는 여호와가 허락하거나 시켜서 했다고까지 우긴다. 다른 민족의 하나님은 살생을 싫어하며 비교적 선한데, 이스라엘의 하나님은 무자비한 대량 살상을 수시로 지시하고 때로는 직접 행하기도 한다. 오늘날 사람을 마구 죽이는 중동의 테러가 마치 그들의 문화인 듯 일상처럼 발생하는 이유는 이스라엘과 주변국들의 수많은 학살의 역사로부터 나온 것이다. 철저한 반성과 노력도 없이 오로지 하나님을 믿는다는 것이나 하나님에게 선택되었다는 것만으로 죄 사함을 받아서는 안 된다.

죄를 사하여 준다는 표현은 근본적으로 잘못된 것이며, 한번 지은 죄는 영원히 사라지지 않고 다만 그 죄의 대가, 즉 처벌을 면하게 하여준다는 것이므로 죄를 사하여 주는 것이 아니라 죄인을 용서하여 준다는 표현이 옳다. 그러므로 주기도문의 중간 구절도 "우리가 우리에게 죄 지은 자를 용서하듯이 우리도 용서하여 주시고"로 고쳐야 한다. 기독교인들은 마치 자기들이 죄 사함을 받아서 죄가 없는 듯이 교만해지는데 사실은 죄에 대한 처벌만 면한 것이며 근본적으로는 여전히 죄인인 것이다. 법률적으로 말하면 무죄로 확정된 자가 아니라 대통령(여호와)이 자기에게 충성한 대가로 사면을 해준 것이며 제3자의 시각으로 보면 대통령의 권리 남용으로서 매우 불공정한 은혜를 죄인들에게 베푼 것이다. 여호와가 자기편(기독교인)이라는 이유만으로 어느 보험회사의 광고 문구처럼 죄의 질을 묻지도 따지지도 않고 일방적으로 용서한다면 그것은 매우 존경받지 못할 처신이다. 종교의 근본적인 목적은 죄를 용서받는 것이 아니라 죄를 안 짓는 것이며 따라서 회개는 용서받기 위해서 하는 것이 아니라 다시는 같은 죄를 짓지 않기 위해서 하는 것이다. 이미 지은 죄에 대해서는 용서를 빌 것이 아니라 기꺼이 처벌을 받아야 하고 그것이 진정한 회개이며 거듭남이다.

　땅에서 풀면 하늘에서도 풀린다는 성경구절에 따라 인간이 인간에게 지은 죄는 인간들끼리 알아서 풀 것이므로 하나님이 인간에게 자치권을 부여한 이상 간섭할 필요도 없고 간섭을 해서도 안 되며 하나님은 오직 인간이 하나님에게 지은 죄만 용서해야 한다. 그러면 하나님이 용서해 줄 수 있는 죄는 무엇이 있을까? 인간이 하나님에게 지은 죄라는 것이 과연 무엇이 있을까? 하나님이 만든 우주의 법칙을 어긴 죄 말고는 죄라는 것이 하나님을 모욕하거나 그의 존재나 능력을 안 믿은 죄가 예상되는데 사람이 하나님을 불신한다고 하나님에게 무슨 피해가 가는 것일까? 피해가 가지 않는다면 굳이 그걸 죄라고 말할 수도 없는 것 아닌가? 피해라는 것은 피해자가 불완전한 존재이기 때문에 상대로부터 피해를 입는 것이다. 그런데 하나님은 완전하기 때문에 누가 피해를 입히려고 해도 입힐 수 없다. 권위나 자존심을 상하게 했다고 죄가 될 수 있다고 생각할지 모르겠지만 그런 일은 일어날 수 없다. 누군가가 나에게 모욕적인 말을 해도 나의 자존심은 상하지 않는다. 왜냐하면 그 정도에 상처 날 만큼 그렇게 허약한 자존심이 아니기 때문이다. 하물며 인간 중에서 누가 감히 하나님의 자존심을 상하게 할 수 있겠으며 또 하나님의 권위가 일개 인간에게 무너질 만큼 그렇게 약한 것이 아니지 않겠는가? 지금부터 기독교의 구원론의 문제점들을 짚어보기로 하자.

기독교의 교리에 따르면 불신을 굳이 죄라고 한다니 그 점에 대해서 한번 짚어보자. 사도행전 17:30에서 "알지 못하던 시대에는 하나님이 허물치 아니하셨거니와"라고 하였고 또 예수가 십자가에서 "저들이 모르고 하는 짓이니 용서하여 주소서"라고 한 것은 무지로부터 발생하는 죄는 용서될 수 있다는 중요한 의미를 내포하고 있다. 또 마태복음 24:14와 마가복음 13:10에 복음이 만국에 전파돼야 종말(심판)이 온다고 하였는데, 그 말은 복음을 듣지 못한 자에게 무작정 종말심판(처벌)을 하기는 곤란하다는 뜻이며 이들을 종합해보면 몰라서 믿지 않은 것은 면책이 가능하다는 것이다. 그러면 복음을 듣고도 안 믿으면 어떻게 되는 것일까? 복음을 듣고서도 안 믿었다는 것은 안 믿겨서 못 믿었다는 것인데 어떤 사실을 상대가 믿게 하려면 주장하는 자가 신뢰를 갖고 있거나 아니면 주장하는 내용이 진실이라는 것을 입증해야 한다. 상대가 안 믿는 것을 믿게 만드는 것은 기본적으로 전도자의 책임인 것이다. 상대가 복음을 불신하는 이유는 전도자가 종교인으로서 모범적인 행동을 못 보였거나 혹은 복음의 증거(표적)를 제대로 제시하지 못했기 때문이다. 결국 불신의 책임은 불신자가 아니라 전도자에게 있는 것이므로 몰라서 못 믿은 것뿐만 아니라 안 믿겨서 안 믿은 것도 모두 면책이 가능하다고 봐야 한다. 그리고 기독교의 일부 종파가 주장하는 예정설에 의하면 안 믿은 것은 하나님이 그 사람을 택하지 않아서 그런 것이며 불신자의 결정이나 책임이 아니다.

기독교에서는 사람이 아무리 착해도 원죄가 있어서 스스로는 구원을 받을 수 없다고 말하지만 원죄라는 이론은 참으로 잘못된 것이다. 우선 성경적으로 살펴보면 십계명에서 죄는 3~4대를 내려가고 은혜는 1,000대를 내려간다고 하였다. 그렇다면 설혹 원죄가 있어도 3~4대밖에 내려갈 수 없으며, 기독교적인 논리로 살펴보아도 우리가 비록 조상의 후손으로서 조상의 몸을 도구로 빌려 태어났지만 우리의 영혼은 부모가 만들어낸 것이 아니고 전혀 별개로 하나님에 의해 독립적으로 창조된 개체이므로 부모와 아무 상관없는 존재이며, 따라서 영적으로는 전혀 상관없는 부모의 죄를 유산처럼 받는다는 것은 있을 수 없는 것이다. 또 아담과 하와가 선악과를 먹어서 원죄를 지었다고 하는데 선악과를 먹은 것은 이미 하나님의 계획에 포함되어 있었던 것이며 그들의 잘못이 아니다. 선악과를 따먹을 것을 뻔히 알면서도 심어서 인간을 함정에 빠뜨려 놓은 후에 그 죄의 대가로 에덴동산에서 쫓아내고 온갖 고생을 시킨 후에 예수를 보내어서 구원해주면서 마치 그것이 은혜인 것처럼 말하는 것은 사자성어로 표현하면 적반하장이요 어불성설이다. 인간 모두를 계획적으로 원죄에 묶어놓고 구원하여 주는 것을 은혜라고 한다는 것은, 권력자가 대한민국을 전부 그린벨트로 묶어놓고 일부 사람의 땅만 슬금슬금 풀어주면서 그것을 은혜라고 말하는 것과 같다. 오히려 하나님은 인간에게 선악과라는 함정을 설치한 것을 미안해하며 사과하고 그 보상으로 내세에서는 천당에 보내주어서 편히 지내게 해주어야 함에도 불구하고 오히려 함정에 빠진 책임을 불완전한 인간의 잘못으로 돌려놓고 원죄라는 굴레를 씌워서 구원의 대가(헌금)를 지불하지 않으면 지옥에 보내겠다고 하는 것은 일종의 공갈협박이며 사실은 바울이 만든 최대의 범죄적인 교리다. 이것은 의사가 어린애 앞에 칼을 슬며시 놓아두고 아이가 그 칼을 만져서 상처가 난 것을 치료해주면서 사고는 아이의 책임이므로 치료비를 내지 않으면 법으로 강제 집행하겠다는 것과 같이 참으로 어처구니없는 처사다. 참고로, 모범적인 신앙을 보여주는 구약의 욥기와 지혜의 왕 솔로몬이 작성한 전도서에서 유산이나 낙태를 옹호하는 표현이 나오는데, 유산되어도 원죄에 의해서 지옥으로 가야 하는 기독교 교리와는 상충되는 내용이다. 그렇다면 성경에서 최고의 신앙으로 칭찬한 욥과 최고의 지혜자인 솔로몬이 원죄의 교리를 몰랐던 것인지 아니면 후세의 신학자들이 사람들에게 겁을 주려고 원죄설을 만든 것인지는 저절로 자명하다.

그리고 또 기독교에서는 인간이 아무리 노력해도 불완전한 존재이기 때문에 약간의 악을 저지르게 되므로 결국 하나님의 은혜가 아니면 스스로 천당에 갈 수 있는 사람은 없다고 말하지만, 그것은 세계에서 1등을 한 학생에게 아직도 모르는 것이 많으므로 공부 못하는 학생이라고 입학시험에서 떨어뜨리는 것과 같이 억지스런 주장에 불과하다. 착하다는 것을 상대적으로 평가하지 않고 절대적으로 하면 모든 인간은 악하며, 그렇게 되면 하나님이 세상을 애초에 악하도록 만들었다는 것이 되기 때문에 하나님을 악하거나 무능한 존재로 만드는 불경스러운 주장이 된다. 사실은 성경의 기록에 의하면 여호와는 상당히 무능하다. 구약에 보면 수시로 하나님이 분노하며 징계하거나 심지어 자신의 결정을 후회하기도 한다. 분노하거나 후회한다는 것은 사람들이 차마 그럴 줄 미리 몰랐다는 것이며 전지전능으로 미리 알고 있었다면 예방하거나 대안이나 세우면 될 것을 왜 후회하고 분노하겠는가? 여호와가 후회하고 분노하는 것은 성경 기록자의 생각일 뿐이며 전능하며 선하셔야 할 하나님의 행위가 아니다.

예수가 "아버지께서 이끌지 아니하면 내게로 올 자가 없다"고 한 것이나 예수 자신이 제자들을 택했다고 한 성경의 구절들을 보고 목회자들은 마치 그것이 예정인 것처럼 해석하는데 그것은 예수가 자신의 권능(초능력)이 하나님으로부터 비롯된 것임을 주장하려고 의도한 말이며 예정설을 주장하려고 한 것이 전혀 아니다. 그런 것이 예정이라면 자기에게 군중을 이끌어 온 것뿐만 아니라 다시 흩어지게 한 것도 예정이며 자기가 택한 제자가 자기를 배신한 것도 예정이 성립되는데 예정이 상황이 변하여 다시 변경된다면 그것이 무슨 예정이겠는가? 예수가 제자를 택했다는 것은 그들을 구원된 자로 택했다는 뜻이 아니라 여러 제자(일반 성도)들 중에서 모범적인 자들을 골라 사도(전도사)로 택했다는 것이다(누가 6:13). 베드로가 수석 사도로 미리 예정되어 있었으면 처음부터 수석사도로 임명됐어야 하는데 초기에는 단순 추종자에서(나를 따르라) 나중에 사도로, 다시 마지막에 수석 사도로 임명된 것은 그의 믿음과 순종을 살펴본 연후에 차차 높은 단계로 결정된 것임을 보여준다. 하나님은 아무것도 미리 정해놓지 않고 오직 인간이 잘하기를 사랑으로 인내하고 기다리신다. 하나님이 미리 정해놓고 인간들이 지옥으로 가는 것을 물끄러미 쳐다보고 계신다면 하나님은 참으로 사악한 존재이며, 그렇다면 인간은 하나님의 사랑스런 자녀가 아니라 잡아먹으려고 키우는 돼지만도 못한 것이고, 그런 하나님을 믿고 따를 필요가 전혀 없다. 우주에는 예측은 있으나 결단코 예정은 없으며 따라서 자신의 구원을 위해서는 끝까지 최선을 다해야 한다. 하나님이 원해서 교회로 이끌고 온 사랑하는 자녀가 다시 교회를 떠나는 것을 막지 못한다는 것은 역으로 인간이 교회로 올 때도 자신의 의지로 왔다는 것을 반증한다. 불가항력으로 교회에 끌려왔다면 또한 마음대로 떠날 수 없어야 마땅하기 때문이다.

어떤 큰 교회의 유능한 목사가 목회는 '경영'이라고 말하였는데 작은 교회의 순진한 목사가 그 말을 신성모독이라고 분개했다. 목회를 경영이라고 하는 것은 기독교의 기본이 신본주의가 아니라 인본주의라는 것을 시인하는 것이기 때문이다. 목회를 경영이라고 말한 것은 목회가 신성한 하나님의 일이 아니라 세상의 사업이며 따라서 생산자(창조자)의 뜻보다는 소비자(성도)의 의도를 더 중요시 여기는 것을 말한다. 쉽게 구분하자면 신본주의는 생산자(하나님) 중심주의고 인본주의는 소비자(인간) 중심주의를 말하는 것이다. 외국의 어느 유명한 목사가 쓴 『긍정의 힘』이라는 책이 베스트셀러가 되었는데 이것은 인본주의에 근거하는 매우 비성경적인 주장이다. 『긍정의 힘』은 얼핏 보면 하나님을 믿고 적극적으로 행하면 어려운 것도 성취할 수 있다는, 다시 말해서 신앙심이 좋은 사람은 성공한다는 그럴듯한 논리를 내세우지만 깊이 들여다보면 하나님의 능력이 아니라 사람의 긍정적인 의식이 세상을 움직일 수 있다는 것으로서 매우 비기독교적인 발상이다. 그런데 실제로 세상에서는 인본주의적인 목회가 성공하고 있고 또 하나님은 그것을 묵인하고 있다. 이단이나 사이비를 포함하여 부흥하는 교회가 가지고 있는 공통점은 그들이 신도들을 설득시킬 수 있는 능력이 있다는 것인데 이 능력은 하늘로부터 오는 것이 아니라 인간의 이기심에서 나오는 신도들의 욕구와 갈증을 해결해주는 적절한 지혜가 그 목회자들에게 있기 때문이다. 부흥한 목사들은 자신이 하나님의 뜻에 충실했기 때문에 부흥했다고 생각하지만 그것은 착각이며 하나님의 뜻을 따르지 않는 이단이나 사이비도 부흥하는 것으로 봐서 부흥은 하나님이 이끌어서 되는 것이 아니라 목사 개인의 인간적인 능력일 뿐이고 따라서 전도는 하나님의 선택이 아니라 인간의 의지에 의하여 결정된다는 것을 증명하고 있다. 그러므로 인기 있는 목사가 하나님이 사랑하는 목사라는 등식은 성립되지 않는다. 신학자들은 이단들이 부흥하는 것을 사탄의 작용이라고 하겠지만 그것은 하나님이 사탄을 이기지 못하거나 혹은 사람들이 사탄에 끌려 지옥에 가더라도 신경 쓰지 않는다는 것을 의미하는 것이며 이것은 하나님이 무능하거나 악한 존재라는 매우 불경스러운 주장이 된다.

부흥이 안 되는 교회 목회자들의 공통점은 그들이 하나님의 뜻에 충실하려고 한다면서 사람에게는 등한시하고 또 자신이 주의 종이라는 것을 내세우며 은근히 교만해져 있다는 것이다. 그런데 성경에서 작은 자에게 잘하는 것이 하나님에게 잘하는 것이라고 하였으니 목회자는 하나님에게 잘하기 이전에 먼저 이웃과 성도를 열심히 사랑해야 한다. 목회자는 하나님에게만 잘하려고 애를 쓸 것이 아니라 사람에게 잘하여 교회를 부흥시키는 것이 진정으로 하나님이 원하는 것임을 깨달아야 한다. 목회는 경영이라는 인본주의가 역으로 예수가 주장한 진정한 신본주의라는 것과 따라서 그것이 목회 성공의 열쇠라는 것도 깨달아야 한다. 목회에 성공하려면 기도하는 시간보다 전도하는 시간이 더 많아야 하고 말하는 시간보다 듣는 시간이 더 많아야 하고 예배하는 시간보다 봉사하는 시간이 더 많아야 한다. 부흥하려는 욕심으로 하나님에게만 잘하면 그런 교회는 절대 부흥하지 않는다. 이기심으로 가득한 세상의 부모들도 자신보다 자식을 먼저 생각하는데 하물며 사랑의 하나님이 자신보다 자신의 자녀들에게 잘해주는 것을 더 원하지 않겠는가?

'기도와 응답'에서도 설명하였듯이 하나님은 심판권만 있을 뿐 행정권은 행사하지 않으시며 인간에게 위임하셨다. 그러므로 인간의 일은 인간들이 알아서 하는 것이며 인간의 의지에 따라 교회의 부흥도 결정되는 것이고 또한 그것이 곧 하나님의 뜻이다. 부흥했다고 모두 하나님의 뜻을 잘 받든 것은 아니지만 부흥하지 못한 것도 하나님의 뜻을 제대로 받들지 못한 것이다. 목회자의 목장에 양떼가 없으면 그 목회자는 하늘의 상을 받을 수 없지만 비록 양떼가 많아도 튼실한 양의 비율이 높지 않으면 그 목회자도 역시 하늘의 상을 받지 못한다. 어린 양을 가장 잘 기르는 방법은 자신이 잘 돌볼 수 있을 만큼만 기르고 나머지는 다른 이웃목장(교회)으로 보내는 것이다. 목회자가 상을 받고 싶은 욕심으로 무리하게 양떼를 많이 기르고 있는 것은 의사가 치료도 제대로 못하면서 돈을 벌고 싶은 욕심으로 환자를 너무 많이 받고 있는 것과 같다. 대형 교회에서 담임목사가 피라미드식으로 관리하는 성도는 자신의 성도가 아니며 오직 자신이 직접 관리(상담과 목양)하는 숫자만 자신의 성도임을 알아야 한다. 왜냐하면 예수는 교회의 권력화를 막기 위하여 사람이 지도자나 선생이 되어서 중간조직을 만드는 피라미드식을 원치 않았을 뿐만 아니라('천국과 심판' 참조) 한 사람의 성도를 목사의 성도이면서 동시에 부목사의 성도로 계산한다면 목사들이 서로 상을 받기 위하여 하나의 실적을 두 배로 부풀린 셈이 되기 때문이다. 교회나 병원은 목회자나 의사를 위해 존재하는 것이 아니라 성도나 환자를 위해 존재한다는 것을 깨달으면 그 교회나 병원은 반드시 부흥한다.

　원죄, 은혜, 예정 등과 같은 교리들은 사도 바울을 비롯한 신학자들과 목회자들이 성도들을 겁주어서 자신들을 섬기게 하려고 만들어낸 것일 뿐이며 예수는 그런 것을 언급한 적도 없다. 원죄를 논하면 앞에서 말했듯이 인간의 책임보다는 하나님의 실수가 더 노출되고 따라서 원죄설을 주장하는 것은 하나님의 아픈 상처를 건드리는 매우 불경스러운 주장이다. 구원의 가능성은 오직 자신의 노력에 달렸으며 예정된 구원은 없다는 것을 설명해주는 예수의 유명한 비유 설교들이 많다. 씨 뿌리는 비유는 어느 땅에나 똑같은 씨가 뿌려지는 것이며 싹이 나고 자람은 땅(사람)에 달렸다는 것이고, 결혼식의 비유는 초청장은 누구에게나 주어지지만 예복을 입어야 예식에 참여할 수 있다는 것인데 순종이라는 예복을 입지 않으면 초청에 응하는 것(믿음)만으로는 예식장(천국)에 들어갈 수 없다는 것이다. 달란트와 빚 탕감의 비유는 열심히 하지 않거나 바르게 하지 않으면 주어진 구원도 회수한다는 것이고, 또 열매의 비유는 잎(시작)이 아니라 과실(결과)을 보고 판단한다는 것으로서, 이런 모든 비유들의 공통점은 구원이 미리 정해진 것이 아니며 그 사람의 믿음(시작)이 아니라 순종(결과)을 보고 결정된다는 것이다. 그리고 목사들은 잃어버린 양과 탕자의 비유에서 하나님의 사랑만 강조하는데 그 속에 숨어 있는 더욱 중요한 것은 하나님이 길 잃은 양이나 자식이 돌아오기를 원하고 기다린다는 것이며 따라서 구원은 택함이 아니라 자유의지로 인간이 노력해야 한다는 것이다.

이와 같이 예수가 구원을 얻기 위해서 모두가 노력할 것을 주문하는 반면에 사도 바울은 노력보다 믿음을 중요시하면서 마음으로 믿고 입으로 시인하기만 해도 구원을 얻을 수 있다고 하였다(로마서 10:9). 그런데 바울이 믿음을 강조한 것을 역으로 생각하면 그만큼 예수를 불신할 만한 요소가 많았기 때문이며 그래서 바울이 모든 편지에서 수없이 믿음을 강조하게 된 것이다. 바울이 믿음은 보지 못하는 것들의 증거라고 한 것과 믿음은 들음에서 나온다고 한 것을 역으로 생각하면 사람들에게 표적을 보여주지 못하므로('부활의 진실' 참조) 증거(표적)를 보지 못해도 복음을 듣고서 믿는 것이 훌륭한 믿음이라고 말할 수밖에 없었던 것이다. 성경에는 바울이 많은 능력을 행한 것처럼 기록하고 있으나 실제로는 바울이 아무런 표적을 보여줄 능력이 없었으며 자신도 무슨 표적을 보고 예수의 부활을 믿은 것이 아니라 스데반이 기꺼이 순교하는 것을 보고 스데반이 예수의 부활을 직접 확인하였을 것이라고 생각하고 자신도 예수의 부활을 믿은 것이어서 오직 증거 없는 믿음만을 강조한 것이다. 사도행전에서는 바울이 다메섹으로 가는 길에서 예수를 직접 보고 믿음을 가졌으며 눈이 멀었다가 안수기도를 받고서 나았다고 하였으나 그것은 사실이 아니다. 왜냐하면 바울 자신이 기록한 성경을 보면 성도들이 자신의 눈을 바울에게 빼어주고 싶을 만큼 바울의 눈이 나쁜 것을 안타까워하였으며(갈라 4:15) 또 바울이 편지를 대신 쓰게 하고 서명만 친필로 하거나(고전 16:21, 골로 4:18) 글자를 쓸 때 크게 썼다고 기록한(갈라 6:11) 것도 바울이 눈이 나빠서 작은 글씨를 쓰거나 읽지 못했다는 것을 의미한다. 그리고 다메섹으로 가는 도상에서 예수가 정말로 나타났다면 그것은 예수의 재림이 성립되기 때문에 바울이 예수를 보았다거나 안수기도로 시력이 매우 좋아졌다는 것은 진실이 아니다. 그러므로 바울이 경험한 예수의 재림은 환상에서 오는 착각을 과장하여 만들어낸 이야기라고 볼 수밖에 없다. 그리고 예수가 성도들에게 원하는 것은 예수 자신을 믿으라는 것이 아니라 자신의 가르침(복음)대로 행하면 천국에 갈 수 있다는 것을 믿으라는 것이다. 다시 말해서 예수를 섬기는 것이 아니라 복음을 실천하라는 것이며 그것은 예수가 길(복음, 진리, 십자가의 도)을 알려주었으니 열심히 노력하여 그 길로 가라는 것이다.

공관복음을 분석해보면 '천국과 심판'에서 말했듯이 구원은 육체의 구원이며 영생은 영혼의 구원이라는 다른 의미인데 신학자나 목회자들이 의미의 차이를 모르고 혼용하고 있으며 예수와 바울의 구원론에도 그와 같은 차이가 있다. 바울은 기본적으로 믿음을 강조하였고 예수는 행함을 강조하였다. 예수는 구원을 2단계로 구분하였는데 첫 단계는 심판이며 이 심판으로부터 생명이 구원된 자(살아남은 자)들 중에서 2단계로 깨어 있는 자들을 택하여 함께 천국을 건설하고 이들에게 영생도 주겠다는 것이다. 예수가 제시한 생명구원(1차 구원)의 조건은 믿음이며 영혼구원(2차 구원)의 조건은 행함(순종)이다. 예수의 설교는 이미 여호와에 대한 믿음을 갖고 있는 유대인이 대상이었으므로 믿음보다 행함을 강조하였으나 바울은 이방인을 상대로 전도하였기 때문에 그들을 우선 믿게 하여 가까운 종말심판으로부터 그들의 생명을 구하는 것이 시급했고 그래서 그의 설교는 행함과 영생보다는 믿음과 구원에 중점을 둔 것이다. 2천 년이 지난 이제는 종말이 이미 지나갔을 뿐만 아니라 종교적인 환경이 변했으므로 믿고 시인만 해도 구원이 된다는 바울의 가르침은 무의미해졌다. 바울이 서신(성경)을 작성하던 초기 기독교에서는 믿음을 시인하는 것은 단순한 믿음이 아니라 목숨을 거는 중요한 결단이며 그 자체가 엄청난 행함에 해당될 수 있기 때문에 영생을 부여할 가치가 있다고 볼 수도 있다. 그런데 오늘날에는 종교의 자유가 있어서 믿음에 대한 아무런 핍박도 없고 더군다나 많은 사람들이 이미 믿고 있는 것을 더불어 믿기 때문에 사도 바울의 말처럼 단순히 믿고 시인하는 것을 행함이라고 볼 수 없으며 따라서 믿음만으로는 영생을 얻지 못한다.

　이와 같이 시대와 상황에 따라서 옳고 그름이나 용어의 개념이 달라지는 것을 노자가 『도덕경』에서 "도가도 비상도, 명가명 비상명"이라고 하였듯이 성경도 시대에 맞게 적절하게 해석해야 한다. 예를 하나 더 들면, 사도 바울이 감옥의 간수에게 "주 예수를 믿어라 그리하면 너와 네 집이 구원을 얻으리라"고 하였는데 그것은 한 집에서 한 사람만 대표로 믿으면 가족이 모두 구원된다는 뜻이 아니라 그 당시의 중동의 가족문화에서는 가장이 어떤 종교를 믿으면 가족은 필연적으로 같이 믿게 되어 있으므로 가장이 주 예수를 믿으면 자연히 가족도 함께 구원을 얻게 된다는 뜻이다. 그러나 이제는 극히 일부 국가를 제외하고 모든 국가에서 종교의 자유를 허락하고 있으며 따라서 부자간이나 부부간에도 다른 종교를 믿고 있으므로 바울이 제시한 시인구원론(믿음을 시인만 해도 구원된다는 이론)이나 가족구원론(가장이 믿으면 가족도 함께 구원된다는 이론)은 무효가 되었음을 알아야 한다.

인간은 누구나 구원의 가능성이 있기 때문에 태어난 것이다. 가능성도 없는데 굳이 생명을 태어나게 하여 지옥으로 보낸다면 하나님은 공의와 사랑의 하나님이 아니다. 인간은 누구나 구원의 가능성을 가지고 태어났으나 하나님의 은혜와 긍휼은 거기까지이고 구원의 실현은 자신의 의지와 행함에 달린 것이다. 따라서 구원은 회개와 죄 사함에 의한 하나님의 은혜나 권리가 아니라 인간이 해결하여야 할 숙제이므로 단순한 믿음으로 하나님에게 잘 보여서 될 일이 아니며 오직 옳은 삶을 위해서 최선을 다할 때 구원이 이루어지는 것이다. 설혹 당신이 믿고 따르는 하나님이 당신의 심판관이라고 하더라도 그분은 복음을 얼마나 바르게 실천했는가를 심판할 뿐 단순히 친한 사이라고 당신을 봐줄 만큼 그렇게 불의하지 않으시다는 것을 깨달아야 한다. 자신의 삶이 우주의 법칙 안에서 항상 충실하고 올바르면 구원되겠지만 자신의 행동이 과연 옳은지에 대한 확신을 갖기가 매우 어렵다. 그래서 수행을 많이 한 사람은 자신의 신념에 따라서 행동하겠지만 그러지 못한 보통사람들은 현자들에 의하여 공인되고 검증된 기성 종교에 참여하여 그들을 따라서 활동하는 것이 무난할 뿐만 아니라 나태해지기 쉬운 자신을 관리하기에도 좀 더 효율적인 방법이다. 설혹 절대자가 있다 하여도 우주의 법칙에 따라 남에게 피해를 주지 않고 올바르게 살아간다면 불완전한 인간의 작은 실수나 잘못은 용인하여 주실 것이다. 절대자는 인간에게 완전성을 요구할 수 없다. 왜냐하면 인간은 피조물이며 따라서 인간의 불완전성은 조물주의 책임이기 때문이다. 선량한 절대자라면 자신이 만든 법칙을 열심히 따른 사람을 어떻게 처벌하겠는가?

세계적으로 추앙받는 성녀인 테레사 수녀도 주변의 성직자들에게 여러 차례 하나님의 존재를 확인할 수 없음을 고백하였다는 신문기사를 본 적이 있다. 테레사 수녀도 하나님의 존재를 확인하지 못하였으나 최선을 다했다는 스스로의 확신을 통한 자력구원을 위해서라도 고난의 길을 끝까지 갈 수밖에 없었으며, 혹여 있을지도 모를 하나님의 존재와 심판에 대한 두려움도 여전히 남아 있어서 마지막까지 자기의 솔직한 생각을 끝내 공개적으로 밝히지 못했을 것이다. 열심히 공부한 학생이 시험에 담대해질 수 있듯이 우주와 자연의 법칙을 잘 지킨 사람은 내세의 심판을 두려워할 필요가 전혀 없다. 참고로 말하면, 기독교에서 말하는 천당은 춥지도 덥지도 않고, 배고프지도 병들지도 않으며, 그래서 아무 할 일도 없는, 결국은 낭만도 변화도 없으며 따라서 꿈도 희망도 없는 곳이라고 예상되는데, 그런 지루한 곳이라면 땅에서 면벽좌선 9년의 수양을 한 사람도 거기에서 10년을 견디기 힘들 것이다. 아무리 맛있는 음식도 며칠만 계속해서 먹으면 질린다. '살아 있음'의 특징은 '변함'이다. 변하지 않고 항상 같으면 그것은 삶이 아니라 죽음이며 설혹 식물인간과 같은 삶으로 영생을 유지한들 무슨 의미가 있겠는가? 예수가 누가복음 24:39에서 영혼은 뼈도 살도 없다고 말했는데 그렇다면 영혼은 오장육부는 물론 인식기능을 가진 신경도 없을 것이며 그렇다면 맛있는 음식을 먹을 입이나 아름다운 경치를 볼 눈 그리고 좋은 음악을 들을 귀도 없는데 그런 존재가 아름다운 천당에서 지낸다고 무슨 의미가 있겠는가?

유대인들은 용암이 땅속에서 분출하는 것을 보고 아마 땅속에 유황 불지옥이 있을 거라고 상상한 모양인데(구약에 보면 의인은 하늘로 올라가고 악인은 음부로 내려간다고 되어 있다), 지옥은 영혼의 세계이므로 물질인 불이 있을 수 없으며 설혹 있다 하더라도 뜨거운 용광로 속에서도 신경이 없는 금속덩어리가 유유자적하듯이 영혼은 불에 타지도 않을뿐더러 온도를 감지하는 신경기능이 없어서 불을 뜨겁게 느끼지 않는다. 고도의 과학적인 기술로 인체의 어디에서도 영혼을 탐지하거나 인식할 수 없다는 것을 역으로 해석하면 어떠한 물리적인 방법으로도 영혼을 괴롭히거나 위해를 가할 수 없다는 것을 반증하며 따라서 영혼을 일정한 장소(지옥)에 가두어놓을 수 있는 방법도 없는 것이다. 하나님께서 지상에 있는 여러 동물들과 식물들을 창조한 패턴을 보면 대개의 작품들에 큰 변화가 없다. 그렇다면 하나님의 작품패턴으로 보아서 천당이나 지옥도 지금 우리가 살고 있는 지구와 별로 차이가 없을 것이 분명하므로 크게 걱정하지 않아도 된다. 사랑의 하나님께서는 원수도 사랑하라고 말씀하셨는데 설마 자신이 만든 인간을 마구 불지옥에 던진다면 하나님은 이율배반적이거나 혹은 지옥이 생각보다 별로 고생하는 곳이 아니거나 둘 중의 하나가 성립돼야 한다. 설마 하나님이 이율배반적일 리가 없으니 지옥은 견딜만한 곳이어야 한다. 성경에 있는 불지옥은 인간을 겁주어서 착하게 만들려는 교육용 거짓말이며 성실하게 살아온 사람은 자기가 행한 대로 대접받을 터이니(마태 16:27) 너무 겁을 먹지 않아도 된다.

'부활의 진실'에서 말했듯이 예수는 부활하지 않았으며 구약에서 예언한 메시아(이스라엘의 구원자)도 아니다. 설혹 신약성경에서처럼 예수가 성령으로 태어나고 십자가에서 부활했다고 하여도 그것으로 저절로 메시아가 되는 것이 아니라 수행한 일이 메시아다워야 메시아가 되는 것이다. 성경적으로 해석해도 유대교적인 메시아(정치적인 메시아; 민족의 구원자)는 가능할지 몰라도 지구 전체를 구하기 위한 기독교적인 전능한 메시아의 출현은 있을 수 없다. 왜냐하면 조물주는 인간 사회에 비유하면 우주의 제조업자와 같은데 어떤 제품의 부분(이스라엘)을 수리하는 것은 혹여 있을 수 있으나 제품 전체(지구)의 구조를 바꾸는 것은 근본적으로 제품이 불량하다는 것이며 그렇게 되면 하나님께서 자신이 이룩한 천지창조에 중대한 흠결이 있다는 것을 스스로 인정하는 것이 되고 그러면 전지전능의 권위가 사라지기 때문이다. "하나님이 그 지으신 모든 것을 보시니 보시기에 심히 좋았다(창세기 1:31)"고 할 만큼 만족스러워한 자신의 작품을 스스로 망가뜨리며 종말을 고한다는 것은 실패한 천지창조를 실패할 줄도 모르고 기뻐한 꼴이 되는데 어찌 전능하며 자존심이 있으신 분이라면 자신이 만든 지구를 망가뜨려 스스로 자신을 바보로 만들겠는가? 예술가들은 불완전한 인간이니까 가끔 자신의 작품에 만족하지 못하면 그 작품을 망가뜨리는 경우가 있으나 완전한 신이라면 그럴 리가 없고 또 그러지 않을 것이다. 과학자가 주장하는 지구 종말은 있을 수 있겠지만 종교인이 예언한 종말은 있을 수 없다. 메시아사상은 모든 민족의 예언서에 있는 공통적인 내용이다. 우리나라에도 『정감록』이라는 예언서에 위대한 지도자가 나타나 한국을 세계 최강의 나라로 번성하게 한다는 내용이 있다. 누구나 깨달으면 부처가 되어서 해탈을 얻을 수 있듯이 메시아도 따로 존재하는 것이 아니라 우리가 복음을 행하면 각자가 스스로를 구하는 자신의 메시아가 되는 것이다. 문법적으로 말하면 부처나 메시아는 고유명사가 아니라 보통명사에 해당된다. 그러므로 부처나 메시아가 별도로 정해져 있는 것이 아니라 이웃에 자비하면 부처가 되고 작은 자를 사랑하면 메시아가 되는 것이다. 우리 모두가 자신의 메시아이며 부처이고 오직 자신만이 자신을 구할 수 있는 것이다. 하나님(성령)과 인간(성도)은 일대일의 관계이며 그 사이에 인도자는 있을 수 있으나 구원자는 없으며 있어서도 안 되고 있을 수도 없다. 누구나 계율(자비)이나 계명(사랑)만 잘 지키면 모두 스스로를 구원할 수 있다.

지금까지 기독교의 여러 모순점을 언급하였다. 그렇게 한 것은 종교를 정직하게 분석하여 올바른 길을 가고자 함이다. 인간이 집단생활을 시작하면서 이들을 관리하기 위한 법과 규율 및 도덕이 만들어졌는데 이것만으로는 충분하지 않아서 지도자에게는 이를 보완할 방법이 필요했다. 그래서 지도자는 신비감을 조장하여 남다른 힘이 존재하는 것처럼 보이게 하기 위해서 일반인이 범접할 수 없는 곳(하늘)으로부터 능력을 받았다고 믿게 만듦으로써 효율적인 통치를 하였다. 때로는 자기를 따르는 무리에게 좌절을 극복할 수 있는 용기를 주려고 자기들은 남들과는 다르게 하늘이 선택한 특별한 민족이라는 자긍심을 심어주면서 그들의 힘을 결집하기 위해서 사용하였다. 과거의 종교가 기득권층의 지배 논리를 정당화하기 위한 것이었는데(구약에 보면 여호와가 노아의 방주나 소돔과 고모라처럼 현세에서 직접적인 심판을 한다고 이스라엘 사람들을 겁주어서 기름부음을 받은 지도자를 순종하게 하였으며 한두교도 카스트라는 계급제도로 대중을 지배하였다) 이를 개혁하여 보통 사람들과 약자들을 위하여 민주화와 세계화를 이룬 사람들이 예수와 석가 및 그의 추종자들이다. 현실에서는 차별받거나 고통 받고 있는 약한 자들이 내세에서는 성별과 신분 그리고 인종의 차별이 없이 누구나 똑같은 대접을 받거나 그런 고통에서 벗어나 영생과 해탈을 얻는다고 주장함으로써 폭발적인 호응을 얻었다. 그러나 그들은 지나치게 영생(해탈)만을 강조함으로써 행복해야 할 현세의 삶을 내세에 대한 희생의 제물로 만들어버리는 우를 범했다. 예수와 석가는 인간에게 또 다른 형태의 고통을 야기하여 그들도 결국 인류를 구원하는 데 실패한 것이다. 비종교인들은 현세의 물질적인 욕망에 빠져 있는 반면 종교인들은 내세의 영생에 대한 욕망에 사로잡혀 서로가 양극화된 극단적인 삶을 살아가고 있는 것이 오늘의 현실이다. 진정한 구원은 내세보다 먼저 현세에서 행해져야 하는 것이며 현세에서 구원하지 못하는 능력으로 내세에서 구원해준다는 것은 나중에 보자는 것처럼 무능력자의 변명에 불과하다.

　석가와 예수가 세상의 구원에 실패한 이유는 그들의 설법이나 설교가 그들의 믿음에 불과하였을 뿐이며 과학적인 진실에 기초하지 못했기 때문이다. 시간이 걸리고 부작용이 있더라도 이제 진실을 말해야 한다. 인류가 진실을 이해할 수 있을 만큼 충분히 성숙하였는데도 불구하고 아직도 미숙한 어린이에게 사용하는 선의의 거짓말 교육법을 사용해서는 안 된다. 어린이에게 선행 상을 주는 것은 어린이를 선하게 만들려는 것이 목적인데 어린이가 상에 눈이 어두워 거짓 선행을 하거나 마지못해서 선행을 한다면 선행상은 원래의 목적을 달성하지 못한 것이다. 이제 종교는 '어떻게 잘 죽을 것인가?'라는 것에 집착하지 말고 '어떻게 잘살 것인가?'라는 것으로 관점을 돌려 제2의 종교개혁을 통해서 시대와 상황에 맞는 진화를 해야 한다.

　사람들은 꿈을 목표라는 단어와 동일시한다. 그러나 좀 더 깊이 들여다보면 사실은 꿈은 목표가 아니라 수단이다. 미래에 대한 꿈을 이용하여 지금 현재에 행복감을 느끼려는 것이다. 꿈은 가슴속에 있을 때 제일 행복하다. 꿈을 이루고 나면 가슴 두근거리게 했던 그 설렘은 곧 사라지고 또다시 다른 꿈을 꾸지 않으면 권태로워진다. 그러므로 미래의 꿈은 목표가 아니고 그 꿈을 통하여 현재를 행복하게 하려는 수단이다. 그러므로 꿈을 이용해서 현실의 행복감을 얻는 것은 일종의 자기최면일 뿐 진정한 행복이 아니다. 더구나 그 꿈이 이루어지지 아니하거나 성취에 대한 확신을 갖고 있지 않으면 불행에 빠질 수 있다. 내세에 대한 소망으로 현세를 행복하게 하려는 기존의 종교 교리는 자기최면이나 자아도취를 이용하여 가상의 행복을 추구하는 것으로서 정직한 도(道)가 아니다. 이제 우리 인류는 성숙하였으므로 모든 사실을 인정하고 그 사실적인 토대 위에서 행복을 추구하는 정직한 도를 가르쳐야한다. 그러므로 바람직한 행복의 실현 방식은 현재에 주어진 여건(범사)을 감사하게 받아들이는 자각(깨달음)이 우선 필요하고 거기에 더 나은 미래를 이룰 수 있다는 가능성을 믿고 노력을 더하는 것이다. 미래의 종교는 기존의 종교처럼 내세에 대한 소망에서 비롯되는 가상의 행복에 빠질 것이 아니라 현실에 대한 겸허한 자각과 미래에 대한 희망이 첨가된 '정직한 행복'을 추구하는 방향으로 변화해야 한다.

만약에 내세가 실제로 존재한다 하더라도 현세의 행복은 여전히 중요하며 그러한 관점에서 성경을 다시 해석해보자. 예수가 "형제와 화목하고 그 후에 와서 예물을 드리라"와 "땅에서 풀면 하늘에서도 풀리리라"는 등 산상설교를 비롯한 여러 설교에서 여호와에 관한 일보다 사람과의 일을 더 강조한 이유는, 집에서 새는 바가지가 밖에서도 샌다는 말처럼 지상에서 화평에 대한 예비 훈련이 되어 있지 못한 자는 하늘에서도 화평하게 지내지 못할 것이라고 생각하였기 때문이다. 따라서 지상에서 화평하지 못한 자는 아무리 믿음이 좋아도(주여! 주여! 부르짖어도) 영생의 대상이 될 수 없다고 본 것이다. 하나님께서 인간을 영원한 천국(천당)에 입학시키기 전에 지구라는 예비 훈련학교를 거치게 하신 것은 화평 훈련을 시키기 위한 것이며, 단순히 신앙심을 확인하기 위하여 수십 년의 시간을 지구에 머무르게 하는 것이 아니다. 신앙심만 확인하려면 세례를 받은 후에는 사랑스런 자녀를 혼탁하며 도처에 사탄의 유혹으로 위험한 임시 휴게소에 불과한 지구에서 더 이상 머무르게 할 이유가 없으며, 따라서 세례가 끝나자마자 빨리 영원한 낙원인 하늘나라로 데려가야 하는데, 그러지 않고 지구에 더 머무르게 하는 것은 화평 훈련을 시키기 위한 것이다. 내세가 없다면 당연히 현세에 충실해야 하고, 설혹 내세가 있다 하여도 현세에서 먼저 행복해야 하고 또 현세에서 행복에 길들여지지(훈련되지) 않은 사람은 내세에서도 행복할 자격이 주어지지 않는 것임을 깨달아야 한다. 훈련되지 않은 병사가 실전에서 잘 싸울 리가 없고, 열심히 공부하지 않은 학생이 시험을 잘 볼 리가 없는 것과 같다. 현세에서의 행복(화평)은 내세의 행복(영생)을 이루는 필수 조건이다.

종교를 믿거나 수행을 하는 목적은 바르게 살기 위함이다. 그러기 위해서 우리는 먼저 옳은 가치가 무엇인지 알아야 하고 그 가치를 실현하기 위해서 몸과 마음을 훈련해야 한다. 절대적인 가치가 있다고 믿는 종교인이든지 아니면 상대적인 가치 중에서 최고를 추구하는 일반 수행자든지 간에 그들에게 공히 필요한 덕목이 있다. 평정심의 유지가 바로 그것이다. 오래된 성직자나 수행자라는 사람들도 남들이 자기에게 조금만 거슬리는 언행을 하면 얼굴이 붉으락푸르락하는 자들이 많다. 흔들리지 않는 강한 평정심은 이론과 학습만으로 형성되기 어렵다. 사람들이 죽음과 같은 극한적인 수행이나 세상의 혹독한 시련에 이르면 인간이 참으로 나약한 존재임을 깨닫고 절대자에게 기대거나 생명의 가치에 대한 새로운 인식을 갖게 된다. 이때에 수행자에게는 자신의 의식이 심연의 깊은 바닥으로 가라앉아서 표면의 비바람에 영향을 받지 않는 고요한 마음을 가질 수 있는 훈련이 된다. 자신을 포함하여 모든 사물을 창밖의 다른 세계를 대하듯이 감정이입이 없는 시각으로 바라볼 수 있을 때에 세상을 무욕의 객관으로 대할 수 있게 되는 것이며 그렇게 함으로써 모두에게 공정해질 뿐만 아니라 모든 것을 사랑할 수 있게 되는 것이다.

노자가 『도덕경』에서 만물은 이름을 얻음으로써 탄생한나고 하였는데, 그렇다면 그와 반대로 이름을 잃으면 죽은 것이나 마찬가지가 된다. 사람도 자기 이름을 떳떳이 세상에 내놓지 못하면 살아 있어도 죽은 것과 같다.

그러므로 우리의 이름이 살아 있으면 죽어도 살아 있는 것이고 이름이 죽으면 살아 있어도 죽은 것이다. 사람이 학자로서 지식을 남기거나, 실천가로서 모범을 보이거나, 예술가로서 문화에 족적을 남김으로써 후세들이 존경하는 사람으로서 그의 이름을 잊지 않고 있을 때에, 혹은 그렇게 유명인만큼은 못해도 남아 있는 사람들의 가슴속에 사랑하는 가족으로, 따뜻한 이웃으로, 멋있는 선배로 그 사람의 이름이 함께 살아 있다면, 그는 죽지 않고 살아 있는 것이며 땅 위에서 영생하는 것이고, 땅 위에서 영생하지 못한 자는 하늘에서도 영생을 얻을 자격이 없는 것이다. 옳은 가치와 삶이라는 확신만 있으면 담대히 앞으로 나가라! 그러면 그대는 필히 구원될 것이다. 하나님은 선하고 공정하실 것이므로 성실히 노력한 자를 결코 외면하지 않을 것이다. 세상의 화평을 실천하기 위한 방법으로서 사랑(자비)이 제1이고 따라서 사랑은 종교인에게는 하나님의 명령이며 과학자에게는 지켜야 할 우주의 법칙이고 구도자에게는 깨달음의 증거다.

건강한 사회

정치는 법률로 사람들을 지배하려 하고 종교는 계율로 사람들을 지배하려고 한다. 그 둘은 방법만 다를 뿐 사람들을 지배하려는 목적은 근본적으로 같다. 그래서 옛날에는 지도자들이 양손에 정치와 종교를 함께 쥐고 세상을 독점적으로 지배하는 제정일치의 시대를 이루고 있었는데 사람들의 의식이 깨어나면서 정치와 종교가 분리되기 시작하였으나 그 둘은 여전히 세상을 양분하여 지배하고 있다. 정치와 종교는 불완전한 개인들이 독자적으로 살아가기 어려운 약점을 이용하여 그들을 보호해준다는 명목을 빙자하여 오히려 그들을 지배하려는 매우 이기적인 술수들이다. 그러므로 정치가와 목회자는 입으로는 국민과 성도를 섬긴다고 말하면서 마음속으로는 반대로 그들이 자신들을 섬기기를 원한다. 이것은 마치 뒷골목의 건달들이 상점들을 보호하여 준다면서 반대로 그들을 지배하는 것과 조금도 다를 바 없다. 세상의 이런 모든 현상들을 경제적인 용어를 사용하여 설명하면 수요와 공급이 발생하여 정치와 종교라는 장터가 형성되는 것이라고 볼 수 있다. 그러나 이러한 유통시장에서 불량품의 공급이나 무리한 폭리가 난무함으로써 건강한 사회를 이루지 못하고 있다.

대부분의 종교가 발생한 시기는 유언비어와 신비주의가 영향력을 크게 행사하던 비과학적인 시대였다. 오늘날에는 동력 장치도 없이 인간이 하늘로 올라가는 것을 봤다고 주장하면 아무도 믿지 않을 뿐만 아니라 오히려 그 사람을 정상이라고 보지 않을 것이다. 성직자들은 이 책에서 열거한 나의 주장들을 받아들이기 어려울 것이다. 그러나 만약에 당신이 수많은 신도와 중생들을 절대자의 뜻과는 다른 길로 인도하고 있다면 그 엄청난 책임은 어떻게 감당할 것인지 진지하게 생각해보기 바란다. 사도 바울이 새로운 깨달음을 얻고 그동안 배운 유대교의 율법과 지식을 배설물처럼 버렸다는 표현이 있다. 지금의 신학자들도 나의 주장과 설명을 듣고 자신이 가지고 있는 낡은 것(묵은 포도주)들을 버리지 않으면 올바른 구원에 이르지 못할지도 모른다. 성직자가 사랑과 자비를 실천하는 것보다 먼저 추구해야 할 것은 진실이다.

과학은 자신들의 이론인 진화론에 따라서 진화해야 하고 기독교는 자신들의 이론인 창조론에 따라서 변하지 않고 처음 그대로여야 한다. 그런데 아이러니하게도 과학과 기독교는 서로 상대방의 이론에 따르고 있다. 과학은 있지도 않은 새로운 법칙을 조물주처럼 창조하고, 기독교는 진화론에 발맞추어서 시대에 따라서 변화한다. 이제 진실을 바탕으로 종교와 과학은 모두 솔직해져야 한다. 지금까지 장황하게 이야기한 나의 주장을 요약해보면, 우주와 자연은 끊임없이 변하면서 순환하고, 그 속에 있는 인간도 그 자연에 순응하여 조화와 균형을 유지해야 한다는 것이다. 나의 우주론을 총론적으로 표현하면 '만물일원론'(하늘과 땅을 포함하여 우주의 근본은 하나다)이라고 할 수 있으며 각론으로 들어가면 미시적인 현상을 설명하는 '물기일체론'(에너지는 작용과 반작용을 통하여 전달되는 물질의 운동능력이며 물질과 분리되는 별개의 존재가 아니다)과 거시적인 현상을 설명하는 '생사순환론'(삶과 죽음이나 생성과 소멸은 결집과 분산을 통한 순환의 한 부분이다)으로 구성되어 있다.

비록 절대자가 존재한다 하더라도 절대자가 우주를 직접 관리하는 것이 아니라 오직 힘(작용과 반작용)과 법칙(결집과 분산)을 통하여 운행한다. 우주 만물을 미시적으로 바라보면 항상 힘으로 경쟁하고 있으나 거시적으로 바라보면 법칙에 따라서 끊임없이 순환하고 있다. 경쟁과 순환의 원리가 물질과 생명을 포함하여 온 우주를 다스리고 있으며 지구도 그렇게 운행되고 있다. 지금은 지구가 결집의 법칙에 따라서 뭉쳐져 있고 그 속에서 인간의 삶이 영위되고 있지만 부분적으로는 분산의 법칙이 이미 작동하고 있으며 언젠가 분산이 완성되는 시기가 오면 지구는 소멸할 것이다. 비록 지구의 종말이 온다고 해도 그날이 올 때까지 우리는 최선을 다해야 한다. 그동안 과학이 발달하여 우리의 후손이 지구의 소멸을 지연시키거나 혹은 살기 좋은 별을 찾아서 이민을 갈지도 모른다. 하나님이나 영혼의 존재 여부와 상관없이 현재 살고 있는 우리의 인생은 단 한 번뿐인 참으로 고귀한 가치를 갖고 있는 소중한 시간이다. 따라서 인간은 불확실한 내세 때문에 현세를 희생해서는 안 되며 그래서 지금 바로 여기에서 행복하게 살도록 최선을 다해야 한다는 현세 구원론을 주장하는 것이다. 사실은 예수도 지상천국을 건설하여 현세 구원에 중점을 두었고 영생은 부차적인 목표로 삼았는데 오늘날 기독교인들이 예수의 소망과 정신을 따르지 않고 영원무궁한 것에 대한 욕망에 사로잡혀 오직 영생만을 추구하고 있는 것이다.

　내세 구원은 자기 최면에 의한 가상의 행복이며 현세 구원만이 진실을 바탕으로 한 정직한 행복이고 지적으로 성숙한 인류가 추구해야 할 실현 가능한 구원이다. 윤회나 법칙에서 벗어나는 것이 아니라 그 안에서 순응과 조화를 통하여 사람들의 가슴속에서 아름다운 이름으로 오래 남아 있는 것이 실현 가능한 영생이며 진정한 해탈이다. 설혹 내세가 존재한다고 할지라도 현세의 행복은 여전히 중요한 것이다. 왜냐하면 현세는 내세를 준비하는 과정이며 예비학교인데 현세에서 행복해지는 훈련과 공부가 되어 있지 않은 사람이 천국시험에 합격할 수 없기 때문이다. 회사에서 사원을 선발할 때에 직원들과의 화합을 위해서 필요한 인성을 지원자의 학교 성적보다 더 중요시 한다. 그와 같이 천국도 오직 예배와 기도로 교회 성적만 좋은 사람(주여! 주여! 하는 사람)이 아니라 어려운 이웃에 잘하는 사람(사랑과 자비를 실천하는 사람)을 요구한다(예수의 산상설교 참조). 하나님을 잘 믿는 사람들만 천국에 가고 이웃들에게 아름다운 사람으로 기억된 사람이 천국에 가지 못한다면 그 천국은 결코 낙원이 아니며 따라서 거기에 가려고 애쓸 필요도 없다.

인간의 욕심을 줄이려는 것이 종교의 공동 목표이며, 기독교에서 말하는 죄의 근원이라고 하는 사탄이라는 것도 그들이 주장하는 것처럼 타락한 천사가 아니라 사실은 인간의 이기심이 그렇게 표현된 것이다. 기독교인들의 주장대로 사탄이 실제로 존재하여 이 세상을 죄악으로 물들게 하고 있다면 하나님이 사탄(인간의 이기심)을 이기지 못하거나 방치하고 있다는 것인데 그 어느 것이라도 하나님은 전능하지 못하거나 아니면 선량하지 못하다는 것이 성립되므로 사탄은 존재하지 않아야 한다. 일반적으로 도를 추구하는 사람들이 대개 무위나 무욕 혹은 무소유를 목표로 삼는데 그것은 실현 불가능한 것을 목표로 삼는 무모한 욕심이다. '무위'라는 말의 원뜻은 아무것도 위하지 않고 물 흐르듯 놓아둔다는 것인데 인간사회에서는 정말로 아무것도 위함이 없는 존재나 행위라면 역으로 존재할 가치나 필요도 없는 것이 되기 때문에 완전한 무위는 무의미한 것이라고 볼 수 있다. 무위를 추구하는 것은 인간도 자연의 일부이며 따라서 자연에 동화되어서 자연과 하나가 되어야 한다는 것인데 불행하게도 너무나 많은 사람들이 비자연적인 일들을 일삼고 있어서 무위의 세계로 가기에는 지금의 사회는 너무나 먼 곳에 와 있다. 사실상 무위의 세계는 이상향(에덴동산)일 뿐 인간의 속성상 실현 불가능한 세계라고 봐야 하고 따라서 무욕이나 무소유를 주장하는 자는 자신의 주장에 대한 실현 가능성의 분석도 없이 그저 고상해보이려는 비현실주의자들이다. 그러므로 현실의 사회에서 살고 있는 우리는 무위의 세계로 가기 위한 중간 단계를 먼저 시행하면서 무위의 세계에 가까워지도록 부단히 노력해야 한다. 그 중간 단계를 나는 '정행'(正行; 바르게 행함)이라고 생각하며 그것을 어떻게 실천할 것인지를 여러분에게 제시하고자 한다.

모든 사람은 빈손으로 이 세상에 왔다. 자신이 갖고 있는 것은 남에게서 획득 혹은 탈취한 것이다. 농부는 땅과 햇빛 그리고 바람과 비가 가꾸어놓은 곡식을 빼앗아서 자기 것이라고 하고, 사냥꾼은 동물들을 무차별 살상하거나 납치하여 자기 것이라고 하고, 장사꾼은 생산자에게서는 헐값으로 구입한 후에 소비자에게는 비싼 값으로 팔아서 생산자와 소비자의 이익을 가운데서 가로채서 자기 것이라고 하는 것 아닌가? '내 것'이라고 하는 것이 정확히 말하면 현재 '내가 관리하고 있는 것'일 뿐 진정한 내 것이 아니다. 따라서 당신이 가지고 있는 것은 당신의 것이 아니므로 그것이 절실히 필요한 자에게 나누어주도록 넓은 마음을 가져야 한다. 당신 것은 오직 당신의 자아, 당신의 의지뿐이다. 돈, 자원, 에너지는 강물과 같아서 상류에 있는 당신이 너무 많이 차지하였기 때문에 하류에 있는 힘없는 자들에게는 다다르지 못하였다. 그러므로 가난한 이웃에게 나누어주는 것을 시혜라고 생각하는 것은 착각이며 엄밀히 말하면 그들의 몫을 가로챈 것을 되돌려주는 것이고 따라서 나눔은 시혜가 아니라 회개의 심정으로 이루어져야 옳은 것이다. 그러므로 나눔(소득의 재분배)은 사랑이 아니라 회개이며, 회개는 나누지 않아도 되는 세상을 만들지 못한 것, 다시 말해서 자신의 과욕으로 다른 사람이 어려워진 것에 대한 반성인 것이며 우주의 법칙에 의하면 결집 후에 당연히 나타나야할 현상으로서 분산에 해당된다. 약한 자를 돕는 것은 진정한 선행이 아니라 회개이며 진정한 선행은 '약한 자가 생기지 않게 하는 것'이다. 그런데 그 일은 인간의 능력으로 할 수 없으며 오직 하나님만이 할 수 있는데 유감스럽게도 전지전능한 분께서 능력을 아끼시며 그 일을 마다하시니 우리가 차선책으로 약한 자를 도움으로써 최선을 다할 수밖에 없는 것이다.

선과 악은 관점에 따라 현저히 달라진다. 관점을 피해자의 입장에서 보느냐 아니면 제3자를 포함한 전체의 입장에서 보느냐에 따라서 변한다. 다시 말해서 미시적으로 보느냐 아니면 거시적으로 보느냐에 따라서 달라지는 것이다. 예를 들면 예수를 판 유다가 없었다면 십자가의 보혈을 통한 기독교인들의 구원은 없었으므로 유다의 행위는 미시적으로 보면 악행이지만 거시적으로 보면 인류를 구원한 선행이라고 볼 수 있다. 또 강도가 희생자 입장에서는 악인이라고 보이지만, 좀 더 근원적으로 바라보면 그를 강도가 될 수밖에 없도록 몰아간 주변 환경을 만든 사람들이 원죄를 지은 것으로서, 오히려 그는 나쁜 사회의 희생자라고 볼 수도 있는 것이다. 그러므로 선과 악의 경계는 모호한 것이며, 우리 모두는 아름다운 세상을 만드는 데 무능하거나 게으른 사람들이고, 따라서 우리 모두가 악인(부족한 자, 불완전한 자)이라고 봐야 하므로 성경에서 말한 것처럼 인간이 다른 인간을 함부로 악인이라고 돌을 던지거나 정죄해서는 안 된다. 우리는 모든 행위를 단순하게 선과 악의 이분적인 개념으로 나누어서는 안 될 뿐만 아니라 악한 자에게도 사랑(정확히는 미리 막지 못한 것에 대한 회개의 마음)으로 대하려고 노력해야 한다. 그런데 그런 것들이 말하기는 쉽지만 실천하기는 매우 어려우므로 많은 수행을 통하여 자신을 갈고 닦아야 한다.

기독교 논리대로라면 모든 세상을 하나님이 창조하였고 또 관리한다. 심지어 악마나 악인도 하나님이 창조하고 관리한다. 그런데 하나님이 쓸데없는 것들을 굳이 창조하실 리가 없다. 그러므로 사탄이나 악인도 모두 자기 역할이 있어서 생긴 것이고, 그렇다면 그들이 맡은바 자기 역할을 잘했는데 그들을 악의 세력이라고 심판하는 것은 억울한 일이다. 하나님의 예정에 따라 시킨 대로 하였고 다만 역할이 악역이었을 뿐이다. 선과 악은 사람들이 정한 개념일 뿐 하나님이나 우주의 입장에서 보면 모든 것이 모두 자기 할 도리를 한 것에 불과하다. 병균이 사람의 몸에서 번성하면 사람이 병들거나 죽는다. 사람의 입장에서 보면 병균은 참 나쁜 존재다. 그러나 그 병균은 자신이 열심히 살아갈수록 인간이 더 빨리 죽어간다는 것을 알지 못하고 그저 자신의 삶을 성실히 살고 있을 뿐이다. 반대로 인간은 병균에게 치명적인 독약을 만들어서 그들을 멸살한다. 병균의 입장에서 보면 인간은 사이좋게 공생하려고 하지 않고 자신들을 무지막지하게 살상하는 포악한 존재다.

자신의 모든 것을 바쳐서 창업한 회사의 경영권을 사원들이 달라고 하면 안 되듯이 목숨을 걸고 나라를 세운 임금에게서 민주화한다면서 권력을 빼앗은 백성을 '악'이라고 말할 수도 있다. 선과 악의 경계도 관점에 따라 변하는 것이며, 임금이 나라를 지배하는 것이 1인 독재라면 민주국가의 국민이 나라를 지배하는 것은 51%에 의한 다중독재일 뿐 누가 더 선이라고 쉽게 단정 지을 수 없다. 확실한 것은, 우주는 힘과 법칙에 의하여 움직이며, 인간 사회도 힘 있는 자(임금이나 51%의 국민)가 세상을 지배하게 된다는 것이다. 다만 우주의 법칙인 결집과 분산의 원리에 따라 그 힘(돈, 권력, 에너지)이 지나치게 결집하면 다시 분산되는 것이며 별들도 물질이 결집하다가 용량을 넘어서면 폭발하여 다시 우주로 모두 돌려보내 분산시킨다. 그러므로 인간도 돈과 권력을 지나치게 결집시키지 말고 나눔의 정신을 배워야 한다. 옛날에는 독재자(임금)에게 복종하는 것을 충절이라 하였고 반대로 오늘날에는 독재자에게 저항하는 것을 애국이라고 한다. 또 과거에는 남자도 머리털을 자르지 않는 것이 효라고 하였으며 지금은 단정하게 자르는 것이 효라고 여겨지는 것처럼 '선'이나 '정의' 혹은 '올바름'이라는 것도 모두 세상을 다스리기 편하게 하려고 시대 상황에 맞도록 유리하게 이름을 붙인 것이다. 이렇게 단어의 의미나 단어가 지칭하는 대상이 시대와 환경에 따라서 바뀐다는 것을 이해할 때, 『도덕경』의 "명가명 비상명"(이름은 그대로이나 뜻은 그대로가 아니다)의 해석이 제대로 되는 것이다. 따라서 이제 해탈과 영생이라는 단어도 시대에 걸맞게 새롭게 의미를 부여해야 한다. 과거에 미개한 조상이 만든 단어를 비판 없이 여전히 그대로 믿는다는 것은 참으로 바보스러운 짓이다.

너와 나의 차별이 아니라 함께 동고동락하는 사랑을, 선과 악의 구분이 아니라 모두가 부족한 존재임을 자각하는 겸손을, 진보와 보수의 대결이 아니라 다수에게 유리한 것이 일시적으로 나에게 불리할지라도 궁극적으로 유리하다는 것을 깨닫는 지혜를 가지면 흑백논리식의 이분적인 경계를 뛰어넘어 참다운 자유인이 되는 것이며 해탈의 경지에도 이를 수 있을 것이다. 진실로 신이 존재한다면 영혼도 있을 것이고 신이 없다면 영혼도 존재하지 않을 것이다. 그러나 신의 존재 여부는 현실적으로 알기도 힘들며 또 너무 알려고 할 필요도 없다. 절대자가 인격신이든 법칙신이든 상관없이 우주를 실질적으로 지배하고 있는 법칙을 잘 따르면 우리는 우리의 할 도리를 다하는 것이므로 신의 존재 여부에 대해서는 고민할 필요가 없다.

이 책을 마무리하면서 내가 바라는 건강한 사회를 위한 행동 강령이라고도 할 수 있으며 또한 이 책의 궁극적인 목표를 소개하려 한다. 내가 제시하는 것은 대단하거나 특별한 것이 아니며 누구나 알고 있는 것이지만 제대로 실천되지 않아서 각자의 마음에 다시 한 번 되새기게 하려는 것이며 앞에서 언급한 무위의 세계로 가기 전에 이루어야 할 예비단계인 정행(바르게 행함)을 풀어서 표현한 것으로서 다음과 같다.

바르게 취하고 바르게 나누자!

우리 조상들의 철학을 잘 나타내는 말에 '홍익인간'과 '인내천'이라는 말이 있다. 인내천은 홍익인간을 행해야 하는 근본적인 이유를 설명하는 말이다. 인내천, 즉 사람이 곧 하늘이라는 것은 사람에게 잘하는 것이 곧 하늘에 잘하는 것이라고 가르친 예수의 교훈과 같은 것이며 이것을 실천하는 방법이 이웃사랑(홍익인간), 즉 나눔을 말하는 것이다. 나눔은 자연의 법칙인 열역학 2법칙이며 우주의 순환법칙 중에서 결집 후에 필연적으로 따라오는 분산에 해당하는 것이다. 분산의 법칙은 인간 사회에서는 소비의 법칙이며 소비 이전에 결집의 법칙에 따르는 취득이 먼저 있어야 하고 이 취득(결집)과 소비(분산)라는 우주의 순환 법칙을 따르되 바르게 취득하고 바르게 소비하자는 것을 간결하게 표현한 것이 내가 주장하는 행동강령인 것이다.

바르게 취한다는 것은 공정한 게임의 룰을 지켜서 정직하게 취득하고 합리적인 이득을 추구하여 폭리를 취하지 않고 소득이 있는 만큼 세금도 내어 도리와 질서를 지키자는 뜻이다. 그리고 바르게 나눈다는 것은 취득한 재화를 사용할 때, 절실하게 필요한 사람에게 베풀고(복지사업) 미래를 이끌어갈 인재에게 투자하며(장학사업) 세상을 아름답게 하는 것(예술진흥)에 적극적으로 사용하자는 것이다. 나의 행동강령은 무위의 이상세계를 만들 수 없는 불완전한 인간이 할 수 있는 차선의 방책으로서 '열심히 벌어서 멋있게 쓰는 것'을 추구하되 그 방법을 바르게 하여 건강한 사회를 만들자는 것이다.

세계적인 훌륭한 작품이라고 해도 인간이 만든 작품은 약간의 결함이 있다. 왜냐하면 그 작품을 만든 인간이 불완전한 존재이기 때문이다. 신이 존재한다면 그의 작품인 자연과 인간이 모두 불완전한 것으로 보아서 그 역시 불완전한 존재임에 틀림없다. 완전한 존재는 완전한 작품을 만들 수 있고 또 그렇게 해야 마땅하다. 이 세상이 누군가에 의해 창조되었다면 그는 단순한 제조업자일 뿐 실패한 예술가다. 왜냐하면 그가 아름다운 세상을 만들지 못했기 때문이다. 지구의 모든 생명체는 항상 목숨을 건 처절한 싸움을 해야 하고 오직 강한 자만이 살아남는다. 육식동물이 초식동물을 잡아먹지만 초식동물은 도망가지도 못하는 불쌍한 풀들을 무참하게 살상하며 자신의 생명을 유지한다. 모든 생명은 다른 생명을 먹고 산다. 우리의 식탁 위에 올라오는 것은 모두 살아 있던 생명들이다. 인간은 상호협약에 의하여 직접살인을 하는 물리적인 전쟁은 자제하고 있으나 간접살인을 일으키는 경제적인 전쟁은 끊임없이 자행할 수밖에 없는데 이런 구조로 설계되어 있는 지구를 어찌 아름다운 세상이라고 할 수 있으며 그렇다면 지구라는 불안한 작품의 제작자인 조물주는 그의 완전성을 의심받을 수밖에 없다. 한 생명이 다른 생명을 해치지 않으면 반대로 자신이 죽어야 하는 지구의 생명구조가 자연발생적이라면 몰라도 누군가에 의해서 의도적으로 설계되었다면 지구는 실패작이 분명하다.

천당이라는 것은 가설에 의존해서 만들어진 관념적인 언어에 불과하며 그것이 실존하는지는 아무도 증명하지 못했다. 눈앞에 보이는 세상의 것(물질)이나 보이지 않는 하늘의 것(천당)을 탐내는 것도 모두 인간의 욕심이며 그 욕심이 세상을 혼탁하게 한다. 욕심은 생명의 근원이므로 인간이 욕심을 가지는 것은 어쩔 수 없으나 그것이 지나치면 죄가 되는 것이다. 원래부터 나의 것은 없다. 가진 자와 힘 있는 자가 없는 자와 약한 자를 도와 세상을 아름답게 만들어서 다함께 행복하게 살아야 한다. 비록 내세가 있다 할지라도 올바른 세상을 만들려고 노력한 자가 내세에서 최상의 대우는 아닐지라도 적어도 업신여김을 받지는 않을 것으로 나는 확신한다. 부모가 자기 자식이 성장하여 독립하는 것을 기꺼이 받아들이듯이, 인간들이 자신들의 힘으로 아름다운 세상을 만들고 행복하게 살려고 노력하는 것을 창조주께서도 흔쾌히 허락하실 뿐만 아니라 피조물인 인간들이 스스로 자립하여 건강하고 아름다운 지구를 만들어 간다면 오히려 기뻐하실 것이다. 왜냐하면 창조주께서는 지구 말고도 신경 써야 할 별들이 우주에 너무나 많을 뿐만 아니라 올바른 세상을 만드는 것은 그분이 원하는 바와 일치하기 때문이다. 신의 존재 여부와 상관없이 모든 인간은 지구상에 단 하나밖에 없는 귀중한 존재이며 따라서 자신의 가치를 스스로 지키고 키우도록 부단히 노력해야 한다. 남들이 만들어낸 무생명의 예술품도 귀하게 여기는데 하물며 자신의 부모가 만든 생명이 있는 예술품인 자기 자신을 더욱 귀하게 관리해야 하지 않겠는가?

과학이 찾고 있는 법칙과 철학이 추구하는 이상 그리고 종교가 주장하는 진리는 모두 변하지 않는 절대적인 가치를 구현하기 위한 것이다. 그런데 인간이 인식하는 모든 것은 본질이 아니라 물질의 에너지 상태에 따라서 다르게 나타나는 현상에 불과하며 인간 또한 그 현상의 하나에 불과한 존재이므로 우주의 본질, 즉 변하지 않는 가치를 인간이 찾거나 결정할 수 없을 것이다. 그래도 우리가 할 수밖에 없고 또 해야 하는 것은 '지금 여기에 최선을 다하는 것'이다. 이웃과 사이좋게 나눌 때에 사회가 평화로워지고 그 안에서 나와 그리고 내가 사랑하는 사람은 물론 나의 후손들도 행복해질 수 있음을 깨달아야 한다.

저자 이 형주 드림

부록

물리학자에게 드리는 글

　물리학에 관한 부분은 별도의 책으로 내려고 하지만 이 책의 출판을 준비하면서 물리학에 관한 나의 주장의 일부를 서울대학교 물리학 교수 몇 분에게 보내어 견해를 요구하였는데 어떤 분은 코멘트 하기 곤란하다고 정중히 거절하시고, 어떤 이는 현대 물리학을 잘 알지도 못하면서 그런다고 물리학을 기초부터 다시 배우라고 애정 어린 충고를 하여 주시기에 나도 그런 분들의 충고에 보답하기 위해서 그리고 깊이 검토도 하지 않고 함부로 촌평하는 사람들이 많이 나올 것을 염려하여 그 방지책으로 이 글을 덧붙인다. 그런데 다행스럽게도 최근에 세계적인 물리학자 에리크 페를린데(암스테르담 대학교 물리학 교수, 조선일보 2010년

7월 14일 '중력은 없다'라는 제목의 기사 참조)가 나와 똑같이 만유인력의 부존재를 주장하는 논문을 발표하여 내게 커다란 원군이 되어주었다. 그러나 그는 만유인력의 부존재만 주장하였을 뿐 만유인력이 없는 상태에서 어떻게 중력이 발생할 수 있고 또 여러 행성들이 일정한 궤도로 공전할 수 있는지를 합리적으로 설명하지 못했다.

나는 기독교를 비판하면서도 성경의 전체를 읽어보지 않고 필요한 곳만 읽어보았다. 성경은 지금보다 학문적인 성취도가 매우 낮은 사람들에 의해 작성되었기 때문에 논리적인 결함이 많다. 따라서 굳이 전부 읽어보지 않아도 비판하기에는 아무런 장애가 없다. 물리학에 대해서도 30년 전 고등학교 시절에 습득한 기본 물리학 지식 이외에는 현란한 현대 물리학 이론에 대해서는 언론에 나오는 상식 수준밖에 모른다. 공학을 공부하기는 했지만 나의 전공은 고전 물리학만 알아도 학점을 이수하는 데 지장이 없는 과목이었기 때문이다. 그런데도 현대 물리학을 공부하지도 않고 그것을 비판하는 것은 앞에서 말했듯이 성경 전체를 읽어보지 않고도 비판하는 이유와 비슷하다. 고전 물리학 자체가 오류가 많은데 그것을 찾아내지도 못하는 현대 물리학자들이 만들어낸 이론에 대해서는 따로 공부할 가치를 못 느꼈기 때문이다.

물리학자들은 기존 물리학의 이론으로 우주와 물질의 거시적인 혹은 미시적인 현상이 이해가 잘 안 되면 기존 물리학에 오류가 있는지를 먼저 검토하고 그로부터 더 나은 이론으로 발전 및 진화를 해야 하는데, 역학을 기본으로 하는 기본물리학을 덮어버리고 양자를 기본으로 하는 새로운 양자물리학을 창조하여 우주를 그럴듯하게 설명하고 있다.

신학대학을 나온 사람은 신을 공격하기 어렵다. 이미 그는 신의 노예가 되어 있기 때문이다. 마찬가지로 현대 물리학을 공부한 물리학자도 현대 물리학을 비판하지 못한다. 그들도 이미 피눈물 나는 노력으로 습득한 기존학문의 노예가 되어 있기 때문이다. 솔직히 말하면, 성직자들이 새로운 깨달음을 얻는다 해도 힘들여 쌓아놓은 명예와 권위를 버릴 수 없어서 계속 하나님이나 부처를 팔아서 그 자리를 유지할 수밖에 없듯이, 과학자들도 기득권을 버리기 싫어서 새로운 것을 인정하기 어려운 것이다.

종교인들이 신의 존재를 믿듯이 과학자들은 만유인력의 존재를 믿는다. 그런데 우주 어디에도 그들이 실재한다는 증거가 없으나 종교인들과 과학자들은 여러 가지 정황으로 보아서 존재할 것이라고 굳게 믿고 있다. 기존 과학의 오류와 그에 대한 새로운 이론이 책으로 한 권 정도의 분량이므로 여기에 상세히 언급할 수는 없지만 우선 나의 새로운 우주론의 근본은 만유인력의 부정에서 시작하므로 만유인력의 문제점과 관련된 추가사항들을 간략히 설명해보겠다.

과학자들이 우주의 기본적인 힘이 4가지 즉 중력, 전자기력, 강력, 약력이라고 하는데 이는 마치 우주를 지배하는 독립적인 4명의 신이 있다는 주장처럼 불합리하다. 나는 그중에 실제로는 존재하지 않는 힘이 있으며 존재하는 것들도 외형적으로 다르게 나타나지만 근본적으로는 하나의 힘만이 존재할 것이라고 생각했다. 그래서 제일 먼저 4개의 힘 중 가장 이질적이어서 통합이 불가능한 중력부터 탐구하여 보았는데, 중력이 발생하는 이유는 만유인력 때문이 아니라 다른 것이라는 결론을 내렸다. 만유인력의 현상적인 모순이 많으나 일일이 열거하기에는 너무 많으므로 몇 가지만 설명해보겠다. 그리고 만유인력의 부존재에서 출발한 새로운 우주원리로 검토하여보니 빛과 전자기파 및 전자기장의 이론에 관한 오류를 발견하였으나 산중에 있는 나로서는 실험적인 증명은 할 수 없고 논리적으로 설명할 수밖에 없는데 그러면 말싸움만 야기하므로 개념만 간단히 언급하고 수학적으로 증명이 가능한 것 중에서 하나만 예를 들어 보겠다.

1. 만유인력의 문제점

　태양계의 국지적인 현상만 보면 만유인력으로 그럴듯하게 설명이 되지만(사실은 조금만 깊이 들여다보면 그것도 모두 엉터리다) 우주 전체를 놓고 보면 모순이 현저하게 드러난다. 만유인력의 이론이 옳다면 그것으로 우주의 현재 상태가 설명되어야 함은 물론이고, 그 이론으로 어떻게 우주가 생성되고 또 소멸하며 순환하는지를 모두 설명할 수 있어야 비로소 그 이론이 완전하다고 볼 수 있다. 우주에 있는 모든 물질이 만유인력을 갖고 있다면 우주는 오로지 서로 당기는 힘만이 존재하여 궁극적으로 우주는 점차 수축되어야 옳은데, 과학자들의 말에 의하면 지금도 우주는 팽창하고 있다고 한다. 설혹 팽창하지 아니하고 현 상태를 유지하고 있으려고만 해도, 온 우주의 만유인력의 합의 크기와 같으며 방향이 반대인 힘이 우주 밖에서 우주를 붙들어 주지 않으면 우주는 균형 상태를 유지할 수 없다. 쉽게 예를 들어서 설명하면, 소리를 내는 전통 악기 중에 북이 있는데 북의 가죽에 내재하는 인장력(만유인력과 유사한 힘)은 가죽의 외부에 있는 북의 틀 속에 존재하는 압축력과 상응하여 균형을 이루고 있는 것이며 그중에서 하나가 무너지면 상대의 힘도 존재할 수 없게 되는 것과 같이 우주도 만유인력에 상응하는 외부의 힘이 있어야 함께 존재할 수 있는 것이다. 그런데 우주의 외곽에서 만유인력에 대항하여 우주의 수축을 방지하는 힘이 존재한다는 것은 사실상 불가능하므로 반대로 '우주 내부에서 만유인력에 대응하는 힘이 존재하는 것은 아닐까?' 하는 의심을 품어볼 수밖에 없다.

우주에 있는 모든 물체의 물리적인 영향력은 바로 이웃에 있는 물질에만 미칠 수 있는 것이며 멀리 떨어져 있는 것에는 파동이라는 현상을 이용하여 간접적으로 영향을 줄 수 있지만 이때는 아무리 빠른 빛이나 전파를 이용해도 거리 관계상 약간의 시간이 지체된다. 그런데 마치 기독교의 전지전능한 하나님의 능력처럼 유독 시간과 공간을 초월하는 물리적인 현상이 하나 있는데 그것이 바로 만유인력이다. 만유인력의 기본적인 모순은, 우주 외부까지를 포함한 역학적인 평형조건의 성취는 일단 접어두더라도 적어도 우주 안에서라도 부분적으로 만유인력이 성립하기 위해서는 어떤 물질이 자신의 질량이나 에너지의 소모 없이 무한대의 공간에 무한대의 시간 동안 인력에너지를 발산하면서 만유인력을 발휘할 상대가 나타나기를 미리 기다리고 있어야 하고, 또한 상대 물체가 나타나면 상호 두 물체 간에 인력을 동시에 작동하기 위해서는 무한대의 속도로 인력을 작용해야 한다.

단 한 개의 무한 조건도 성취가 불가능한데, 만유인력이 성립하려면 무려 3개의 무한 조건(무한대의 시간, 무한대의 거리, 무한대의 속도)을 동시에 만족해야 한다. 아인슈타인이 이러한 문제점을 극복하려고 중력장에 의해서 미리 휘어져 있는 시공간을 주장했지만 근본이 잘못된 뉴턴의 이론을 아무리 수정 보완해봐야 완전해질 수 없는 것이다.

우주 전체의 개념에 관한 문제는 덮어두고 이웃하는 두 개의 별만 가지고 생각해도 만유인력에는 여러 가지 문제가 발생하는데 먼저 만유인력은 수학 공식에서부터 잘못되었다. 안유인력의 공식에 의하면 두 물체에 작용하는 인력의 크기는 두 질량의 곱에 비례한다. 그런데 질량은 더하거나 뺄 수 있는 물리량일 뿐 서로 곱해서는 아무런 물리학적인 의미를 지닐 수 없다. 거리 제곱은 면적을 의미하지만 질량제곱은 아무런 물리적인 의미를 지니지 않는다. 이해를 돕기 위해서 수치를 이용하여 질량의 곱이 왜 잘못됐는지 설명해보겠다. 질량이 똑같은 두 물체 사이의 거리를 고정시켜놓고 질량의 변화만으로 만유인력을 10,000배로 증가시켜 보자. 한쪽의 질량만을 증가시킬 때는 10,000배로 증가시키면 되는데, 양쪽에 나누어서 질량을 증가시키면 각각 100배씩 합이 200배로만 증가시켜도 만유인력은 똑같은 10,000배의 효과가 나온다. 만유인력 공식은 두 에너지나 혹은 힘이 만나서 합으로 늘어나는 것이 아니라 곱으로 늘어나는 공식이어서 물리학의 기본 개념인 에너지 보존의 법칙을 위반하고 있다. 그러면 왜 이런 엉터리 공식이 나왔을까? 그 이유는 잘못된 이론으로 억지로 현실과 부합하는 결과가 나오는 공식을 만들어내려다 보니 그렇게 된 것이다. 나의 새로운 중력이론에 의하면 어떤 물체에 나타나는 인력(중력)은 이웃에 있는 물체와는 아무 관련이 없고 오직 자신의 질량만의 함수이므로 자신의 질량이 2배로 늘어나면 자연히 중력도 2배로 늘어나지만, 뉴턴의 방식은 인력의 크기를 이웃의 질량과 상관관계로 보기 때문에 자신의 질량이 2배로 늘어나도 상대의 질량과 합하는 방식으로는 인력이 2배로 늘어나는 공식을 수학적으로 도저히 만들 수 없어서 궁여지책으로 질량을 더하는 것이 아니라 곱해서 실제로 나타나는 현실과 공식의 결과를 억지로 맞추어버린 것이다.

기존의 과학은 만유인력이 큰 물질에서 작은 물질로 일방적으로 작용하는 개념으로 보는 데 문제가 있다. 예를 들면 인력이 태양에서 지구에게 작용하는 것만 생각할 뿐 역으로 지구가 태양에게 작용하는 것은 전혀 고려하지 않는다. 그러나 만유인력은 물질의 크고 작은 것과 상관없이 똑같은 크기로 상호 작용하는 것이므로 아무리 큰 별이라 해도 공중에 떠 있는 한 끌려가야 하는 것이고 따라서 원자궤도처럼 상호 저항운동을 하지 않으면 안 된다. 그러므로 현대과학이 우주에 관한 근본적인 시각을 바꾸지 않으면 아무리 기존의 이론을 보완해도 올바른 해법이 될 수 없다.

달이 지구를 공전할 때에 지구에 가까이 왔다가 다시 멀어지는 타원형 궤도를 그린다. 달과 지구의 거리가 변하면 당연히 만유인력의 크기나 중력장의 영향이 바뀌게 되는데, 지구는 그것을 아는지 모르는지 아무 미세한 흔들림도 없이 묵묵히 자기의 공전궤도만을 그린다. 그런데 이와 유사하게 움직이는 원자운동에서는 전자의 회전궤도가 변하면 원자핵이 같이 반응하여 진동(사실은 작은 상호 공전)하며 서로 힘을 주고받음이 외부에 가시적으로 나타난다. 달은 지구를 짝사랑하듯이 주위를 돌고 지구는 그것을 아랑곳하지 않고 지구는 오직 태양을 짝사랑하여 맴돌고 있을 때에 궤도의 중심에 있는 물체는 자신을 공전하는 물체로부터 전혀 영향을 받지 않는다. 만유인력은 짝사랑처럼 일방적인 힘이 아니라 쌍방향의 힘이며 따라서 지구도 태양과 똑 같은 크기의 힘으로 태양을 당기고 있으므로 태양도 원자의 핵처럼 지구의 인력에 대한 저항 운동을 해야 하고 지구도 달에 대한 저항운동을 해야 하는데 전혀 그런 상호운동관계가 없음으로 보아서 항성과 행성 그리고 위성 사이에는 만유인력과 같은 그런 상호 역학적인 관계가 전혀 없음을 단적으로 보여준다.

　만유인력이 틀렸음을 보여주는 개별적인 현상이 많지만 여기서 몇 가지만 더 간략하게 살펴보자. 설혹 태양이 어떤 힘에 의해서 고정되어 있다고 하여도 만유인력의 이론으로는 지금과 같은 지구의 공전 운동이 일어날 수 없다. 만유인력 공식으로는 원심력과 구심력이 균형을 이룬 상태에서 행성이나 위성이 조금만 원형궤도 밖으로 나가면 구심력이 원심력보다 더 적어져서 궤도가 발산하게 되고 반대로 원형궤도의 안쪽으로 들어오면 구심력이 원심력보다 더욱 커져서 궤도가 중심으로 수렴해야 하므로 궤도의 복원이 불가능하여 타원궤도는 성립이 안 되는 것이다. 타원궤도에서는 중심점에서 멀수록 구심력(만유인력)은 적어지고 반대로 곡률이 커진 행성의 원심력은 늘어나므로 궤도 이탈이 일어날 수밖에 없다, 수학 방정식으로 설명하면, 만유인력과 원심력의 공식을 등식으로 놓고 공전 속도를 상수로 설정하면 반지름의 2차함수가 되는데 상수항이 없으므로 반지름의 근은 0과 실수 하나만 존재하므로 이것은 어떤 공전속도에 맞는 반경은 하나만 존재하고 따라서 타원궤도는 불가능하다는 것이다.

타원궤도가 가능하려면 고무줄에 매여 회전하는 공처럼 공이 중심에서 멀어질수록 고무줄의 인장력(구심력)이 커져야 궤도복원이 가능한 것인데 만유인력은 멀수록 반대로 구심력(인장력)이 더 적어지므로 복원이 불가능하다. 또 만유인력은 일정한 방향성이 없으므로 행성의 궤도가 원자핵의 주위를 맴도는 전자처럼 3차원으로 각양각색이어야 하는데 실제로 은하계나 태양계에서 관찰되듯이 행성들은 준 2차원 형태의 판형을 구성하면서 일정한 방향으로 질서 있게 움직인다는 것을 보면 중력은 다른 원리로 작용한다는 것을 감각적으로 이해할 수 있을 것이다.

만유인력의 법칙에 의하면 지구가 타원 공전을 할 수도 없지만 자전도 할 수 없다. 지구의 각 질점에 작용하는 태양의 만유인력을 적분하여 인력의 작용중심점을 계산하면 지구의 질량 중심보다 태양에 가까운 쪽에 있고 반대로 원심력의 작용 중심점은 지구 중심보다 먼 쪽에 있어서 자전을 방해하는 모멘트가 지구에 작동하므로 지금의 지구처럼 자전을 할 수 없다. 쉽게 설명하면, 줄에 매달려서 공전하는 공처럼 자전을 맘대로 할 수 없다는 것이다. 그리고 지구가 자전할 때에 지구에 고착되어 있지 않은 유체, 즉 대기와 바닷물이 지구와 같이 자전하는데 이들이 지구의 인력에 끌려가는 것이라면 이들의 속도가 지구의 자전 속도와 같거나 그보다 적어야 되는데 지구에서 가장 큰 편서풍이나 남극 순환해류가 오히려 지구 자전 속도보다 더 빠르게 동쪽으로 흐르는 것은 마치 해류와 대기가 지구에 끌려가는 것이 아니라 오히려 지구를 끌면서 돌아가는 형상이어서 만유인력 이론으로는 설명이 불가능하며 이것은 중력이 물질의 질량에서 발생하는 것이 아니라 외부에서 흘러들어오는 어떤 힘에 의해 일어남을 명확히 보여주는 현상이다.

과학자들의 주장에 의하면 만유인력의 영향으로 바다에 조수 현상이 나타난다. 그런데 조수의 주기가 태양을 기준점으로 한 지구의 자전주기인 24시간이 아니라 달을 기준으로 한 지구의 자전주기인 24시간 50분이며 이것은 달이 지구에 미치는 인력이 더 크다는 것을 의미한다. 정확하게는 태양과 달의 인력의 크고 적음과 상관없이 두 인력의 합력에 의해 조수가 발생해야 하고 그러면 해와 달의 상대적인 위치가 계속 변하므로 조수가 일정한 패턴으로 일어나는 것이 아니라 매우 복잡한 양상으로 나타나야 한다. 그리고 실제로 태양과 달의 자료를 가지고 만유인력공식으로 계산해보면 태양의 인력이 달보다 훨씬 크므로 달이 조수의 운동을 지배할 수 없다. 만유인력 공식의 진위와 상관없이 실제로 달의 인력이 더 크다면 지구는 태양보다 달에 끌려가지 않도록 달을 중심으로 저항운동(공전)을 해야 옳다. 이런 상황들을 종합해보면 지구의 운동과 조수는 만유인력이 아닌 다른 힘에 의해서 이루어진다는 것이 확실하다.

그러면 이런 잘못된 만유인력의 이론과 공식으로 계산하여도 어떻게 인공위성이 잘 떠 있는지 의아해할 수 있다. 물론 인공위성에 궤도수정 장치가 있어서 오차를 계속 수정하기 때문에 별 문제가 없기도 하지만, 잘못된 공식으로 계산하여도 계수만 현실에 맞게 잘 조정하면 작은 구간(태양계 전체나 우주에서 보면 위성의 궤도는 극히 작은 구간이다)의 오차는 얼마 되지 않는다. 또 태양계는 중력의 흐름이 실제로 판형(준 2차원)으로 구성되어 있으며, 따라서 중력의 크기를 계산하는 3차원 함수 중에서 z의 값은 상수로 하여두고 2차원 평면개념으로 중력의 크기를 계산하여도 별 무리가 생기지 않으므로 거리 제곱에 반비례한다는 엉터리 뉴턴 공식이 큰 오차 없이 통용되어 오는 것이다. 내가 연구한 바로는 기존의 과학계에는 이렇게 오류나 오차가 인식되지 않아서 학설로 통용되는 것이 만유인력 외에도 여러 가지가 있으나 그것은 별도의 책으로 발표하기로 하고 여기서는 나의 새로운 우주론을 간략하게 설명해 보겠다.

우주에는 우리가 진공이라고 생각하는 공간에도 인식하기 어렵지만 우주를 형성하는 기본소립자들로 가득하며 이들이 브라운 운동과 유사한 운동을 하면서 우주기압과 우주바람을 형성하게 되는데 이 우주바람은 지구바람과 유사한 현상을 일으킨다. 지구바람(태풍)의 중심부에서 수증기가 응결하여 빗방울을 만들면서 태풍의 눈이라는 초저기압을 만들어내듯이, 우주소립자들도 저기압지대에서 응결하여 중성자를 결성하고 그로 인해서 초저기압이 형성되면 계속해서 소립자들이 저기압지대로 몰려들며 응결하여 커다란 덩어리로 성장한다. 이 덩어리가 별로 성장하다가 어떤 임계점에 이르면 폭발하여 소멸된 후에 우주기압이 변화에 따라 다시 별의 생성을 반복하는 것이다. 별의 생성 및 성장기간에 별의 중심 방향으로 흘러 들어오는 소립자 유체들이 별 표면의 가시적인 물질들과 충돌하면서 소위 중력이 발생하는 것이며, 별의 중심이 물질로 가득 차거나 어떤 한계점에 도달하면 더 이상 소립자는 흘러들어오지 못하고 따라서 중력도 사라지며 오히려 반중력 현상이 시작 된다. 만유인력의 법칙 안에서는 상존하는 거대한 중력을 이기고 별의 폭발이 일어나는 것이 불가능하다. 설혹 어떤 원인에 의해서 별의 내부압력이 커진다 해도 화산처럼 미리 압력을 분출하여 대폭발을 방지하기 때문에 엄청난 중력을 극복하는 정도의 대폭발은 중력이 사라지기 전에는 일어날 수 없다. 중력은 일정한 방향으로 상존하는 것이 아니라 바람처럼 불다가 그치고 또 반대 방향으로 흐르기도 하는 것이다.

모든 물질은 질량만 있을 뿐 무게는 없다. 그런데 중력이라는 바람이 불어오면 그 충격력에 의하여 마치 무게가 있는 것처럼 느껴지는 것이다. 우주의 빈 공간, 소위 무중력 공간에서는 모든 물질은 무게가 없어서 공중에 자유롭게 떠 있으며 거대한 별들도 무중력 상태로 공중에 떠 있다. 그런데 만유인력의 이론에 의하면 무중력이라는 것은 존재할 수 없다. 무중력이 되려면 모든 별에서 오는 만유인력의 벡터적인 합이 제로가 되어야 하는데 이것은 불가능하고 따라서 실제로는 무중력의 공간이 존재하기 어려워서 별이 가만히 떠 있을 수 없게 되는 것이다. 내가 주장하는 중력은 우주바람의 작용이므로 바람이 없는 곳에서는 무중력이 되는 것이며 우주바람이 있는 곳에서도 같은 질량이라고 하더라도 물체의 운동 상태에 따라 중력이 다르게 나타날 수 있다. 예를 들어 똑같은 성분의 공기분자가 온도의 차이에 따라서 비중이 변해서 위아래로 위치를 바꾼다고 과학자들이 설명하는데 그것은 착각이다. 공기는 집합적으로 움직이는 것이 아니라 오직 개별 분자가 서로 다투어서 위치를 결정하기 때문에 집합적 개념인 비중은 완전히 무의미하다. 운동이 활발한 분자는 같은 질량이지만 중력(우주유체와의 충돌)의 영향을 덜 받아서 몸이 가벼워지므로 위로 가고 운동량이 적은 분자가 아래로 가는 것인데 공교롭게도 온도가 운동량과 비례하므로 마치 온도에 따라 공기가 움직이는 것처럼 보이는 것이다. 그런데 개별 분자의 무게에 따라 공기가 움직인다면 대기권의 공기는 분자 질량의 차이에 따라 수소, 질소, 산소 순으로 층을 이루어야 되는데 왜 골고루 섞여 있을까? 그것은 운동하는 분자의 능력(질량과 전자기력)이 같으면 서로 충돌하지만 다르면 질량이 적은 분자가 더 큰 가속을 받아서 궤도를 변경하여 충돌하지 않기 때문이며, 따라서 같은 종류끼리 같은 밀도로 유지되도록 분산되는 것이다. 그래서 물질이나 생물세계에서뿐만 아니라 사회현상에서도 똑같이 나타나는 이 현상을 나는 '동종 경쟁의 법칙'이라 명명하였다. 같은 직종이나 업종과는 싸움(경쟁)이 발생하지만 다른 직종이나 업종과는 다툴 일이 없으며 육식동물은 육식동물끼리 초식동물은 초식동물끼리 종교는 종교끼리 정당은 정당끼리 먹이경쟁(다툼)을 하게 되는 것과 같은 원리다.

아인슈타인의 이론에 의하면 물질이 에너지로 변한다고 한다. 그러나 원자핵에서 떨어져나간 소립자는 계측이 불가능할 뿐 여전히 존재하는 것이며 따라서 인식되지 않는 물질의 운동에너지를 과학자들이 에너지 양자(물질을 수반하지 않는 에너지 덩어리)라고 오해하는 것이다. 인식되지 않는 소립자들은 운동능력이 떨어지면 다시 응결하여 인식 가능한 물질로 변하는 것이며 천지창조처럼 에너지가 물질로 변하는 것이 아니다. 아인슈타인의 이론은 물질이 다른 차원의 물리량인 에너지로 변한다는 점에서 모순일 뿐만 아니라 설혹 그것이 가능하다고 하여도 차원이 다른 물리량으로 변하기 위해서는 외부의 에너지가 투입돼야 하고 또 에너지로 변화된 양자가 다시 물질로 환원될 때도 외부의 에너지가 또다시 투입되거나 물질로 환원하기 위해서 필요한 에너지를 자체에서 충당하고 나마지만 물질로 변해야 하므로 가역반응이 계속해서 일어나면 에너지나 물질의 양이 점점 줄어들어야 한다. 그런 시스템으로는 우주가 순환하지 못할 뿐만 아니라 에너지 보존의 법칙도 무너지게 된다. 만유인력의 단점을 임시방편으로 보완한 것이 아인슈타인의 휘어진 공간 이론이기 때문에 굳이 그에 대한 반론을 제기할 필요가 없지만 조금만 생각을 해보아도 그 이론은 모순이다. 간단히 예를 들면, 행성이 공전할 때에 휘어진 공간과 충돌하는데 이때에 자신의 상태를 유지하려는 공간의 반작용은 수동적이기 때문에 행성의 원심력(관성)에 대한 저항으로만 작용하여 궤도변경과 감속을 시킬 수는 있으나 반대로 행성의 속력을 증가시키는 것은 불가능하다. 그런데 모든 행성들은 타원궤도를 돌면서 속력의 증감을 반복하고 있으므로 행성의 운동은 휘어진 공간 이론으로 설명될 수 없다.

이와 같은 새로운 우주론에 입각하여 전자기파와 빛에 관한 이론을 간략히 정리해보겠다. 전자기 유도에서 1차와 2차의 전류에 위상 차이가 있다. 그런 이유를 과학자들은 2차 전류가 자기장의 증감을 방해하는 방향으로 발생하기 때문이라고 설명한다. 그런데 그것은 물질들이 상대의 행동이나 의도를 미리 알아채고 방해할 수 있는 방법이 있을 때에 가능하므로 불가능한 일이다. 전자기유도에서 왜 전류의 위상차가 일어나는지를 수학적으로 증명할 수 있다. 모든 물질에는 관성이 있기 때문에 가속에는 시간이 필요하고 그래서 교류 전기에서 전류를 일으키는 전압이 정점에 도달한 약간 뒤에 전류가 최대로 흐르며 이 전류의 힘에 의해서 유도되는 자기장도 역시 약간의 위상 차이로 뒤늦게 최대에 이르고 이 자기장의 힘이 2차 전기의 기전력, 즉 전압으로 작용하여 다시 전류를 일으키면서 약간의 위상 차이가 발생한다. 이 관계를 힘과 가속도의 공식을 이용하여 수학적으로 풀어보면 1차 전기와 2차 전기의 위상 차이가 정확하게 180도의 차이가 나는데 위상 차이가 나는 원인을 모르고 단순히 결과만 보면 마치 2차 전류가 1차 전류로 인해서 발생하는 자기장의 증감을 방해하는 방향으로 흐르는 것처럼 보이는 것이다. 이런 현상을 다시 감각적으로 쉽게 설명해보면, 공에다 고무줄을 묶어서 좌우로 진동시키면 흔드는 손을 따라서 일정한 위상 차이로 뒤처져서 공이 계속 따라온다. 그 이유는 고무줄의 인장력이 공의 가속도와 역가속도를 번갈아서 일으키는데 그 효과가 속도로 나타나기 까지는 약간의 시간이 걸리기 때문이며, 여기서 손의 움직임이 1차 전류와 같고 고무줄의 인장력은 자기장의 힘이며 공의 움직임은 2차 전류라고 생각하면 된다. 과학자들의 주장대로 전자기장이 질량이 없는 순수한 에너지장이라면 가속하는 데 시간이 필요 없고 따라서 전자기유도에서 위상 차이가 발생할 필요가 없으며 또한 전자기파의 속도도 무한대가 되어야 옳은 것이다.

자세한 과정과 이론은 별도의 책으로 발행하기로 하고 여기서는 간단히 결론만 말하겠다. 전자기파는 기존의 이론처럼 전기장과 자기장의 혼합파동이 아니라 독자적인 파동이다. 전기장이 음 전류 현상이듯이 자기장은 양 전류 현상이며 우리가 흔히 말하는 전자기파는 에너지파가 아니라 물질파일 뿐만 아니라 전기장이 혼합되어 있지 않은 순수한 자기파(양전자파)이고 자기장은 횡파가 아니라 종파이며 빛도 역시 물질파이며 종파다. 우주에는 진정한 횡파는 없으며, 겉으로 보아서 횡파인 것처럼 보이는 수면파도 역학적으로 정밀하게 분석해보면 횡적인 움직임은 마치 물고기의 꼬리운동처럼 종적인 추진력을 발생하기 위한 보조 운동임을 알 수 있다. 과학자들이 전자기파를 직선상에다 그려 놓고 횡파처럼 설명하지만 입체 공간에서는 측면이 서로 억압하므로 횡적인 움직임을 일으킬 수 없다. 측면 공간이 제한된 전선 안에서는 전류가 종파로 움직이는 것과 입체공간으로 퍼지면서 전자기파와 유사하게 진행하는 음파도 종파임을 보면 짐작이 갈 것이다. 진정한 횡파는 추진력이 없어서 앞으로 나아가지 못하고 또한 반사도 못하며 더구나 안테나 내부에서 종파로 움직이는 자유전자에 힘을 전달하여 공진을 일으킬 역학적 방법이 전혀 없다. 음파가 횡파라면 어떻게 귀의 고막을 진동하여 소리를 듣게 할 수 있겠는가? 전자기파는 거리의 차이만 있을 뿐 변압기에서 1차 측의 전류를 자기장을 통해서 2차 측으로 전달되는 것과 똑같은 원리로 진행한다. 그래서 전자기파와 변압기의 원리를 혼합하면 무선으로 전기를 송전할 수도 있는데 그 과정을 설명해 보겠다. 도선 내부의 전류(전기장)가 파동을 일으키면 도선 주변에 전자기 유도에 의하여 발생한 자기장(양 전하)의 진동이 파동이 되어서 공중으로 퍼져가서 수신 안테나의 전류(음 전하)와 공진을 일으켜 전류 파동을 복원하는 것이므로 정확히 말하면 발신과 수신만 전기파동이고 공중에서 전달하는 과정은 순수한 자기파동인 것이다. 이것은 음파발신기의 물질진동이 공기진동을 통하여 수신기의 물질진동으로 복원되는 과정과 똑같다. 전자기파는 전기장이 섞여 있지 않는 순수한 자기장의 파동이며 따라서 햇빛처럼 적당히 쏘이면 몸에 이로울 수도 있고 그래서 각종 실험에서 전자파의 유해성을 잘 찾아내지 못하는 것이다.

하늘에서 엄청난 양의 전류현상인 번개가 일어나려면 기존 이론으로는 적절한 전압이 발생해야만 가능한데 허공에서는 전압을 일으킬 만한 아무런 요인이나 방법이 없으므로 과학자들이 마치 음 전하와 양 전하의 집단이 상호인력에 의해서 결합하는 것처럼 설명하는데 그것이 성립되려면 먼저 음 전하와 양 전하가 따로 뭉쳐 있어야 되고 그러려면 같은 종류의 전하들 사이에 서로 인력이 존재해야 가능한데 같은 전하들 사이에는 척력이 작용하고 반대 전하들 사이에는 인력이 작용한다는 기존의 이론으로는 설명이 불가능하다. 소립자들에 대해서는 정확히 알 수 없으나 전자 이상의 모든 물질은 같은 종류끼리 인접한 물질 간에 전기력에 의한 인력이 작용할 수 있으며 그래서 모든 유체의 표면에 있는 물질은 표면 물질들과의 인력에 의하여 소위 표면장력이 나타나게 되는 것이고 따라서 전자들도 인력에 의하여 집단을 이룰 수 있는 것이다(전자들끼리는 인력과 척력이 교대로 일어나는데 그 크기는 전자들 사이의 거리의 함수이며 예를 들면 자연 상태에서는 전자들 사이에 인력이 작용하고 전압이 걸린 상태에서는 척력이 작용한다. 일반 물질도 누르면 척력으로 저항하고 당기면 인력으로 저항한다. 척력과 인력의 발생 한계는 분자간의 거리와 온도의 함수다. 자세한 이론은 추후 발표 예정).

번개와 낙뢰는 유사 현상이기는 하지만 같은 현상은 아니다. 우주 공간은 자기장(양 전하)의 바다이며 대기권 속에도 균질하게 분산되어 있는 양 전하 속에 이질적인 음 전하가 물 위의 기름 방울처럼 집단을 이루어서 떠돌다가 두 음전하 집단이 서로 마주치면 하나의 집단으로 합치면서 일어나는 충돌현상이 바로 번개이며, 기름방울처럼 떠돌던 전자집단이 하강하여 고형체인 지구에 흡착되는 현상이 소위 낙뢰다. 낙뢰도 기본적으로는 두 집단이 하나로 뭉치는 현상이지만 번개가 상호 결합이라면 낙뢰는 흡수 결합이라는 차이가 있을 뿐이다. 낙뢰는 고밀도의 집단이 저밀도의 집단과 밀도의 평준화를 이루려는 현상이며 열역학 제2법칙, 즉 사랑과 나눔의 법칙에 따라 일어나는 현상일 뿐 전압이 발생하여 흐르는 전류현상이 아니다. 이런 현상은 열뿐만 아니라 전기 및 사회의 모든 현상에서도 일어나는데 다만 인간사회에서는 이기심이 작용하여 자연의 법칙과 반대로 많이 가진 자가 더 많이 가지려고 하는 것이다. 여기서 열역학 2법칙과 앞에서 공기의 운동에서 언급한 동종 경쟁의 법칙과는 어떤 관계가 있는지 한번 알아보자. 열역학 2법칙은 자연의 경쟁현상만을 설명하는 법칙이고 내가 주장하는 동종경쟁의 법칙은 자연과 사회를 모두 설명하는 공통의 법칙이다. 열은 같은 열과, 전기는 같은 전기와, 분자는 같은 분자와, 요식업자는 요식업자와, 유통업자는 유통업자와 서로 에너지나 자원의 경쟁을 일으키면서 일어나는 현상이 열역학 2법칙 혹은 동종경쟁의 법칙으로 명명된 것이다. 사랑과 질투는 심층적으로 분석해보면 이권에 대한 경쟁이다. 그래서 사랑도 수준이 비슷한 사람끼리 해야 건강한 경쟁관계를 유지하는 것이며 한쪽이 기우는 사랑은 동종경쟁의 법칙을 어긴 것으로서 오래 유지하지 못한다.

빛은 직진하는 성질을 갖고 있는데 그것은 관성이 있다는 것이고 관성은 물질이 개입되어 있다는 확실한 증거다. 물질에 열이 가해지면 분자의 운동이 심해지고 분자의 운동이 앞에서 말한 우주의 기본 물질인 인식 불가능한 소립자들을 진동시켜서 일어나는 파동이 바로 빛이며 따라서 빛은 진공에서도 진행이 가능하고 파동매질의 흐름에 따라서 중력방향으로 휘기도 한다. 파동의 매질인 소립자들은 항상 중력 방향으로 흐르고 있으므로 블랙홀(초저기압지대; 별이 생성되는 초기 상태) 주변에서는 이들이 엄청난 속도로 진입하기 때문에 강한 도플러 효과에 의해서 빛이 밖으로 나오지 못할 수도 있으며 과학자들의 말처럼 블랙홀의 엄청난 만유인력에 의하여 빛이 흡수되는 것이 전혀 아니다. 실제로 블랙홀 내부에도 많은 열이 있으나 그 열과 빛이 밖으로 나오지 못하거나 매우 느린 속도로 나오므로 외부에서 보면 인식되지 않거나 검은 덩어리처럼 느껴지는 것이며 별이 어느 정도 성장하면 소립자의 진입 속도가 느려지므로 그때부터 빛이 외부로 활발히 발산되기 시작하여 별의 존재가 인식되는 것인데 블랙홀은 별의 자궁이며 이 과정에서 빛이 밖으로 나오지 못하는 기간을 별의 임신기라고 할 수 있으며 빛이 밖으로 나오기 시작할 때를 별의 출산기라고 보면 쉽게 이해가 될 것이다. 자궁 속에 있는 임신 기간에는 별이 인식되지 않다가 출산하면서 드디어 빛을 발하기 시작하고 외부에 존재를 나타내는 것이다. 빛과 전자파와 소리는 각각의 파동 매질만 다를 뿐 파동 및 에너지 전달의 원리는 모두 똑같다. 모든 물리현상은 작용과 반작용이라는 상호작용을 통하여 에너지(운동량)나 힘이 전달된다. 어떤 개체가 다른 개체에 에너지나 힘을 전달하려면 상호 저항하지 않으면 전달할 방법이 없으며 저항은 궁극적으로 관성에서 오고 관성은 질량에서 온다. 관성이 없는 개체가 상대에게 에너지를 전달하려하면 상대의 저항에 자신이 밀려나버리므로 힘(에너지)을 전달할 방법이 없다. 그러므로 에너지를 전달하는 모든 개체는 질량이 존재해야 가능하며 순수한 에너지는 관성이 없으므로 주변에서 영향을 받으면 무한대의 가속도가 발생하고 순식간에 힘과 간섭이 없는 우주 밖으로 밀려나서 우주 안에는 존재할 수 없게 된다. 따라서 과학자들이 주장하는 에너지 양자처럼 질량을 동반하지 못한 존재는 우주 안에서 존재할 수 없다.

소리가 크거나 작은 것과 상관없이 소리의 속도가 파동매질인 공기의 브라운 운동의 속도에 따라서 결정되는 것처럼, 빛의 속도도 빛의 강약과 상관없이 빛의 파동매질인 소립자의 브라운 운동의 속도로 결정된다. 따라서 광속도가 일정하다는 것은 지구에서만 그렇게 보이는 현상일 뿐 우주공간에서는 소립자의 유동속도가 다를 수 있으므로 빛의 속도가 지구에서보다 몇 배나 빠르거나 느릴 수도 있으며 따라서 빛으로 측정한 별의 거리는 우리가 생각하는 것보다 멀거나 가까울 수도 있다. 소위 광양자가 가지고 있는 에너지는 소립자의 운동에너지에 불과하며, 소립자들의 운동 속도는 브라운 운동의 영향을 받아서 일정하게 유지되므로 그 이하의 속도는 실제로 존재하지 않으며 따라서 에너지의 최소단위는 소립자가 브라운 운동을 하는 에너지가 되는 것이고 그 이하는 존재하지 않으므로 마치 에너지가 불연속인 것처럼 보이는 것이다. 그와 마찬가지로 원자에서 궤도 전자의 에너지가 불연속인 것도 전자의 운동에 의한 원심력과 양성자의 전기적 구심력을 등호로 놓고 전자의 속도 혹은 각속도를 일시적인 상수로 하여 방정식을 풀면 이를 만족하는 반경의 값이 불연속이기 때문에 마치 전자의 궤도에너지가 불연속인 것처럼 보이는 것이다.

물질 간에 작용하는 약력과 강력은 음전하와 양전하의 결합과 분리 및 유동상태에 따라 크기나 형태가 다르게 나타나는 음양전기력(전자기력)의 변형이고 중력은 실재하는 힘이 아니라 물질간의 충돌현상이므로 별도로 존재하는 힘이 아니다. 그러므로 강력과 약력은 소립자들의 전자기력의 변형에 불과하고 따라서 우주에는 오직 하나의 힘, 즉 음양전기력(전자기력)만 존재하는 것이며 그 힘의 작동 법칙에 따라 모든 현상이 변하고 있는 것이다. 음양전기력의 원리에 대해서는 나름대로 정립되어 있으나 실험도 해봐야 하고 좀 더 연구할 부분도 있어서 추후에 발표하겠다.

나의 새로운 우주론으로 살펴보면 지금까지 과학적으로 이해가 안 되었던 것들이나 기현상들이 모두 논리적으로 설명이 된다. 그리고 토네이도 현상에서 소위 '용오름'이라 불리는 지름이 수십 미터이며 높이가 수백 미터인 물기둥이 하늘로 치솟아서 유지되는 상태의 역학적인 관계를 기존이론으로 합리적인 설명을 할 수 있는 사람이 아니면 나의 이론에 대한 폄하를 함부로 하지 말 것을 권고한다. 용오름 현상이 일어났다는 것은 특수 상황에서 중력의 흐름에 회오리가 생기면서 제한적인 공간에서 한시적으로 무중력 상태(중력 진공)가 만들어졌기 때문이다. 그리고 발전소에서 생산되는 전류는 3상 교류지만 일반소비자에게 들어오는 전류는 단상으로 바뀌면서 자동으로 정류되어서 펄스 직류로 들어오는데 사람들은 모두 교류로 오해하고 있다. 직류이기 때문에 전기선이 하나만 있어도 전기가 들어올 수 있는 것이며 교류라면 불가능하다.

2. 전자기 유도와 에너지 손실

앞에서는 논리적인 원론만 이야기하였지만 여기서는 수학적으로 증명이 가능한 예를 하나 들어보겠다. 발전소에서 전류를 송전할 때에 기존의 이론은 송전 효율을 높이기 위해서 2차 측의 전압을 n배 높이면, 1차 측의 전압을 V, 전류를 I라 할 때에 2차 측의 전압은 n×V, 전류는 I/n이 되고, 따라서 2차 측의 전력 손실은 전력 기본 공식 V×I=I^2×R에 따라서 구하는데, 이때에 R은 일정하고 I는 I/n이 되므로 승압 없이 송전하는 것보다 전력 손실이 $1/n^2$배로 줄어든다는 것이다. 이 이론에서 1차 쪽의 전압과 전류를 V와 I로 가정하였다. 그렇다면 저항도 자연히 R이 되어야 한다. 그런데 1차 쪽엔 도선 저항 외에는 다른 저항이 없으므로 추가로 저항이 발생하거나 2차 측에서 저항이 전이되어 오지 않는다면 실제로 그런 전류는 흐를 수도 없다. 그런데 무리하게 전류 I가 흐른다고 가정하였다.

그러면 2차 쪽은 어떤지 살펴보자. 2차 쪽의 전압, 전류, 저항을 V2, I2, R2라고 하면 전자기 유도 이론에 따라서, V2=n×V이고, I2=I/n이 되므로 이들을 이용하여 R2를 계산해보면, R2=V2/I2=n×V/I/n=n^2×V/I=n^2×R이 된다. 여기서 발견된 문제점은 원래 2차 측의 저항은 R이었는데 공식에 맞추어서 계산하다 보니 저항이 n^2×R이 되어버렸다는 것이다. 그러면 여기서 2차 측의 전력 손실은 I^2×R 공식에 따라서 $I2^2$×R2가 되고, 여기에 앞에서 구한 값들을 대입하면 $(I/n)^2$×n^2×R이 되는데, 이것은 도로 I^2×R이 되어서 에너지 손실은 승압하기 전과 똑같게 된다. 여기서 모순은 전기 학자들이 2차 측의 저항은 일정하다고 가정하고 전력 손실을 계산하였는데, 저항이 변하지 않으면 앞에서 보았듯이 전기 공식이 성립되지 않고, 또 저항이 공식에 맞추어서 변한다면 에너지 손실은 변함이 없는 것으로 나타난다.

지금까지의 전기 이론에 의하면 도체의 저항은 변하지 않는다고 하였는데 그것은 두 가지 착오가 있다.

첫째, 저항은 전류의 크기에 따라 변한다.

저항은 전류의 흐름을 방해하는 힘인데, 어떻게 그것이 일정할 수 있을까? 저항은 전류가 흐르지 않으면 발생하지 않는다. 그것은 전류의 크기에 따라서 저항이 상대적으로 변한다는 것을 의미한다. 전기저항은 수돗물의 마찰저항과 비슷한 것인데, 수돗물의 저항이 유량에 따라서 변하듯이 전기저항도 전류의 양에 따라서 변해야 옳다. 지금까지 전기 학자들이 주장해온 저항 R은 저항이 아니고 사실은 저항 계수에 불과하다. 전압이 전류를 흐르게 하는 힘이라면 저항은 전류를 방해하는 힘이며 따라서 이 둘은 상대적인 힘, 즉 작용과 반작용이므로 차원과 크기가 직류에서는 같아야 하고 서로 다르면 전류가 가속이나 감속이 되어서 일정 속도와 크기로 흐르지 못하게 되고 교류에서는 크기는 같으나 약간의 시간 차이가 남으로써 가속과 감속이 번갈아서 일어나면서 전류의 속도와 크기가 변해서 진동을 하게 되는 것이다.

둘째, 전기 도체에서 발생하는 저항은 도체 고유의 내부 저항 외에도 밖에서 작용하는 자기장에 의해서 외부 저항이 발생 혹은 전이되어 온다.

예를 들면 1차 쪽의 전압이 V이고, 전류가 I라면 당연히 저항도 R이어야 한다. 그런데 1차 쪽은 0에 가까운 도선 저항 외에는 다른 저항이 없다. 그렇다면 전류는 무한대로 흘러 금방 쇼트현상이 나야한다. 그러나 1차 전류가 만들어낸 자기장을 통해서 2차 측으로부터 저항이 전이되어 오기 때문에 도선의 저항만으로는 감당할 수 없는 전류의 과다 흐름을 막을 수 있게 되는 것이다. 변압기의 자기장은 동력기계의 톱니바퀴와 유사한 작용을 하는데 서로 맞물려 있는 톱니가 엔진의 회전력을 부하로 전달하며 반대로 부하로부터 발생하는 저항을 엔진으로 전달한다. 엔진의 힘이 더 크면 가속이 되고(전류의 증가) 부하가 더 크면 감속이 되는 것인데(전류의 감소 및 반대 방향으로 흐름) 둘이 평형을 이뤄야 등속(직류)으로 움직이는 것이다. 이와 같이 자기장은 2차 측의 전압을 생산하는 힘으로 작용함과 동시에 1차 측의 저항으로 작용하여 1차 측의 무한 전류를 방지한다. 여기서 우리는 도선의 고유저항도 자기장이 원인인 것을 알 수 있는데 모든 도체는 저항이 있고 저항이 있는 도체는 자기장을 발생시키며 저항이 없는 초전도체는 자기장을 발생하지 않는다는 것을 연결하여 생각하여 보면 수긍이 갈 것이다. 물론 자기장이 저항의 역할을 하려면 관성이 있어야 되고 따라서 물질성을 띠어야 가능하다.

그래서 이러한 착오들을 수정하여 '전자기 유도 현상에서의 전력 손실 및 전달에 관한 새로운 이론'을 여기에 제시한다.

일반 전기 공식에서의 기호와 여기서 사용되는 기호의 혼동을 피하기 위해서 1차 측의 전압, 전류, 저항을 V1, I1, R1이라 하고, 2차 측의 전압, 전류, 저항을 V2, I2, R2라고 하자. 여기서 확정된 값은 V1=V, V2=n×V이고, 만약에 승압을 하지 않고 전압 V로 2차 측에 바로 흘렀을 때의 전류를 I라고 정하면, V=I×R2가 성립되고, 따라서 I=V/R2와 R2=V/I가 성립되며 이때에 투입되는 전력은 W=I^2×R2가 된다. 여기서 2차 측의 저항은 전기 학자들이 고려하지 않은 추가 저항을 함께 넣어서 계산해보겠다. 2차 측 도선의 고유저항 R과 3차 측과 물려 있는 변압기의 자기저항이나 혹은 2차 측에 직접 연결되어 있는 소비자의 부하 저항 등의 추가저항을 RX라고 하면, 2차 측의 총 저항 R2=R+RX가 된다. 여기서 도선의 고유저항이 고압에서 변할 가능성이 있으나 그것은 별도의 연구를 해봐야 되고 일단 기존의 이론대로 상수로 보겠다.

그러면 이렇게 확정된 값들을 이용해서 나머지 값들을 구하여 보고 그 의미를 해석해보자.

$I2=V2/R2=n×V/R2=n×I$(앞에서 구한 $I=V/R2$를 대입)

$I1=n×I2=n^2×I$(1차 전류는 2차 전류의 n배이므로)

$R1=V1/I1=V/(n^2×I)=R2/n^2$($R2=V/I$ 대입)

1차 측에 투입된 전력을 W1, 2차 측에 전달된 전력을 W2라 하고, 위에서 구한 값들을 $W=I^2×R$의 공식에 대입하면,

$W1=I1^2×R1=[(n^2×I)^2]×[R2/n^2]=n^2×I^2×R2=n^2×W$

$W2=I2^2×R2=(n×I)^2×(R+RX)=n^2×I^2×R+n^2×I^2×RX$가 된다.

위의 식에서 2차 측의 전력 W2는 WR(도체 저항 R에 의한 손실 전력)과 WRX(공급전력 혹은 3차 측으로의 전달 전력)의 합이 되는데, 위 식의 앞의 항($n^2 \times I^2 \times R$)은 손실전력 WR이고 뒤의 항($n^2 \times I^2 \times RX$)은 공급 혹은 전달전력 WRX가 된다.

그러면 위에서 구해진 값들을 이용해서 전력 손실률을 구해보자.

전력 손실률=손실전력(WR)/투입전력(W1)이므로 위에서 구한 값들을 대입하면,

손실률=WR/W1=($n^2 \times I^2 \times R$)/($n^2 \times I^2 \times R2$)=R/R2=(R2-RX)/R2= 1-RX/R2(공급률)=1-공급률, 즉 손실률+공급률=1이 성립된다.

위의 수식에서 보듯이 손실률이나 공급률은 가해진 전압이나 흐르는 전류와는 무관하고 오직 저항인 R과 R2의 비율, 즉 도선저항과 2차 총 저항의 비율에 의해 결정되는 상수임을 알 수 있다. 여기서 눈여겨보아야 할 것은 2차 전압을 n배로 올리려면 2차 측의 코일만 많이 감는다고 저절로 전압이 올라가는 것이 아니고 1차 측의 전력 W1을 원래의 전력 W의 n제곱배로 올려야 가능하며 결국 전력 투입을 n제곱배로 올리면 도체저항에 의한 2

차 측의 전력손실(WR)도 승압 전의 손실 I^2×R보다 n제곱배로 늘어나게 되고 손실비율은 변하지 않는다는 것이다. 실제로 전력 손실은 변압장치에서의 에너지 전달효율, 고압송전에서 발생하는 누전 등 여러 가지 복합적이므로 단순히 이론적으로 정확한 효율을 계산하기 어려우며 그리고 여기에서 보여준 이론에 첨가하여 설명할 것이 있으나 복잡하므로 생략하겠다. 약간의 변수들을 고려할 것이 있기는 하지만 기본적으로 기존의 고압송전은 전력이 많이 투입되어서 그만큼 많이 송출되는 것이며 효율이 올라가서 많이 송전되는 것이 아니다. 잘못된 이론이 수백 년 동안 별 문제없이 통용되는 이유는 학자들이 기존의 이론을 적용할 때에 발생하는 오차를 이론과 실제 사이에서 발생할 수 있는 오차라고 생각했기 때문이다.

내가 생각하는 전류의 원리를 제대로 응용하면 도선의 저항과 변압기를 비롯한 많은 전기장치의 에너지 효율을 훨씬 개선할 수 있을 것으로 보인다. 그리고 전기도 궁극적으로 전자의 물질운동이라면 전압이나 전력의 단위들이 일반 운동역학에서의 단위와 일치를 보여야 하는데 불일치를 보이고 있어서 기존 공식이 잘못된 것이라고 여겨진다. 예를 들면 전압과 저항은 작용과 반작용의 상호 대응하는 힘이므로 힘이나 압력과 일치하는 단위를 가져야 하고 전력도 에너지이므로 힘과 거리의 곱과 일치하는 단위로 나타나야 하는데 그것이 분명하지 않다. 전기 단위와 공식의 타당성 여부는 더 많은 연구가 필요하여 추후에 발표하도록 하겠다.